AF254182

IRES

droit français

TEURS

ÉTUDE

HISTORIQUE ET PRATIQUE

SUR LES

ACTIONS POSSESSOIRES

Paris. — Imp. E. Capiomont et V. Renault, rue des Poitevins, 6.

ÉTUDE

HISTORIQUE ET PRATIQUE

SUR LES

ACTIONS POSSESSOIRES

PAR

Gabriel BOURCART

DOCTÉUR EN DROIT, AVOCAT A L'A COUR D'APPEL

Lauréat des concours de licence en 1877 (1er prix de droit romain, 2e prix de droit français
à la Faculté de Paris, 2e prix du concours général)

PARIS

A. DURAND ET PEDONE-LAURIEL, ÉDITEURS

Libraires de la Cour d'appel et de l'Ordre des Avocats

G. PEDONE-LAURIEL, SUCCESSEUR

13, RUE SOUFFLOT, 13

1880

INTRODUCTION

L'étude de la possession présente un grand attrait. Elle offre tout d'abord un intérêt des plus considérables et des plus pratiques à cause de son intime liaison avec toutes les questions qui touchent à la propriété. La possession n'est autre chose que la manifestation extérieure du droit de propriété : elle ne le suppose pas si l'on veut, mais cependant le représente et le fait présumer dans la pratique ; si bien que, dans un langage courant, pour des personnes ignorantes des distinctions juridiques, les deux idées se confondent aisément, et l'on dit parfois de quelqu'un qu'il possède un bien, voulant dire qu'il en est propriétaire. Notre imperfection naturelle ne nous permettant pas toujours de discerner à première vue si une prétention est fondée en raison et en équité, ni d'atteindre la réalité des choses, nous sommes bien souvent obligés de nous arrêter aux apparences ; et ainsi la possession, qui n'est pourtant que le

signe extérieur de la propriété, la remplace en quelque
sorte à nos yeux.

On a quelquefois cherché à tirer de cette observation
des conséquences exagérées, et certains auteurs, voulant
ériger en système ce qui n'est que le résultat de notre
insuffisance, ont cru pouvoir en conclure que la possession seule était de droit naturel, et la propriété un effet
de la loi positive. D'après eux, la possession aurait été
l'origine de la propriété ; elle aurait seule existé aux
époques primitives, et c'est seulement plus tard que la
société aurait donné à cette situation la consécration de
la loi. C'est là une des formes de ce grand problème sur
la nature du droit de propriété, question qui a eu le triste
privilège de ne pas se renfermer dans le domaine de la
spéculation, et dont la solution atteint les fondements
mêmes de l'organisation sociale. La théorie à laquelle je
fais allusion en ce moment, semble ne point contester
la légitimité de la propriété, puisqu'elle n'aurait été que
la consécration légale d'un droit conforme à la nature,
la possession. Cette théorie me paraît néanmoins des plus
dangereuse. Si la propriété n'est que le résultat d'une
consécration sociale, c'est-à-dire d'une concession juste
sans doute, mais en somme bénévole, il s'ensuit nécessairement que la société peut retirer ce qu'elle a donné, supprimer la propriété ou la recomposer sur d'autres bases.
En outre c'est singulièrement compromettre la légitimité
de la propriété que de lui assigner pour origine la possession. Il ne suffit pas d'affirmer que la possession est de droit
naturel ; il faudrait prouver qu'elle est un droit, et il est

trop facile de montrer au contraire qu'elle est un simple fait. La possession contient deux éléments, le fait matériel d'avoir une chose à sa disposition, ce qu'on a appelé le *corpus*, et l'intention de se comporter à l'égard de cette chose comme un propriétaire, l'*animus domini*. Il n'y a pas trace de droit dans tout cela : nous sommes en présence d'une affirmation, d'une prétention peut-être conforme à l'équité, mais qui ne porte point en elle-même sa propre justification : ce n'est point sur une base aussi variable et aussi fragile, sur un simple fait, qu'on peut asseoir le droit de propriété. Il faut donc s'en tenir aux vrais principes. La propriété n'est pas une création de la loi civile, et la consécration dont elle est l'objet ne fait pas sa légitimité, mais la suppose ; elle invoque pour se justifier — car elle a eu besoin de se justifier — l'appropriation par le travail, c'est-à-dire l'emploi de nos facultés, l'application de l'activité et de la liberté humaines.

La doctrine qui voit dans la possession l'origine de la propriété peut néanmoins s'appuyer de quelques exemples puisés dans l'histoire et qui paraissent tout au moins spécieux. La propriété individuelle, au moins la propriété immobilière, semble bien incompatible avec l'état pastoral et nomade des sociétés primitives ; et il serait même difficile de considérer comme propriété collective les occupations plus ou moins prolongées, mais toujours temporaires, qui caractérisent l'état social antérieur au régime agricole. Ces considérations semblent autoriser à dire que la possession a précédé la pro-

priété dans le monde, et que l'on n'est arrivé que petit à
petit et assez tard à lui substituer la notion du droit
positif. Seulement serait-ce une raison de nier l'existence de la propriété sous le prétexte qu'elle n'a pas été
reconnue de tout temps ? L'homme n'a pas immédiate·
ment la conception parfaite de tous les grands principes,
et surtout il met un fort long temps à en dégager les conséquences et à en apercevoir les applications : serait- ce
un motif de les rejeter ? D'ailleurs la théorie que je combats est bien obligée d'avouer que la propriété mobilière
a été reconnue de tout temps, que, dès les âges les plus
reculés, l'homme a affirmé son droit exclusif et absolu
sur les armes, sur les instruments de toute espèce qu'il
confectionnait pour son utilité et qu'il faisait siens en
s'en servant, Il n'est donc pas exact de dire que la notion
de la propriété a été inconnue aux premiers siècles ; et
si on n'a pas songé à l'appliquer à la terre, elle n'en
existait pas moins antérieurement, car elle n'est que le
résultat de l'usage naturel de nos facultés, et son principe est aussi ancien que la race humaine.

Si la possession n'a pas précédé la propriété, on doit
convenir qu'à l'origine — et le fait se reproduit dans
toutes les sociétés primitives et tourmentées — elle
absorbe en quelque sorte la propriété, qui se réduit
presque à son niveau, et vient pour ainsi dire s'abriter
derrière elle, de manière qu'on ne discerne plus la différence qui les sépare. La distinction reparaît avec les progrès de l'ordre et de la tranquillité; la possession n'est
plus que le signe extérieur de la propriété ; elle n'est plus

qu'une apparence, une probabilité, pour parler un langage juridique, une présomption; mais cette présomption exerce dans la pratique une influence d'autant plus considérable et d'autant plus légitime que la civilisation est plus avancée, l'organisation sociale plus parfaite et plus stable.

On est allé plus loin, et serrant de plus près l'analyse de la possession, on s'est demandé si elle ne devait pas avoir certaines conséquences pratiques par elle-même, de sa propre autorité; et ainsi nous voyons surgir la question de savoir si on doit protéger la seule possession indépendamment de toute relation avec la propriété. Ce sont les diverses solutions de ce problème que je vais exposer dans ce travail. On verra que bien des peuples ne sont jamais arrivé à bien dégager l'action possessoire de toute considération de fond, à faire abstraction de la propriété. Aujourd'hui on tend à séparer et perfectionner le système possessoire ; mais malgré les améliorations apportées, nous sommes encore loin du but, si tant est qu'on puisse y prétendre dans une matière qui subit forcément les fluctuations de la société et la marche variable du progrès. L'étude historique et comparative qui va suivre démontrera de reste les difficultés de la tâche.

PREMIÈRE PARTIE

———

DROIT ROMAIN

DROIT ROMAIN

CHAPITRE PREMIER

NOTIONS GÉNÉRALES

1. La détention est le fait matériel d'avoir une chose en sa puissance, ou, plus largement, à sa disposition.

Lorsqu'à la détention vient se joindre la volonté de tenir la chose comme un propriétaire, la réunion du *corpus*, qui constituait la détention, et de l'*animus domini*, produit la possession.

Ce sont là des définitions bien connues, des idées courantes, et cependant elles donnent lieu à de grandes difficultés, parfois fort délicates.

Et d'abord il n'est pas absolument exact de dire que l'élément matériel, le *corpus*, suffise à lui seul pour constituer la détention. Ici encore la volonté doit intervenir dans une certaine mesure, non pas la volonté de posséder, « animus possidendi, » mais la volonté de détenir, « affectio tenendi. » Cette volonté n'est exigée que d'une manière vague, générale ; elle se supplée si aisément, qu'elle ne semble plus nécessaire : il n'en est pas moins vrai que, pour devenir détenteur des choses qui sont tous les jours à notre portée, à notre disposition matérielle, il faut élever sur elles une prétention[1].

2. Ce premier point, insignifiant en pratique, écarté, il faut déterminer l'élément matériel, le *corpus*, d'une manière plus précise, et là les difficultés commencent. On est bien d'accord que le pouvoir physique exigé doit s'entendre dans un sens très large. Le contact immédiat n'est pas nécessaire; la simple possibilité d'exercer à son gré le pouvoir est suffisante. Cette possibilité, nous l'avons par nous-mêmes, ou par ceux qui l'exercent en notre nom; nous la gardons même par l'intermédiaire des choses inanimées, des biens que nous possédons; c'est ainsi que nous détenons les objets qui se trouvent dans une maison dont nous sommes possesseurs, « quia sunt in custodia nostra. » Cette *custodia* persiste en dépit d'un oubli momentané de notre part; elle ne s'évanouit pas pendant le sommeil ou la maladie; mais elle disparaît devant une ignorance absolue. C'est ce que décide Paul, dans la l. 3.3. D. 41.2 au sujet du trésor enfoui dans votre sol, dont vous soupçonnez, ou même connaissez l'existence, mais qui n'est pas encore mis à la lumière, et dont vous ne savez ni la place, ni le contenu. « Quidam putant, Sabini sententiam meliorem esse, nec alias eum, *qui scit* possidere, nisi si loco motus sit (thesaurus) : quia non sit sub custodia nostra, quibus con sentio[2]. »

3. La difficulté grandit, quand on passe à l'élément caractéristique de la possession, je veux dire à *l'animus possidendi*, à *l'animus domini*, qu'il faut bien se garder de confondre soit avec l'affirmation, soit avec la croyance qu'on est propriétaire. Sans vouloir entrer dans les fastidieuses controverses,

---

1. Rudorff sur Savigny (*das Recht des Besitzes*, 7ᵉ édit.), p. 563. Bruns (*das Recht des Besitzes im Mittelalter*), p. 466. — Compar. Randa (*Besitz*), p. 11.

2. Le reste de la loi montre que l'expression *possessio*, qualifiée *naturalis possessio*, est prise dans le sens de détention.

anciennes et modernes, sur l'élément intentionnel de la possession, je me bornerai à dire que les Romains exigent non seulement l'intention d'avoir la chose dans son propre intérêt, « animus rem sibi habendi, » mais la volonté de se comporter à l'égard de cette chose comme un propriétaire. Ainsi que le rend très bien une formule allemande, le possesseur tient la chose, non pas « als Eigenthümer, » mais « wie Eigenthümer, » non pas « à titre de propriétaire, » mais « comme un propriétaire. »

4. Les Romains reconnaissaient encore un degré plus avancé dans la possession, ce que les textes appellent la « possessio civilis, » et que, pour éviter toute confusion, je désignerai sous le nom de « possessio ad usucapionem, » c'est-à-dire celle qui est accompagnée de la *bona fides* et soutenue par la *justa causa*. Quant à la possession ordinaire, les Romains l'appellent purement «possessio, » ou aussi « naturalis possessio, » mais ce dernier terme désigne aussi parfois la simple détention, de sorte que la terminologie romaine laisse bien à désirer sous le rapport de la certitude et de la netteté. J'emploierai les termes non équivoques de détention, possession, ou possession *ad interdicta*, ce qui revient au même, et, s'il y a lieu, possession *ad usucapionem*[1].

5. Si l'on exige l'*animus domini* chez le possesseur, on est obligé de reconnaître que, dans certains cas, le droit romain a dévié de son principe. Ces espèces, que M. de Savigny embrasse sous le nom de cas de possession dérivée, sont alors de véritables exceptions, qu'il faut justifier, ou du moins expliquer.

Le premier cas, bien connu, est celui du créancier gagiste, auquel le droit romain donne la possession *ad interdicta*, ne réservant au débiteur gagiste que la possession *ad usucapio-*

---

1. Maynz, *Cours de droit romain*, 1. p. 524 et n. 4,525, Compar. Accarias, 3ᵉ édit., p. 502, n. 2. Savigny (*das Recht des Besitzes*, 7ᵉ édit.), p. 69 s. Carl Albert, *das interdictum uti possidetis*, p. 1 s.

nem [1]. Si l'on n'avait considéré le créancier gagiste que comme un simple détenteur, la possession *ad usucapionem* du débiteur se concevait tout naturellement, car on possède par autrui [2]. D'ailleurs il était de l'avantage même du créancier de laisser continuer la possession *ad usucapionem* sur la tête du débiteur : son gage se consolide en même temps que la propriété du débiteur. Mais ce qu'il y a de bizarre, c'est de lui avoir donné à lui la possession proprement dite. Cette anomalie ne s'explique que par le désir de donner au créancier une sûreté plus grande, et cette dérogation aux principes choqua d'autant moins l'esprit romain, qu'elle n'était qu'un adoucissement de l'ancienne forme de sûreté réelle, l'aliénation fiduciaire.

Le deuxième cas est celui de l'emphytéote. Sa possession est attestée par la l. 25.1. D. 22.1 qui le met, pour l'acquisition des fruits, sur le même pied que le possesseur. On aurait très bien compris qu'il n'eût qu'une quasi-possession, comme le superficiaire ; mais cette possession de l'emphytéote n'est que la transformation de celle du preneur vectigalien, elle-même conçue à l'image de la possession de l'*ager publicus*.

Les deux derniers cas, le précaire et le séquestre, diffèrent des deux premiers, en ce que la possession n'appartient pas forcément au précariste, au séquestre ; cela dépend de la volonté des parties, et c'est cette volonté qui, tout naturellement, explique cette dérogation [3]. Même pour le séquestre, la pos-

---

1. Le texte topique est la l. 16. D. 41.3. Joignez-y les ll. 36.37. D. 41.2 et la l. 37. D. 13.7.

2. Les Romains n'ont pas totalement abandonné leur point de vue ordinaire, et le débiteur gagiste ne conserve la possession *ad usucapionem*, qu'autant que la chose reste aux mains du créancier, l. 33.4. D. 41.3 qui compare le débiteur à un commodant. Il n'est donc pas absolument exact de dire qu'il ait la possession *ad usucapionem* sans possession ; sa situation n'est pas indépendante de la possession. Compar. Sav., p. 297. Rudorff sur Sav., p. 663.

3. Voir pour le précaire la l. 10.1. D. 41.2, et une application dans la l. 36. D. 41.2.

session ne passe au séquestre que si cela a été formellement
exprimé[1].

6. D'après les notions générales que je viens de donner, la
possession nous apparaît comme un fait volontaire « res facti
et animi[2], » non comme un fait juridique « res facti, non
juris[3]. » Certains textes, il est vrai, semblent atténuer cette
distinction et nous disent, par exemple : « Plurimum ex jure
possessio mutuatur, » « possessio non tantum corporis, sed
juris est[4]. » Mais, à mon avis, ces textes ne font allusion qu'à
l'élément volontaire qui dépasse la sphère des faits purement
matériels; on les explique aussi en alléguant qu'ils ont trait
aux conséquences juridiques de la possession. Toujours est-il,
et le principe me paraît incontestable en droit romain, que la
possession n'est qu'un fait[5], qui n'engendre ni ne suppose un
droit, mais passe à côté du droit, sans le toucher, « neben
Recht, nicht ein Unrecht, sondern ein Nichtrecht. » En d'autres termes, la possession est la manifestation extérieure du
droit de propriété, mais elle ne le suppose pas « nihil commune habet proprietas cum possessione[6]. » Elle n'est pas un

---

1. L. 39. D. 41.2 et l. 17.1. D. 16.3. Voy. Machelard (*Interdits*), p. 175 s.
(et l'utilité de la convention expresse), Sav., p. 301-302. Bruns (*Besitz im Mittelalter*), p. 7.

2. L. 1.15. D. 47.4.

3. L. 1.3. D. 41.2.

4. L. 49. pr. 1. D. 41.2.

5. On l'a contesté néanmoins ; et il s'est même trouvé un auteur pour affirmer
que la possession était le droit le plus complet, le seul que nous pussions avoir
sur une chose. Lenz, *das Recht des Besitzes*, p. 87. Je ne discuterai pas cette
opinion, que je rapporte à titre de simple curiosité. Les deux éléments de la
possession étant, l'un purement physique et matériel, l'autre purement volontaire,
partant arbitraire, il ne peut être question d'un droit. Sans doute la personnalité,
la volonté humaine doivent être respectées, mais elles ne constituent pas à elles
seules un droit ; et même en donnant cette raison philosophique de la protection
possessoire (voir p. 11-12), serons-nous obligé de la fonder plus spécialement
sur l'atteinte injuste qui vient la troubler.

6. L. 12.1. D. 41.2. C'est cette distinction bien nette qui nous explique
comment on peut acheter, louer, demander en précaire la possession d'une chose
qui vous appartient. On acquiert en réalité *res aliena*, l. 22 pr. (*in fine*), D. 43.26.
Joignez l. 35.1. D. 13.7. l. 6.4. D. 43.26 et l. 36. D. 41.2. — La possession

droit réel, elle n'est pas même un droit personnel et relatif, elle n'est qu'un fait, seulement ce fait affecte la chose qui lui est soumise, comme le ferait en droit la propriété, c'est-à-dire pour le tout et d'une manière absolue. De là vient qu'on ne conçoit pas deux possessions exclusives sur le même objet[1]; de là vient également qu'on ne peut acquérir la possession d'une chose que l'on possède déjà, qu'on ne peut être deux fois possesseur de la même chose[2].

7. Bien que réduite au caractère de simple fait, la possession a des suites juridiques. On a même à une certaine époque singulièrement exagéré l'influence de la possession et multiplié ses effets : il s'est trouvé un auteur assez ingénieux pour en compter jusqu'à 72. Je vais seulement parcourir ceux qui présentent de l'importance et me paraissent faire difficulté[3].

La bonne foi, combinée avec des considérations d'équité, produit l'acquisition des fruits. Cette même bonne foi, soutenue de la *justa causa*, donne l'action publicienne et, au bout d'un certain délai, l'usucapion. Ces avantages ne résultent donc pas de la possession à elle seule, et ne peuvent être regardés comme ses effets propres. D'autres cas font plus de difficulté.

Et d'abord on a voulu voir dans l'occupation un effet de la possession. Voilà la propriété acquise par le moyen de la seule possession. Mais M. de Savigny a fait remarquer avec beaucoup de raison qu'on ne pouvait pas discerner ici de possession distincte, même un instant de raison, de la propriété :

est encore bien distinguée de la propriété dans les textes qui lui reconnaissent une valeur propre. Voir l. 3.11. D. 43.17. L. 6. D. 43.16. L. 1. D. 13.3. L. 21. D. 4.2.

1. L. 3.5. D. 41.2. Sav., p. 170 s.

2. Je sais bien que Paul dit le contraire dans la l. 3.4. D. 41.2 ; mais c'est là une erreur, inconciliable avec son propre principe, et que d'ailleurs il corrige plus loin en une formule bien plus satisfaisante « et in summa magis unum genus est possidendi, species infinitæ. » L. 3.21. D. h. t.

3. Voir Sav., p. 33 s. Randa, p. 83 s.

elles sont toutes deux acquises au même moment par l'occupation, et dès lors, dans ce cas, l'idée de possession *per se* s'évanouit ou plutôt ne se conçoit pas. Le même raisonnement se ferait pour la tradition[1].

Le droit de rétention ne peut pas non plus être considéré comme une suite de la possession, car il est accordé même au simple détenteur, et d'ailleurs suppose l'intervention d'une idée étrangère, d'une obligation corrélative à la chose qu'on détient.

Quant au droit de défendre sa possession, même dans une certaine mesure par la force[2], droit basé sur la légitime défense, et qu'on ne doit pas confondre avec la prétention agressive de se faire justice à soi-même, droit qui peut-être appartient au simple détenteur, il est fondé sur une idée toute particulière. De toute façon ne peut-on le citer que comme un moyen de fait, une violence permise, et non pas comme un effet juridique de la possession.

La faculté de négliger la chose et même de la détruire sans être sujet à aucune responsabilité, n'est pas non plus une suite de la possession. C'est une application du principe que nous trouvons écrit dans la l. 31.3. D. 5.3, « nulli querelæ subjectus est qui rem quasi suam neglexit, » et qui me paraît uniquement fondé sur la bonne foi.

Une opinion très accréditée, des expressions courantes attribuent à la possession l'avantage de donner la situation de défendeur dans les actions réelles. Les deux choses sont, il est vrai, le plus souvent réunies; et encore, depuis la l. 9 R V, faudrait-il étendre le même avantage à la détention; mais en y regardant de plus près, on voit qu'il n'y a entre

---

1. Les expressions de Justinien « et per hanc dominium, » Inst., II, 9.5 ne sont donc pas absolument exactes. Il aurait dû mettre « et cum ea simul dominium. »

2. « Recte possidenti, ad defendendam possessionem, quam sine vitio tenebat, *inculpatæ* tutelæ moderatione illatam vim propulsare licet. » L. 1. C. 8.4. Sav. p. 37-38.

elles aucun rapport de causalité, et qu'elles ont toujours été gouvernées par des principes différents[1]. D'abord sous le système de la procédure double des *legis actiones*, il ne peut être question d'un demandeur et d'un défendeur; cependant l'une des deux parties était constituée en possession et, en compensation, fournissait à son adversaire la garantie du procès et de la jouissance provisoire « prædes litis et vindiciarum, id est rei et fructuum[2]. » Le même système persiste sous le régime des formules, après la chute des *legis actiones*. Sans doute alors il y avait un demandeur et un défendeur; le possesseur était bien défendeur, mais à la condition de fournir, soit la « cautio pro præde litis et vindiciarum » dans l'instance *per sponsionem*, soit la « cautio judicatum solvi » quand on agissait *per formulam petitoriam*[3]; en sorte que la situation de défendeur ne dépendait nullement de sa possession, mais uniquement de la *cautio*, si bien que le refus de donner caution s'exprimait par les mots « non defendere, » et qu'il y avait dans ce cas des interdits spéciaux pour transporter à l'adversaire la jouissance provisoire et la situation de défendeur[4].

8. Cependant la possession produit des effets juridiques ; elle est protégée par des actions d'un genre particulier, qu'on appelle interdits, d'où le nom de « possessio ad interdicta. » Les interdits sont, d'une manière générale, des moyens accordés par le préteur, sans doute en vertu de son *imperium*, dans des cas où le droit civil semblait ne pouvoir fournir d'action[5]. Ils étaient employés pour la protection des personnes, des choses qui ne comportent point de propriété, des *res publicæ* ou *divini juris* ; ils furent appliqués à la possession, pré-

---

1. Rudorff sur Sav., p. 568.
2. G. IV, 16.
3. G. IV, 91.
4. L. 15. D. 39.1. Frag. Vindobonense d'Ulpien, IV.
5. Machelard (*Interdits*), p. 41.

cisément parce qu'elle n'est pas un droit et ne peut prétendre à une action ; peut-être aussi furent-ils, suivant la conjecture de Niehbur et de Savigny, un moyen de protéger les concession-naires de l'*ager publicus*[1]. Quoi qu'il en soit de leur origine, il y eut des interdits possessoires, accordés au possesseur, et à lui seul[2]. Ces interdits protégeaient les meubles aussi bien que les immeubles et permettaient, soit de maintenir sa possession contre un trouble, interdits *retinendæ possessionis*, soit de la recouvrer en cas de dépossession, interdits *recu-perandæ possessionis*. Ces interdits, accordés d'abord dans des cas tout particuliers, imprévus et spéciaux, devinrent un recours général établi pour certaines catégories d'hypothèses prévues et déterminées ; et finirent par prendre place dans l'édit du préteur et s'introduire sur l'album comme les actions[3].

Je viens de dire que les interdits *retinendæ* et *recuperandæ possessionis* constituent les interdits possessoires. J'en exclus donc les interdits qualifiés *adipiscendæ possessionis*, l'interdit *quorum bonorum* et ses analogues (l'interdit *possessorium* et *sectorium*) et l'interdit Salvien. Il ne faut pas croire que tous les moyens tendant à faire obtenir la possession soient des actions possessoires, mais ceux-là seulement dans lesquels on invoque la possession, non pas le droit de posséder, et, pour prendre les formules classiques, on se fonde sur un « jus pos-

---

1. L'opinion de Niehbur et de Savigny ne me paraît pas erronée, mais seule-ment incomplète.

2. Comp. Randa, p. 10. On a bien essayé d'attribuer l'*Unde vi* au simple détenteur, sur le fondement de la l. 1.9.10. D. 43.16. « Dejicitur is qui possi-det, sive civiliter, sive naturaliter possideat ; nam et naturalis possessio ad hoc interdictum pertinet. Denique et si maritus uxori donavit, eaque dejecta sit, poterit interdicto uti ; non tamen si colonus. » Mais ce mot « naturalis posses-sio » exprime ici la possession. Cela ressort nettement des lois 1.4. D. 41.2, et l. 26 pr. D. 24.1, Cela ressort aussi très nettement, pour le colon, des scholies des Basiliques « οὐ γὰρ ἑαυτῷ, ἀλλ' ἑτέρῳ νέμεται, καὶ διὰ τοῦτο ἐκβαλλόμενος οὐ κινεῖ. » Sav., p. 79, texte et n. 2. Bruns (*Besitz im Mittelalter*), p. 65.

3. C'est ce qui me paraît bien résulter de la formule connue *ait prætor* employée pour les actions honoraires. Voir. l. 1 pr. D. 43.17.

sessionis », et non sur un « jus possidendi. » Or, les interdits *adipiscendœ possessionis* se basent sur un *jus possidendi.*

Comment expliquer alors qu'ils soient rapprochés dans les textes des interdits possessoires ? C'est que la possession s'é-- largit peu à peu, surtout quand le préteur imagina de s'en servir pour tourner le droit civil, par exemple dans les *bonorum possessiones* ; et avec elle, la conception des moyens posses- soires, s'étendit et se dénatura. Est-il besoin de remarquer que l'interdit Salvien, que l'interdit *quorum bonorum* sont bien postérieurs aux interdits vraiment possessoires, qu'ils datent d'une époque où le mot possession revêtait un sens très large, comprenant même le domaine bonitaire, c'est- à-dire une propriété d'un ordre inférieur. J'en dirai autant des interdits *tam recuperandœ quam adipiscendœ possessionis,* l'interdit *quem fundum, quam hereditatem, etc.* Ils sont ve- nus à une époque relativement récente, puisqu'ils sont un moyen d'obvier au refus de fournir la *cautio judicatum solvi,* dès lors une époque où l'expression « moyens possessoires, » outre sa signification propre et technique, avait pris une extension considérable, embrassait même des actions, même des exceptions. Un texte bien connu, la l. 1.4. D. 43.17, nous fait remarquer qu'il y a, à côté des interdits, des actions qui ont pour résultat de nous faire rentrer dans la possession, et que les exceptions peuvent servir à nous y maintenir. Ces actions, ces exceptions constituent des moyens possessoires, *lato sensu,* au même titre que les interdits *adipiscendœ possessionis* : personne ne soutiendra qu'elles soient des actions possessoires proprement dites.

Ainsi les seules actions vraiment possessoires sont celles qui ont pour objet de retenir ou recouvrer la possession, en se fondant sur un *jus possessionis* [1] Seulement, à côté des inter-

---

1. Dans mon sens, Randa, p. 9-10 et n. 10d. M. de Savigny, qui avait sou- enu la même doctrine, a reculé, à tort selon moi, dans sa sixième édition, devant

dits possessoires, il y a d'autres moyens qui peuvent conduire au même résultat pratique. C'est ce que nous dit Ulpien, dans la l. 1.4. D. 43.17 :

« Et, ut Pedius ait, omnis de possessione controversia aut eo pertinet ut, quod non possidemus, nobis restituatur, aut ad hoc, ut retinere nobis liceat quod possidemus. Restitutæ possessionis ordo aut interdicto expeditur, aut per actionem. Retinendæ itaque possessionis duplex via est, aut exceptio, aut interdictum ; exceptio datur ex multis causis ei, qui possidet ».

9. Comment concevoir que le préteur, gardien rigoureux du droit, ait pu songer à protéger un simple fait ? C'est là un problème qui, en théorie du moins, a donné lieu à des investigations aussi curieuses que contradictoires, et qui ne paraissent pas prêtes à s'arrêter [1]. Des auteurs, ne pouvant se résoudre à accepter la protection d'un fait, veulent voir dans la possession un droit, ou tout au moins le commencement ou la présomption d'un droit. Mais le commencement d'un droit n'existe que dans la possession *ad usucapionem* ; la présomption d'un droit n'existe pas. Il faut en prendre son parti : la possession est protégée comme fait. M. de Savigny en a donné une explication qui, sauf quelques nuances, me paraît très acceptable. La protection du possesseur repose sur deux motifs : d'abord un motif d'ordre public, la nécessité de ne pas jeter le trouble

l'objection tirée des interdits doubles, et arrive à ne plus comprendre dans les interdits possessoires que les interdits *retinendæ possessionis*, système encore contradictoire, d'après cet illustre auteur lui-même, puisqu'il admet ailleurs que l'*Utrubi*, et même, pour le défendeur, l'*Uti possidetis* peuvent fonctionner comme interdits récupératoires.

1. Voir Ihering (*Grund des Besitzesschutzes*), p. 6 s.; Bruns (*Besitzklagen*), p. 263 s.; (*Besitz im Mittelalter*), p. 487 ; Lenz, p. 87 ; Savigny, p. 55 s.; Carl Albert, p. 12 s.; Randa, p. 271 s. Voir deux dissertations, l'une de M. Van Wetter, l'autre de M. Esmein, dans la nouvelle *Revue historique*, t. 1877, p. 279 s., p. 489 s. — M. Meischeider (*Besitz und Besitzklagen*), p. 29 s., énumère les opinions de vingt auteurs environ, je veux dire vingt opinions différentes.

dans la société, le besoin de tranquillité, l'interdiction des violences, de toute prétention de se faire justice à soi-même. Ce motif qui rapproche la possession des choses d'intérêt public explique très bien pourquoi les deux situations sont protégées par des moyens analogues, les interdits [1]. Mais, quoique la prohibition des violences soit, surtout en pratique, le but de beaucoup le plus important des interdits possessoires, elle ne suffit pas néanmoins, car les interdits se donnent parfois dans des hypothèses où aucune violence n'apparaît [2]. Pour se rendre compte de ces hypothèses, il faut ajouter une raison tirée des intérêts de l'ordre privé. Cette raison, M. de Savigny la trouve dans le respect de la volonté humaine dans sa manifestation extérieure, c'est-à-dire de la personnalité. Sans doute, la volonté n'est point par elle-même un droit, on ne peut pas s'en servir comme d'un manteau destiné à couvrir toutes les injustices ; cependant c'est en somme la volonté que l'on respecte au fond de tous les droits, et la logique aussi bien que le bon sens nous indiquent qu'elle doit être protégée dans toutes ses manifestations, à moins de considérations d'un ordre supérieur. « La personne est inviolable, et elle seule l'est. Elle l'est non seulement dans le sanctuaire intime de la conscience, mais dans toutes ses manifestations légitimes, dans ses actes, dans le produit de ses actes, même dans les instruments qu'elle fait siens en s'en servant [3] ». Et pour que la protection soit sûre, il faut qu'elle soit générale et absolue, qu'on ne fasse aucune distinction délicate et dangereuse, aucune exception qui conduirait bientôt à l'abolition de la protection. Le possesseur de

---

1. Les textes reconnaissent que l'interdit possessoire intéresse l'ordre public. Voir la l. 27.4. D. 2.14, « interdictum unde vi, quatenus publicam causam contingit... »

2. Cependant ce point est controversé. Des auteurs rejettent l'interdit de *clandestina possessione*, refusent le caractère possessoire à l'interdit *de precario* ; alors il ne reste plus que l'*Unde vi* et l'*Uti possidetis*, qui exigent une *vis*, il est vrai parfois conventionnelle et feinte « vis ex conventu. »

3. Victor Cousin, « le vrai, le beau et le bien, » 14e leçon.

mauvaise foi, même le voleur, doivent être protégés, au moins provisoirement. C'est là une nécessité, dure sans doute, mais fatale. Qu'on ne m'objecte pas qu'il soit bizarre de donner au voleur une action qui est en somme une action *ex delicto*, puisqu'elle est fondée sur le tort spécial résultant de l'atteinte faite à la possession. Le voleur n'a pas les actions *ex delicto* : on lui refuse notamment l'action *furti*, l'action de la loi Aquilia [1]. Mais c'est que ces actions touchent au fond du droit, et il est alors de toute justice de les lui refuser ; l'action possessoire au contraire ne touche pas au droit : sa solution n'est pas définitive, et dès lors on peut la lui donner sans inconvénient théorique ou pratique.

Ainsi l'action, je veux dire l'interdit possessoire est fondé sur l'atteinte arbitraire faite à la possession, atteinte qui constitue aux yeux de la loi, un tort spécial. Il a donc le caractère d'une action *ex delicto*. Je reviendrai sur ce point [2]. Et si l'on veut chercher un motif philosophique à cette protection, on le trouve dans le respect de la volonté, dans l'inviolabilité de la personne en ses manifestations extérieures. Notons en passant que cela nous explique pourquoi la simple détention n'est pas protégée : la volonté ne s'affirme pas, comme dans la possession, et ne paraît pas devoir être respectée au même degré.

Ce sont là les motifs théoriques. Joignez-y le motif d'ordre public de l'interdiction des violences, et le motif plus pratique encore de la protection de la propriété. L'usucapion aussi paraît dirigée contre le propriétaire et n'a cependant d'autre but que d'assurer sa tranquillité ; « *ne rerum dominia in incerto essent* [3]. » Il en est de même de la possession et de l'action possessoire. L'immense majorité des possesseurs sont aussi propriétaires : les décharger de la preuve difficile de leur propriété, protéger leur possession,

1. L. 12.1. l. 76.1. D. 47.2. L. 17. D. 9.2.
2. Voir p. 17 s.
3. Inst., II, VI, pr.

c'est protéger leur propriété. Ce motif a paru si important à M. Ihering, qu'il l'a considéré comme le seul fondement de l'interdit possessoire. « La possession, dit-il, est la position avancée de la propriété et c'est comme telle qu'on la protège. » Cette idée est assurément très importante en pratique; elle l'est même au point de vue historique, économique et même juridique. A l'époque des civilisations primitives, l'époque des peuples chasseurs, pasteurs, même parfois dans le régime agricole, on ne sépare pas la possession de la propriété. Dans le système des propriétés collectives encore, système qui a existé chez les tribus slaves et germaniques, en Grèce, qui existe encore dans l'Inde et sous des formes diverses dans plusieurs pays modernes, le mir russe, par exemple, la possession seule se conçoit pour l'individu, et pour lui elle remplace la propriété. Elle se conçoit seule encore dans les pays, comme les pays mahométans, où le souverain a le domaine éminent [1]; et je serais bien tenté de dire que sous le régime féodal, c'est encore la possession qui, dégénérée et transformée, devient le domaine utile. L'idée de possession si longtemps incorporée, souvent substituée à l'idée de propriété, doit en demeurer imprégnée, et il y a des peuples qui n'ont jamais eu la notion d'une possession distincte de la propriété, et méritant par elle-même une protection spéciale. Les Athéniens et, plus généralement les Grecs, n'ont pas connu l'action possessoire [2]; l'ancien droit germanique ne l'a pas connue non plus; le droit prussien actuel ne la connaît pas davantage [3]; et l'annalité de nos actions possessoires françaises est encore une trace de la même influence.

Mais ce point de vue n'a pas été celui des Romains. Que

---

1. Voir sur tous ces points M. Garsonnet, *Histoire des locations perpétuelles;* M. de Laveleye, *De la propriété et de ses formes primitives;* M. Claudio Jannet, *Les institutions sociales et le droit civil à Sparte,* passim.

2. Carl Albert, p, 28-29.

3. J'entends par là l'action possessoire proprement dite, c'est-à-dire fondée sur la seule possession, sans autre condition ni relation avec la propriété.

pour l'*ager publicus* il ne fût question que de possession, remplaçant pour les particuliers la propriété qui demeurait sur la tête du peuple romain et que, par suite, la possession y jouât le rôle de propriété, c'est là une hypothèse toute spéciale ; et déjà pour les fonds provinciaux, dont la condition se rapprochait de celle de l'*ager publicus*, puisque le peuple romain en conservait aussi le domaine éminent, il paraît bien certain que l'on dépassa l'idée de la simple possession, et que l'on conçut pour les particuliers, à côté d'elle et bien distincte, une propriété véritable, mais d'un genre secondaire [1]. Les Romains séparèrent nettement la possession de la propriété, et, tout en reconnaissant les rapports qui les unissaient, tout en ayant certainement en vue la protection indirecte de la propriété, ils donnèrent une protection juridique à la possession envisagée en elle-même et indépendamment de toute autre considération.

10. Je viens d'esquisser en quelques traits un aperçu de la possession, je veux dire de la possession *rei* ou possession proprement dite, celle qui a pour objet immédiat et direct, comme le droit de propriété, la chose corporelle elle-même. Ce fut la première et longtemps la seule notion de la possession romaine : on ne la conçut, comme la propriété, qu'appliquée directement aux choses corporelles ; et ce qu'il y a de bizarre, c'est que cette idée naturelle, mais étroite, s'élargit pour la possession, et non pour la propriété. Aujourd'hui même encore on entend soutenir qu'une personne, qui a un droit de créance dont elle peut jouir et disposer à son gré, n'est pas propriétaire de cette créance : on ne peut pas asseoir un droit réel et absolu sur un droit personnel ; cela jurerait ensemble : — comme si la nature d'un droit ne dépendait pas de ses attributs plutôt que de son objet. La vérité, c'est que tout ce qui est dans le commerce, tout ce qui est susceptible d'entrer dans le

---

1. Voir M. Garsonnet (*locat. perpét.*), p. 81 et 133.

patrimoine, tout ce dont on peut dire qu'on en jouit et dispose
à son gré, peut être l'objet de la propriété, et par suite de la
possession qui n'en est que la manifestation extérieure [1]. Il y a
une propriété, une possession des choses incorporelles, en un
mot, des droits. Les Romains conçurent la possession des droits
et l'appelèrent *quasi possessio* ou *possessio juris* [2]. Mais il ne faut
pas s'y tromper : ce n'est pas une possession d'un genre nouveau ; et on ne la qualifie autrement que pour se conformer à
certaines habitudes de langage. Toute possession est l'exercice
d'un droit, et la *possessio rei* n'est que l'exercice du droit de
propriété. Seulement, à cause de la plénitude de la propriété,
comme il ne peut s'élever aucun doute sur sa nature et son
étendue, puisqu'elle est absolue, exclusive et illimitée, on a
pris l'habitude de confondre le droit avec la chose qui en est
l'objet, et de ne plus même nommer le droit. « *Hæc res est
mea*, » cela veut dire j'ai la disposition absolue de cette chose,
j'en ai la propriété. Il en est de même de la possession. Lorsqu'elle correspond au droit de propriété, elle n'a besoin d'aucun qualificatif : elle est la manifestation d'un droit complet
et illimité. Au contraire, la manifestation extérieure des autres
droits a besoin d'un qualificatif, qui en précise l'application et
en détermine la portée et les limites. C'est par là que la possession des droits se distingue de la possession ordinaire ; et,
pour me résumer, celle-ci est entière et absolue, celle-là
est relative et restreinte [3]. La possession nous apparaît donc
comme une situation très générale : la manifestation extérieure
des droits.

1. Voir les articles 136, 153, 154 Co, 2228 C.

2. Voir notamment la l. 10. C. 7.32, une loi qui porte le poids de bien des
erreurs du moyen âge sur la possession. Joignez la l. 20. D. 8.1.

3. Voir Bruns (*Besitz im Mittelalter*), p. 476, 477, 478. Compar. Pellat, *De la
propriété et de l'usufruit*, introduction, p. 5 s.

CHAPITRE II

DE L'INTERDIT « UTI POSSIDETIS »

SECTION PREMIÈRE

ORIGINE DE L'INTERDIT

11. L'interdit *Uti possidetis* est, on peut le dire, le type des moyens possessoires. Comme les autres interdits, il est basé sur l'atteinte violente, ou plus généralement arbitraire, dirigée contre la possession, et emprunte ainsi le caractère des actions *ex delicto*. L'atteinte n'est peut-être pas ce que nous appellerions aujourd'hui un délit caractérisé : aux yeux de la loi romaine, elle constitue un tort spécial. La preuve de ce caractère se déduit déjà indirectement de l'impossibilité d'assigner à l'action possessoire un fondement autre qu'un fondement délictueux. Elle ressort également d'un texte qui range les interdits dans les actions personnelles, la l. 1.3. D. 43.1, « interdicta omnia licet in rem videantur concepta, vi tamen ipsa personalia sunt? » Où donc se trouve cette obligation qui donne naissance à l'obligation personnelle ? Elle ne peut être que contractuelle ou délictuelle ; or il n'y a point de contrat entre les deux parties ; nous sommes donc bien forcés de recourir à l'idée de délit [1]. Enfin cette idée seule peut nous rendre compte de

---

1. Je prends les mots contrats et délits dans un sens large, embrassant les quasi-contrats et les quasi-délits.

différents textes, qui limitent à une année la durée de l'action,
ne la donnent après ce temps, ou contre les héritiers, que dans
la mesure de l'enrichissement. Cela ne peut faire aucun doute
pour l'interdit *Unde vi* : les textes le désignent expressément.
« Honorariæ autem actiones quæ post annum non dantur, nec
in heredem dandæ sunt ; ut tamen lucrum ei extorqueatur,
sicut fit in actione doli mali, et interdicto Unde vi, et similibus [1]. » Ces mots « et similibus, » qui se rapportent aussi bien
à l'interdit qu'à l'action, comprennent dans leurs termes l'interdit *Uti possidetis* [2], borné à une durée annale, comme
l'interdit *Unde vi* et, j'espère le prouver, gouverné à ce
point de vue par les mêmes règles. Et pourquoi cette limite
de durée, pourquoi cette restriction à l'auteur de la violence ?
La l. 35. D. 44.7 nous le dit dans son commencement. « In
honoraris actionibus sic esse definiendum Cassius ait, ut quæ
rei persecutionem habeant, hæ etiam post annum darentur,
ceteræ intra annum. » Écoutez maintenant la formule de l'*Uti
possidetis* « Ait prætor… intra annum, quo primum experiundi
potestas fuerit, agere permittam [3]. » C'est que l'interdit *Uti
possidetis* n'est pas une action persécutoire de la chose : c'est
une action *ex delicto* et de plus pénale. Son caractère délic-
tuel a déjà été déduit de l'idée qui sert de base à l'interdit, le
caractère pénal ressortira de l'exposé de la procédure.

Si l'interdit *Uti possidetis*, et d'une façon générale, les
interdits possessoires se fondent sur l'atteinte arbitraire portée
à la possession, c'est-à-dire à la volonté du possesseur, il ne
peut être question de les accorder dans les cas où on ne peut
pas dire strictement qu'il y a eu atteinte arbitraire, notamment dans les cas où le possesseur s'est dépouillé volontairement, mais sous l'empire de la crainte ou de l'erreur. Il ne

____

1. L. 35 pr. D. 44.7. Joignez les lois 1.48. 2.3 pr. D. 43.16. LL. 38 et 44 R. J.
2. Et aussi l'interdit *Utrubi*, basé sur les mêmes principes et régi par des
règles analogues, au moins à l'époque de Justinien.
3. L. 1 pr. D. 43.17. L'explication de ce passage est d'ailleurs fort contestée.

peut y avoir lieu qu'à une action *quod metus causa*, ou à des *condictiones sine causa* qui viennent compléter le système et dont l'application a été mise en lumière par M. Bruns [1].

12. J'ai dit en parlant de l'origine des interdits, et je viens de répéter pour l'*Uti possidetis*, qu'ils ont été imaginés pour protéger la possession. En cela je viens contredire, je le sais, des textes très précis. Gaius, IV, 148, nous dit :

« Retinendæ possessionis causa solet interdictum reddi, cum ab utraque parte de proprietate alicujus rei controversia est, et ante quæritur uter ex litigatoribus possidere et uter petere debeat ; cujus rei gratia comparata sunt Uti possidetis et Utrubi. »

Ulpien dit aussi, l. 1.3. D. 43.17 ; « Inter litigatores ergo quoties est proprietatis controversia, si inter ipsos contendatur, uter possideat, quia alteruter [2] se magis possidere affirmat, tunc si res soli sit, in cujus possessione contenditur, ad hoc interdictum remittentur. »

Et Justinien, Inst. IV. 15.4. « Retinendæ possessionis causa comparata sunt interdicta Uti possidetis et Utrubi, cum ab utraque parte de proprietate alicujus rei controversia sit, et ante quæritur, uter ex litigatoribus possidere et uter petere debeat. »

On a cherché à atténuer la portée de ces passages, en faisant observer qu'Ulpien constate seulement l'application de l'*Uti possidetis* à la revendication, que Justinien n'a fait que copier Gaius, et que Gaius, lui même dit « interdictum solet reddi, » ce qui laisse à supposer que c'est bien la fonction habituelle, mais non pas unique de l'interdit. Je le croirais volontiers ; mais il reste toujours l'expression « comparata sunt, » ce qui paraît bien signifier « ont été introduits » et non pas simplement « peuvent servir. »

<hr>

1. Bruns (*Besitz im Mittelalter*), p. 27 s. (*Besitzklagen*), p. 185 s.
2. Au lieu de *uterque*. C'est le contre-pied de la l. 153 R. J. où le mot *uterque* est pris pour « alteruter, » « nisi utrumque in contrarium actum. »

En dépit de ces témoignages si affirmatifs, et sous l'autorité de plusieurs auteurs considérables, je maintiens que l'interdit n'a pas été imaginé pour servir de préalable à la revendication. Ce serait l'abandon de toute protection possessoire, contraire à tout système législatif bien ordonné, contraire, nous l'avons vu, à toutes les idées romaines. Les Romains, qui avaient su, non seulement discerner la possession, mais l'envisager indépendamment de ses rapports avec la propriété, n'auraient posé ces principes si nets et si juridiques [1], n'auraient fait ces recherches si curieuses, que pour aboutir à un résultat négatif. C'est ce que je ne saurais admettre. Notez qu'il ne suffit pas de dire que l'interdit, une fois inventé pour préparer l'action réelle, a pu être appliqué à la protection possessoire ; car dans ce système, l'interdit ne peut être considéré que comme le successeur des *Vindiciæ*, et n'a pu être imaginé qu'assez tard, après la chute des *legis actiones*. Et alors, encore une fois, c'en est fait de la protection possessoire, au moment où on en aurait eu le plus besoin, aux époques primitives où les mœurs farouches donnent libre carrière à toutes les violences. Que faites-vous donc du texte de l'*Uti possidetis*, tel qu'il nous est rapporté par Ulpien lui-même l. 1 pr. D. 43,17 : « Ait prætor : Uti eas ædes, quibus de agitur, nec vi nec clam nec precario alter ab altero possidetis, quominus ita possideatis, vim fieri veto. » Et que signifie cette dénomination d'interdit prohibitoire ? Que signifie cette nécessité d'une « vis contra edictum prætoris ? » Que signifie cette procédure dangereuse, qualifiée tantôt de *periculum*, tantôt de *pœna* [2], pourquoi ces *sponsiones pœnales*, s'il s'agit simplement d'un préliminaire paisible et juridique à la revendication ? Quelle serait l'utilité du *judicium Cascellianum* tendant à obtenir la possession ? Il n'aurait aucun but ; il suffirait,

---

1. Voir le texte même d'Ulpien, l. 1.2. D. 43.17.
2. G. IV, 141.165.

dans l'action réelle qui suivrait nécessairement, de considérer comme défendeur le vainqueur dans l'interdit, et, à défaut de preuve de la propriété de son adversaire, lui attribuer la chose par la sentence qui tranche l'action réelle [1]. L'exposé entier de la procédure se dresse contre cette explication étroite de l'*Uti possidetis*, et j'attache d'autant plus de prix à ce témoignage, qu'intervenant sur une matière en apparence étrangère, il n'est pas suspect ; dans toutes les bizarreries de cette procédure sur laquelle j'insisterai bientôt, on retrouve l'image fidèle des idées romaines sur les interdits [2].

Je vais plus loin, et pour moi je considère que l'interdit, imaginé d'abord pour protéger la possession, a servi plus tard, par un usage un peu détourné de sa signification originaire à remplacer les *Vindiciæ* dans l'action réelle ; et cela, par une de ces habitudes familières aux Romains, qui répugnaient à créer un moyen particulier pour chaque cas nouveau, et employaient volontiers le même instrument à différents usages ; peut-être aussi par une confusion entre la possession et la situation de défendeur, confusion assez naturelle, il faut bien le reconnaître, et dont on trouverait des traces dans les textes. — Quoi qu'il en soit, l'interdit n'est pas une action préjudicielle à la revendication : il ne suppose pas le dénouement indispensable de l'action réelle, et réciproquement l'action réelle ne suppose pas le préalable nécessaire de l'interdit. Il n'y aura pas lieu à l'interdit si la possession n'est pas contestée, ou que les deux parties aient fait à ce sujet une convention expresse. L'interdit sera intenté, mais n'exercera aucune influence sur la revendication, si la possession contestée n'est pas défendue. Enfin, depuis la l. 9. R. V, qui a permis d'intenter la revendication contre un simple détenteur, et en

1. **M.** Witte (*interdictum Uti possidetis*), qui a parfaitement senti l'objection, croit s'en tirer en niant l'existence du *judicium Cascellianum* ; je combattrai cette opinion. Voir p. 35, 36.

2. **Les** raisons que j'indique deviendront explicites après l'exposé de la procédure.

a fait un défendeur valable, il n'y a plus aucune nécessité, le plus souvent aucune utilité à intenter l'interdit, afin d'être défendeur à l'action réelle, puisque la simple détention donne cet avantage. — A l'inverse l'interdit n'est pas nécessairement suivi de l'action réelle : c'est là un point sur lequel il me semble inutile d'insister.

Il reste à expliquer les trois textes que nos adversaires trouvent si décisifs. Cette explication, quant à moi, me paraît toute simple et toute naturelle. Les actions possessoires, en tant qu'elles ont en vue la prohibition des violences, sont heureusement peu usitées et peu pratiques dans les sociétés civilisées, aux époques de tranquillité et de bon ordre. C'est ainsi qu'un auteur moderne, qui demande instamment la restriction des actions possessoires, ne verrait guère d'inconvénient à leur suppression complète : il croit, non sans fondement peut-être, que cette suppression ne ferait pas un grand vide dans nos mœurs actuelles, pas plus que la suppression de l'adoption ou de la tutelle officieuse [1]. Leur principale utilité pratique se réduit alors à déterminer la possession, et par suite la qualité de défendeur qui lui est le plus souvent unie, pour le cas d'une revendication subséquente. Voilà ce qu'ont voulu dire les jurisconsultes classiques et Justinien qui les a copiés. Ils vivaient à une époque calme, et, en jurisconsultes pratiques, ils ont signalé dans l'interdit sa fonction la plus importante. Les expressions employées ont-elles dépassé leur pensée, — et j'ai déjà fait observer qu'elles ne sont peut-être pas aussi décisives qu'elles le paraissent au premier abord ; — ou se sont-ils fait illusion à eux-mêmes, ont-ils perdu de vue les principes anciens et la signification véritable des interdits, pour ne s'attacher qu'à la pratique de leur temps ? C'est un point que je ne puis résoudre. Il me suffit d'avoir apporté une conciliation

---

1. Alauzet, *Histoire de la possession*, mémoire couronné par l'Académie des sciences morales et politiques, p. 295 s.

très acceptable, qui nous permet, d'un côté de ne pas rejeter des textes précis, de l'autre de ne pas contredire la raison, le bon sens, et de demeurer fidèles aux idées romaines telles qu'elles sont consacrées par les textes en mainte occasion.

SECTION II

DE LA PROCÉDURE DE L'INTERDIT « UTI POSSIDETIS »

13. La procédure générale de l'interdit, révélée par le quatrième commentaire de Gaius, est la suivante. La personne qui se croit lésée dans sa possession, vient trouver le préteur et sollicite de sa part, très probablement en présence de son adversaire[1], un ordre pour assurer sa tranquillité. Cet ordre, qui fut d'abord délivré dans chaque cas particulier suivant les nécessités et après *cognitio causæ*, finit par entrer dans la composition de l'édit, comme les formules d'action, et cette transformation rendit ainsi inutile la première comparution devant le préteur.

Si l'ordre délivré par le préteur venait ensuite à être violé, les parties revenaient devant le magistrat[2], qui, encore après examen, leur délivrait une formule d'action et les renvoyait devant le juge ou les récupérateurs[3]. Ces précautions et ces lenteurs, qui renversèrent à la découverte du manuscrit de Gaius toutes les idées reçues en matière d'interdits, nous indiquent bien qu'il s'agit ici d'innovations délicates, que le préteur, magistrat revêtu de l'*imperium*, a reconnues nécessaires, mais où il ne veut s'engager qu'en toute sécurité et après un examen d'autant plus consciencieux que, l'impulsion donnée, l'instance présentera des peines et des risques particuliers.

1. Machelard, *Interdits*, p. 7.
2. Le rôle prépondérant du magistrat est indiqué dans G. IV, 139. « Certis ex causis Prætor aut Proconsul *principaliter* auctoritatem suam finiendis controversiis interponit... »
3. G. IV, 141.

14. *In judicio*, l'instance se lie au moyen de *sponsiones* réciproques. Cela n'a rien d'étonnant pour nous, qui voyons dans l'interdit un moyen très ancien, contemporain des *legis actiones*, d'un système où toute action s'introduisait par le moyen de *sponsiones*. Partis de cette idée très juste que, pour agir en justice, il faut avoir un intérèt, et un intérèt appréciable en argent[1], car toutes les valeurs qui composent le patrimoine sont appréciables en argent, peut-être aussi dans le but de restreindre les pouvoirs des juges, qui n'étaient après tout que des particuliers, et pour empècher des évaluations arbitraires, les Romains n'avaient rien imaginé de mieux que d'introduire toutes les instances sous la forme de promesses réciproques, dont le montant fut acquis à l'origine au trésor public, et par la suite fut attribué au gagnant à titre de condamnation[2]. Ce procédé détourné avait dans certains cas d'abord l'avantage que je viens d'indiquer, de supprimer toute évaluation arbitraire ; de plus, il faisait naître cet intérèt pécuniaire nécessaire à l'introduction des actions, mème là où il semblait impossible de l'apercevoir au premier abord ; et ce n'est pas un résultat d'une mince importance pour les matières qui touchent à l'ordre public ou à la possession. Ces considérations m'ont aussi conduit à penser qu'à l'origine tous les interdits étaient intentés *per sponsiones*[3], et que la *formula arbitraria*, admise plus tard dans les interdits exhibitoires et restitutoires, ne fut que le résultat de la transformation semblable qui s'était opérée dans la matière des actions, et notamment de la reconnaissance des actions arbitraires[4].

1. On retrouve un reflet de la mème idée dans le principe que toutes les condamnations doivent être réduites en argent, G. IV, 48.

2. La *provocatio* est l'origine de la *sponsio*, G. IV, 16.

3. Compar. Machelard, p. 17.

4. On peut m'objecter que, sous le système des *legis actiones*, la condamnation en nature existait déjà pour les actions réelles, G. IV, 48. Je persiste néanmoins dans mon opinion, et je ne crois pas que la formule arbitraire proprement dite ait pu naitre pour les interdits avant d'avoir été appliquée aux actions.

Ces *sponsiones* cependant présentaient dans l'interdit un caractère tout particulier. Elles étaient non seulement préjudicielles, mais pénales, c'est-à-dire que leur montant était dû au gagnant sans préjudice des restitutions auxquelles il pouvait avoir droit[1]. Aussi la procédure que nous venons d'indiquer est-elle qualifiée de procédure *cum pœna vel periculo*[2]. C'est pourtant la seule procédure admise pour les interdits prohibitoires, tels que l'*Uti possidetis* et l'*Utrubi*. On a essayé d'ébranler cette doctrine, en disant qu'elle conduisait à traiter plus mal le défendeur à l'interdit *Uti possidetis* que le défendeur à l'*Unde vi*. Quoi qu'il en soit de cette objection, qui n'est peut-être pas aussi sûre qu'on se l'imagine, — nous aurons occasion de le voir, — elle ne peut prévaloir sur les textes de Gaius absolument catégoriques sur ce point[3].

Au contraire, pour les interdits exhibitoires et restitutoires, on admit le défendeur, et sans doute aussi le demandeur[4], à remplacer la procédure *per sponsiones* par celle de la *formula arbitraria*, c'est-à-dire qu'on les admit à demander un juge. Il fallait que cette demande fût faite immédiatement, avant d'avoir quitté le magistrat. Si les parties laissaient écouler un délai, elles ne pouvaient plus avoir recours qu'à la procédure *cum pœna*[5]. On s'est demandé à ce propos si, dans les interdits prohibitoires, lesquels ne comportaient que la procédure *per sponsiones*, il fallait de toute nécessité laisser passer un certain temps entre la délivrance de l'interdit *in jure* et les *sponsiones in judicio?* Cette question peut se formuler d'une façon un peu différente, et se rattacher à la notion de la « vis contra prætoris edictum. » Peut-il y avoir « vis contra prætoris edictum, » et par suite peut-on engager les *sponsiones* réci-

---

1. G. IV, 167.
2. G. IV, 141.165.
3. G. IV, 141.162.
4. C'est l'opinion de M. Machelard, p. 16, 17, qui me paraît soutenue d'arguments très solides.
5. G. IV, 162.164.165.

proques qui en sont la conséquence, immédiatement après la délivrance de l'interdit, ou doit-on attendre un certain délai, par analogie de ce qui arrive dans les interdits exhibitoires et restitutoires, où la procédure *per sponsiones* n'avait lieu que lorsqu'on avait attendu un certain temps? En traitant de la *vis*, et en me fondant principalement sur la l. 11 *de vi*, D. 43.16[1], j'essaierai de montrer que tout dépend des circonstances. On ne peut pas tirer de G. IV, 164.165, la preuve que les *sponsiones* supposent toujours un délai : il dit seulement que, si on s'est mis en retard de demander un juge, on ne peut plus avoir recours qu'aux *sponsiones* ; mais il n'exclut pas du tout, à l'inverse, l'emploi immédiat des *sponsiones ;* et je suis bien convaincu, pour ma part, que, même dans les interdits exhibitoires et restitutoires, les parties peuvent, aussitôt après la délivrance de l'interdit et sans délai, engager les *sponsiones* devant le juge. En résumé, la seule nécessité imposée aux parties est de se hâter, si elles veulent user de la *formula arbitraria,* dans les cas où cette voie leur est offerte : le retard est toujours facultatif.

15. Comment se rendre compte de la différence de procédure entre les interdits prohibitoires d'une part, les restitutoires et exhibitoires de l'autre? J'ai déjà indiqué que, suivant toutes probabilités, la procédure *per sponsiones* avait gouverné à l'origine tous les interdits. On arriva sans doute à la formule arbitraire par l'effet des mêmes transformations qui la firent établir dans la sphère des actions, et très probablement par une imitation bien naturelle de ce qui s'était passé pour les actions[2]. On avait senti la nécessité de la formule arbitraire sur-

---

1. « Vim facit... sive quid omnino faciendo per quod liberam possessionem adversarii non relinquit. » Cette loi, de l'aveu de tout le monde, est placée à tort au titre *De vi* et s'applique à l'interdit *Uti possidetis.*

2. Je pense bien qu'à toute époque les parties purent s'en remettre au jugement d'un arbitre choisi par elles. Le juge accordé en vertu d'une disposition de la loi apparaît dans la *legis actio per judicis postulationem,* et dans la loi Pinaria, qui n'est peut-être qu'une généralisation de cette action. G. IV, 12.15.

tout pour les actions tendant à une restitution, que cette restitution eût d'ailleurs le caractère simplement provisoire et
préparatoire, comme l'exhibition, ou encore le caractère d'un
payement dans certain cas, comme dans l'action hypothécaire,
d'un délaissement, comme dans l'action noxale[1]. Le même
raisonnement et la même pratique passèrent dans le domaine
des interdits ; et, comme on n'avait pas jugé nécessaire d'introduire la formule arbitraire dans toutes les actions, on ne
l'admit aussi que pour les interdits semblables, je veux dire les
interdits restitutoires, et les exhibitoires qui n'en sont que la
préparation. Pour les interdits prohibitoires, non seulement les
mêmes raisons ne s'imposaient pas, mais même il semblait difficile en certains cas de concevoir l'emploi de la formule arbitraire. L'interdit restitutoire peut être vidé immédiatement, en
une seule opération, la restitution : l'interdit prohibitoire a en
vue d'empêcher des troubles, des violences qui peuvent se
répéter, se reproduire, et par suite ne peuvent être réparés par
un acte unique ; il peut même n'y avoir encore rien à restituer
si le trouble, suffisant pour constituer la menace, la « vis »
nécessaire à l'introduction de l'interdit, n'a porté aucun préjudice effectif; et même dans l'opinion, que je soutiendrai, et
dans laquelle l'interdit *Uti possidetis* sert non seulement à empêcher les troubles futurs, mais à indemniser des préjudices
déjà soufferts, on ne voit pas bien comment ce préjudice, qui
n'a pas été jusqu'à la dépossession, peut faire l'objet d'une
formule arbitraire, fournir matière à une exhibition ou à une
restitution. En l'absence de considérations d'un ordre tout à
fait supérieur, les Romains sont donc demeurés fidèles aux an-

---

Compar. Bonjean, *Actions* I, 166. Maynz, *Cours de droit romain*, I, p. 110, 111,
384, 385. Mais on ne peut parler réellement de *formula arbitraria* avant les
actions arbitraires, c'est-à-dire avant le système formulaire qui les a rendues
nécessaires. G. III, 180, G. IV, 48.

1. Just. IV, 6.31 ... « in quibus... nisi... rem restituat, vel exhibeat, vel
solvat, vel ex noxali causa servum dedat, condemnari debeat. »

ciens principes qui avaient régi primitivement la procédure de tous les interdits.

16. Un caractère important de l'interdit *Uti possidetis* est sa duplicité. L'interdit est double, c'est-à-dire que l'ordre du préteur s'adresse aux deux parties, que chacune d'elles joue en même temps le rôle de demandeur et de défendeur : les *sponsiones* émanent de chacune d'elles, et, ainsi que nous le verrons, chacune d'elles peut être condamnée[1]. Cette duplicité, en somme assez conforme à la nature des choses, puisque chaque partie élève une prétention, affirmative quant à elle, et négative quant à son adversaire, est dans l'esprit de la procédure de l'époque, et Gaius nous apprend qu'elle existait également en matière d'action réelle[2]. Cette simple observation nous rend très bien compte d'un caractère qui peut paraître bizarre au premier abord, surtout à ceux qui chérissent une idée préconçue et se trouvent trop heureux de rencontrer une particularité qui semble favoriser leur interprétation. — Vous voyez, nous disent les partisans de l'origine préjudicielle de l'interdit, vous voyez bien que l'interdit n'a été imaginé que pour servir de préalable à la revendication ; autrement comment comprendre cette procédure double ? Peut-on s'en rendre compte dans un moyen inventé pour protéger contre les atteintes unilatérales ? — J'en suis bien désolé pour mes adversaires ; mais cela se produisait à Rome, tous les jours, sous le système des *legis actiones*. Dès qu'un différend s'élevait, que ce fût en matière de propriété ou en matière de possession, le droit romain ne connaissait pas de demandeur et de défendeur, mais seulement deux parties placées sur un pied d'égalité, ayant toutes deux des prétentions contradictoires, qui dès lors nécessitaient une instance double. D'ailleurs, en ce qui concerne la possession qui nous occupe ici, les textes nous

1. G. IV, 160.
2. G. IV, 16.

disent formellement, et j'insisterai sur ce point, que l'interdit *Uti possidetis* suppose une *controversia de possessione;* et ainsi les atteintes qui semblent le plus unilatérales au premier abord doivent renfermer, au moins dans une certaine mesure, une prétention possessoire qui explique parfaitement la duplicité du débat. Je ne vois donc aucune nécessité de chercher à découvrir dans les textes une trace insaisissable d'une procédure particulière, ou mieux d'un interdit spécial, pour le cas ou l'*Uti possidetis* est donné contre une atteinte unilatérale. Bien des auteurs l'ont tenté cependant [1], et après avoir longtemps cherché dans le manuscrit de Gaius, qui donne des renseignements si précis sur la procédure de l'interdit *Uti possidetis*, ils ont cru trouver ce qu'ils ont appelé l'interdit *secundarium*, pour le distinguer de l'interdit *primarium*, dans un passage illisible, que M. Studemund a restitué de la manière suivante et que je donne à titre de curiosité fort intéressante. C'est le passage qui forme le par. 170 du IVe Commentaire de Gaius :

« Sed quia nonnulli interdicto reddito cetera ex interdicto facere nolebant, atque ob id non poterat res expediri [2], prætor in eam rem prospexit, et comparavit interdicta, quæ secundaria appellamus, quod secundo loco redduntur, quorum vis et potestas hæc est, ut qui cetera ex interdicto non faciat, veluti qui vim non faciat, aut fructus liceatur aut, etc. »

Pour ma part, je le répète, je ne vois aucune utilité à me lancer dans ces conjectures. Je suis intimement persuadé, et j'ai donné mes raisons, que l'interdit *Uti possidetis* a toujours été double. Je ne veux pas prétendre discuter des textes incertains, ni préférer la restitution de M. Studemund à celle de M. Huschke : je crois que l'une et l'autre conduisent également à nous montrer qu'il s'agit ici d'une question toute différente, sur laquelle j'aurai occasion de revenir [3].

---

1. Witte, p. 111 ; Bruns (*Besitzklagen*), p. 32 ; Meischeider, p. 433 s., p. 437.
2. Jusqu'ici le manuscrit est lisible : la conjecture commence après.
3. Voir p. 38.

17. Sortant des généralités abstraites, je passe maintenant à l'énoncé pour ainsi dire concret de cette procédure. La formule de l'interdit était conçue en ces termes : « Uti eas ædes, quibus de agitur, nec vi nec clam nec precario alter ab altero possidetis, quominus ita possideatis, vĭm fieri veto [1]. »

Et lorsque la *vis* défendue s'était produite, la partie lésée s'adressait à l'autre et la provoquait à lui promettre une certaine somme, pour le cas où elle serait reconnue avoir enfreint l'ordre du préteur; celle-ci, après avoir promis, faisait de son côté une *restipulatio*, c'est-à-dire se faisait promettre la même somme, pour le cas où il serait prouvé qu'elle était accusée à tort d'avoir enfreint l'ordre du magistrat. Puis, à son tour, reprenant le rôle de son adversaire, elle se faisait promettre de lui une certaine somme pour le cas où il serait, lui, reconnu coupable envers elle d'avoir désobéi au préteur; enfin l'adversaire faisait à son tour la *restipulatio ;* de sorte que nous nous trouvons en présence de deux *sponsiones* et de deux *restipulationes*, en tout quatre stipulations, et cinq avec la *stipulatio fructuaria* dont je parlerai bientôt. En pratique on joignait les deux *sponsiones* et les deux *restipulationes* [2], de sorte que le nombre s'en réduisait à deux. Tout cela est bien résumé par Gaius, IV, 166. « Alter alterum provocat : si adversus edictum prætoris possidenti mihi a te vis facta est, et invicem ambo restipulantur adversus sponsionem : vel stipulationibus junctis duobus una inter eos sponsio itemque una restipulatio adversus eam fit. »

Ces *sponsiones* étaient, nous l'avons dit, non seulement préjudicielles, mais pénales : il ne suffisait pas d'acquitter leur montant pour se décharger de toute autre condamnation. Mais quel est ce montant? Est-il à la discrétion du juge ou des

---

1. L. 1 pr. D. 43 17. J'analyserai la formule plus loin.

2. La formule devait être à peu près celle-ci : « Me promets-tu X., s'il est prouvé que tu as contrevenu à l'ordre du préteur en me troublant dans ma possession, et que, d'autre part, je ne t'aie pas troublé dans la tienne. »

parties? Est-il fixé par la loi? C'est là une question, je le confesse humblement, qui m'embarrasse beaucoup. J'avais pensé d'abord pouvoir dire que le taux en était fixé par la loi au montant de l'intérêt engagé ; et cela en me fondant sur les termes mêmes de la formule de l'interdit, dans la .1. 1. pr. D 43. 17 « neque pluris, quam quanti res erit... agere permittam, » que j'aurais rapportés aux *sponsiones*. Ce système me permettait d'écarter, dans ces mots, toute allusion au *judicium secutorium*, et avait l'avantage d'éviter une grave objection qui pourra m'être faite sur l'emploi de l'interdit *Uti possidetis* pour réparer le préjudice déjà causé. Mais, après examen, il m'a paru que c'était torturer le texte de la l. 1. pr. D. 43. 17, que réellement on devait appliquer au *judicium Cascellianum*, ces mots : « neque pluris quam quanti res erit, » que d'ailleurs le montant des *sponsiones*, pour justifier les expressions de Gaius « pœna, periculum, » devait être calculé à un taux supérieur au préjudice réel ; que les *sponsiones* devaient être pénales dans la double acception, d'abord en ce qu'elles n'exemptaient pas des réparations, et ensuite en ce qu'elles dépassaient la valeur de l'indemnité. D'ailleurs ç'eût été rentrer dans un inconvénient que le système des *sponsiones* avait eu en vue d'éviter, la difficulté de l'appréciation exacte de l'intérêt des parties. Je ne crois donc pas pouvoir chercher leur mesure dans le préjudice éprouvé ou dans l'intérêt des parties (plus spécialement, du demandeur). Elles étaient sans doute fixées par les parties sous l'autorité du juge ou peut-être du magistrat, qui avait ainsi un moyen de graduer la condamnation suivant les cas. Nous ne savons rien de précis à ce sujet.

18. Les *sponsiones* dont nous venons de parler, servaient à régler la question de la possession. Mais la jouissance provisoire pendant le procès, les fruits? Gaius IV, 166, nous apprend que la jouissance provisoire était tout simplement mise aux enchères entre les deux parties. Celle qui offrait le plus, sans doute présumée plus sûre de son droit, obtenait les

fruits, mais à condition de fournir à son adversaire une satis-
dation appelée *stipulatio fructuaria*. Cette stipulation fournie,
il était constitué, non pas possesseur du fonds, mais seulement
détenteur « tantisper in possessione constituitur, » nous dit
Gaius. D'où il suit que si l'adversaire triomphe dans l'interdit,
sa possession et son usucapion n'auront pas été interrompues,
et qu'il n'aura même pas besoin de recourir à l'*accessio possessionum*. De là vient également que cet adjudicataire des fruits,
qui est obligé de donner à son adversaire une sorte de caution
« pro præde vindiciarum » (*cautio judicatum solvi*) pour les
fruits qu'il possède, ne lui en doit pas pour la chose qu'il
détient simplement[1]. En d'autres termes, le *judicium Cascellianum*, par lequel on obtient la possession qui a été jugée
vous appartenir, n'exige aucune *cautio* de la part de l'adjudicataire de la possession provisoire vaincu dans l'interdit; au
contraire le *judicium fructuarium* en exige une[2]. Cependant,
bien que cette adjudication ne vous constitue pas possesseur,
elle peut avoir une influence sur la possession dans le cas
invraisemblable où aucune des deux parties ne pourrait
arriver à fournir de preuve de sa possession[3].

Cette *stipulatio fructuaria* était pénale, comme les *sponsiones de possessione*. L'adjudicataire vaincu devait la payer,
et, en outre, restituer les fruits[4]. Gaius nous dit, IV, 167 :
« Et hoc amplius fructus, quos interea percepit, reddit ;
summa enim fructus licitationis non pretium est fructuum, sed
pœnæ nomine solvitur, quod quis alienam possessionem per
hoc tempus retinere et facultatem fruendi nancisci conatus
est. » Je reviendrai là-dessus.

19. J'arrive au dénouement de toute la procédure, à la con-

---

1. Les principes introduits par la l. 9 R. V. auraient dû modifier cela : il est
probable qu'on n'y songea pas.
2. Witte, p. 56, 59.
3. Machelard, p, 186.
4. On voit ici que la *stipulatio fructuaria* est pénale dans la double acception.

damnation, qui doit rentrer dans l'exposé de la procédure. La décision de la question *uter sit possessor* tranche toutes les autres, et l'on sait désormais qui doit payer le montant des *sponsiones* et *restipulationes*. Cette somme, appréciée à l'avance, comprend la réparation de la *vis* commise en désobéissance à l'interdit, dans l'opinion que je crois la meilleure, l'indemnité du préjudice antérieurement souffert [1] et même une somme représentant l'élément pénal de la *sponsio*. Si le perdant a été adjudicataire de la possession, il faut aussi qu'il restitue la chose. Cela se fait au moyen d'une instance particulière appelée *judicium secutorium*, ou, plus spécialement, *judicium cascellianum* [2]. Je crois que le *judicium secutorium* est la suite naturelle des *sponsiones* déjà faites, et qu'il n'est pas besoin d'en imaginer une nouvelle, comme le fait M. Witte [3].

Cette instance comprend à la fois la restitution de la chose [4] et, s'il y a lieu, la restitution des accessoires et des fruits. Nous savons, en effet, que les fruits doivent être restitués par l'adjudicataire de la jouissance provisoire, indépendamment du payement de la *stipulatio fructuaria*. Cet adjudicataire, venant à triompher dans l'interdit, n'a droit naturellement

---

1. Mais sans remonter au delà d'une année «intra annum » l. 1.pr. D. 43.17.
2. G. IV. 169.
3. Witte, p, 16, 17, 18. Il s'appuie sur ces mots de Gaius, IV, 165, dont le sens me paraît peu décisif « sed actor sponsionis formulæ subjicit et aliud judicium de re restituenda vel exhibenda... » Cette *sponsio* peut très bien être celle dans laquelle il vient de triompher. (Le singulier est mis pour le pluriel.) Cette supposition est d'autant plus naturelle, que Gaius, IV, 169, observe que cette instance est appelée *judicium secutorium* «quod sequitur sponsionis victoriam.» C'est à cette *sponsio* que G. IV,165, doit faire allusion. La même observation s'applique au *judicium fructuarium*, également appelé *secutorium*.
4. Il semble bien ressortir des termes employés par Gaius IV, 165 « nisi ei res exhibeatur aut restituatur » que cette instance soit arbitraire. Mais il est bien probable qu'elle n'a dû prendre ce caractère qu'après l'établissement du système formulaire et des actions arbitraires ; et que, dans l'interdit primitif, on condamnait simplement à la chose même, comme dans les actions de la loi. G. IV, 48.

qu'au payement des *sponsiones* et *restipulationes* [1]. Mais s'il vient à perdre le procès, il doit payer en plus le montant de la *stipulatio fructuaria* et, en outre, restituer la possession et les fruits. Le payement des *sponsiones, restipulationes* et de la *licitatio fructuum* est fait à titre de peine ; au contraire, il semble bien ressortir d'une certaine opposition de langage, que nous trouvons dans G. IV, 167, que la restitution de la chose et des fruits se fait à titre d'indemnité. Gaius ajoute, IV, 169, que, dans ce cas, il était loisible au gagnant de négliger la *stipulatio fructuaria*, et de la remplacer par une demande spéciale comprenant à la fois le montant de la stipulation et les fruits. Cette instance prend le nom de *judicium fructuarium*, et impose au défendeur la nécessité de fournir la caution *judicatum solvi ;* on lui donne aussi la dénomination générique de *judicium secutorium ;* mais celle de *cascellianum* est réservée à l'instance en restitution de la chose.

20. Une difficulté s'est élevée à l'occasion de ces différents moyens, et l'on s'est demandé quel était le moyen employé pour obtenir les fruits dans le cas où le gagnant exigeait le payement de la *stipulatio fructuaria*, et préférait ne pas faire usage du *judicium fructuarium*. M. Witte pense que le moyen employé n'était autre que la *stipulatio fructuaria*, laquelle aurait compris, dans cette hypothèse, deux éléments, l'un pénal, et l'autre la restitution des fruits [2]. Pour faire rentrer la restitution des fruits dans la *stipulatio*, il invoque d'abord le mot *fructuaria*, qui la caractérise. Ensuite, nous dit-il, Gaius ne nous révèle aucun autre moyen de restituer les fruits, et cependant il dit formellement que les fruits doivent être restitués. Enfin, ce qui nous prouve que la restitution des fruits rentre bien dans la *stipulatio fructuaria*, c'est que cette stipulation peut être remplacée par un *judicium fructuarium*, qui

---

1. G. IV, 168.
2. Witte, p. 51.

en est donc l'équivalent, et qui comprend les deux éléments. La conséquence de ce système, ajoute M. Witte, est de nous démontrer qu'à l'origine, il n'y avait pas de *judicium cascellianum*. A quoi aurait-il servi, puisque tout l'intérêt de la possession, les fruits étaient restitués par une autre voie ? Il ne peut être question d'une instance en restitution de la chose, puisque l'interdit n'était que le préalable à la revendication. Et ainsi l'absence du *judicium cascellianum* à l'origine est une preuve manifeste que l'interdit a été inventé, comme le disent Gaius, Ulpien et Justinien, uniquement pour servir de préalable à la revendication. Le *judicium cascellianum* aurait été incompatible avec ce système.

Sur ce dernier point, je suis complètement d'accord avec M. Witte. Oui, on ne conçoit pas l'utilité d'une instance spéciale pour obtenir la possession, si l'interdit n'a qu'une fonction préjudicielle à la revendication, c'est-à-dire s'il ne sert en somme qu'à déterminer la partie qui doit être considérée comme défenderesse à l'action réelle. Aussi ai-je regardé l'existence du *judicium cascellianum* comme un témoignage certain que les jurisconsultes, s'inspirant sans doute de la pratique de leur temps, avaient quelque peu perdu de vue la théorie primitive et véritable. L'existence du *judicium cascellianum* nous est attestée par Gaius ; il est véritablement divinatoire de prétendre lui assigner une date postérieure à la création de l'interdit ; et il est téméraire de chercher à nier son utilité, car il servait précisément à obtenir, outre la restitution de la chose, cette restitution des fruits dont vous parlez. Gaius, IV, 167, distingue deux éléments dans la condamnation : l'un qui a le caractère pénal et qui comprend le montant des *sponsiones* et de la *stipulatio fructuaria*, l'autre qui est une indemnité et qui comprend la restitution de la chose et des fruits. N'est-il pas naturel de penser que ces fruits, comme accessoires de la chose, s'obtiennent par le même moyen, à l'exemple de ce qui se passe dans les actions réelles. Maintenant, le gagnant a la faculté d'intenter une demande spéciale pour les fruits ; dans ce cas, le *judicium cascellianum* se restreindra à la restitution de la chose ; mais si on n'use pas du *judicium fructuarium*, le *cascellianum* reprendra son extension naturelle. M. Witte ne fait pas attention que son système se heurte contre une objection terrible ; en faisant ici rentrer la restitution des fruits dans la *stipulatio fructuaria*, il oublie qu'on ne peut obtenir, par une stipulation, que la somme même qui a été stipulée, et jamais davantage. Le contenu d'une stipulation n'est pas élastique : il ne peut pas comprendre, tantôt le montant qui a été stipulé, tantôt cette même somme augmentée de la valeur des fruits. D'ailleurs, les raisons invoquées par M. Witte ne sont guère convaincantes. L'expression *fructuaria* se borne à indiquer que la stipulation est faite à l'occasion des fruits ; et, quant au passage de G., IV, 169, il est bien plutôt en mon sens ; car, en indiquant que le *judicium fructuarium* comprend, outre la *stipulatio fructuaria*, la restitution des fruits, il en fait deux éléments bien distincts et les sépare avec une netteté qui aurait dû prévenir toute confusion [1].

M. Rudorff [2] avait présenté un système rattachant aussi la restitution des fruits à la *stipulatio fructuaria*. Cette stipulation aurait été du double des fruits, et aurait compris ainsi deux éléments, l'un pénal et l'autre formant la restitution des fruits. Mais M. Witte lui-même repousse ce système, en faisant observer d'abord que ce n'est pas la base qui nous est indiquée par Gaius, IV, 166, pour fixer le montant de la stipulation ; ensuite que Gaius nous dit, IV, 167, que la stipulation est pénale, non pour partie, mais pour le tout. Cette dernière objection, notons-le, s'applique aussi au système de M. Witte, qui fait également deux parts dans la *stipulatio fructuaria*.

---

1. Je prends le texte de Gaius, IV, 169, sans contester la restitution de M. Huschke « de fructibus » : je la crois exacte en effet.

2. Cité par M. Witte, p. 52.

21. Quant au montant de la condamnation à obtenir par le *judicium cascellianum*, j'ai déjà observé que, d'après les termes de G., IV, 167, ce doit être une simple indemnité. Cette idée est conforme à la formule même de l'interdit, l. 1. pr. D. 43.17 « neque pluris, quam quanti res erit... agere permittam, » expressions qui, sous Justinien, se rapportent à l'action donnée *ad exemplum interdicti*, mais à l'origine ne pouvaient guère se rapporter qu'au *judicium cascellianum*. Le « quanti res erit » avait pour mesure, ainsi que nous le disent la l. 3.11. D. 43.17 et la l. 6. D. 43.16, non pas la valeur de la chose, mais la valeur de la possession, qui est bien différente, le plus souvent moindre, quelquefois aussi plus élevée [1].

L. 3.11. D. 43.17 : « Servii autem sententia est existimantis, tanti possessionem æstimandam, quanti ipsa res est, sed hoc nequaquam opinandum est, longe enim aliud est rei pretium, aliud possessionis. »

L. 6. D. 43.16 : « In interdicto unde vi tanti condemnatio facienda est, quanti intersit possidere ; et hoc jure nos uti Pomponius scribit, id est tanti rem videri, quanti actoris intersit, quod alias minus esse, alias plus ; nam sæpe actoris pluris interesse, hominem retinere, quam quanti is est, veluti quum questionis habendæ, aut rei probandæ gratia, aut hereditatis adeundæ intersit ejus, eum possideri. »

Enfin les fruits à restituer sont ceux qui ont été perçus depuis la délivrance de l'interdit, conformément à la règle générale posée dans la l. 3. D. 43.1. « In interdictis exinde ratio habetur fructuum, ex quo edita sunt, non retro [2]. »

22. Nous venons de voir la marche graduelle de la procédure arrivant par degrés jusqu'au dénouement, la condamnation.

---

1. Compar. Bruns (Besitzklagen), p. 190. Joignez, l. 21.2. D. 4.2.

2. Si la loi 25 D. 42.8 pose une règle différente pour l'interdit fraudatoire, cela tient à la formule de cet interdit, qu'on prenait au pied de la lettre. — Machelard, p. 23. — La l. 1.40. D. 43.16 nous signale aussi une exception à la règle pour l'interdit *Unde vi*. — Compar. d'ailleurs la l. 246.1. D. 50.16. que donne un sens très élastique au mot « restituere ».

Le fait qui donne l'impulsion à toute cette procédure, c'est la *vis contra edictum*, et nous aurons occasion de voir qu'il faut prendre cette expression « vis » dans un sens très large. Mais comment faire si, après la délivrance de l'interdit, l'autre partie refusait d'accomplir même la *vis ex conventu*, nécessaire pour donner ouverture aux *sponsiones*, ou qu'ayant contrevenu aux ordres du magistrat, elle se dérobât à son adversaire, le plaçant ainsi dans l'impossibilité d'engager les *sponsiones* et de continuer la procédure? C'est certainement à cette hypothèse que se référait le passage de Gaius, où l'on a voulu trouver la création d'un interdit spécial pour le cas d'une atteinte unilatérale à la possession[1]. Que Gaius ait traité en cet endroit l'hypothèse dont je parle, c'est ce qui résulte des premiers mots, lisibles dans le manuscrit. G., IV, 170 : « Sed quia nonnulli, interdicto reddito, cetera ex interdicto facere nolebant, atque ob id non poterat res expediri..... » Pour la suite, nous sommes livrés à des conjectures; mais M. Studemund, aussi bien que M. Huschke ont tous deux restitué le passage en ce sens très vraisemblable que Ga,us y indiquait un interdit nouveau imaginé par le préteur. Mais quel est cet interdit? Pour rester fidèle au commencement du passage, je pense que cet interdit avait pour but de venir en aide à la partie lésée dont l'adversaire se dérobait, empêchait la procédure de continuer et l'instance d'aboutir, et je serais très porté à croire, à la suite de M. Rudorff[2], que c'était un interdit analogue aux interdits « quem fundum, quam hereditatem etc., »

---

1. Voir p. 29.

2. Rudorff sur Savigny, p. 688. Witte, p. 59. M. Witte fait remarquer que la présence d'un interdit double, c'est-à-dire *tam adipiscendæ quam recuperandæ possessionis*, ne doit pas surprendre dans un interdit *retinendæ possessionis*, car l'interdit *Uti possidetis*, nous le verrons, a une fonction récupératoire. Cet interdit double aboutissait ainsi à une sorte de *missio in possessionem* d'un genre particulier. Peut-être le préteur avait-il à sa disposition d'autres moyens de coercition, par exemple des amendes contre le récalcitrant. Compar. Witte, p. 27 et 28.

donnés dans les actions réelles contre un possesseur « qui non defendebat. » Le cas est tout semblable.

23. Remontons encore un peu plus haut. Il n'y a pas de violences commises, il n'y a que des menaces, qui ne sont même pas assez caractérisées pour constituer la « vis contra edictum » et donner l'impulsion à l'interdit. N'y a-t-il pas un moyen de se garantir contre ce trouble éventuel, de s'assurer contre cette inquiétude de tous les instants? Bien des auteurs, s'inspirant de l'esprit et des traditions du droit Romain, pensent, avec juste raison, selon moi, que la personne menacée peut, après une *cognitio causæ*, obtenir de son adversaire une sorte de caution de garantie, assez semblable à celle que reconnaît aujourd'hui le droit criminel Anglais, et que les interprètes ont appelée « cautio de non amplius turbando, » — il vaudrait mieux dire : « cautio de non turbando, » car précisément elle suppose qu'un trouble objectif n'a pas encore été réalisé. Cette *cautio* peut invoquer des analogies dans les textes, en matière d'action négatoire [1]. Ainsi la l. 12. D. 8.5. « Egi jus illi non esse tigna in parietem meum immissa habere ; an et de futuris non immittendis cavendum est? Respondi, judicis officio contineri puto, ut de futuro quoque opere caveri debeat. » Et en matière d'interdit « ne quid in loco publico, » la l. 2.18. D. 43.8. « Si tamen adhuc nullum opus factum fuerit, officio judicis continetur, uti caveatur, non fieri [2]. »

24. Dioclétien supprima le système formulaire, et ainsi les interdits, comme les actions, se dégagèrent de leur enveloppe formaliste vieillie, et rentrèrent dans le domaine de ce qu'on avait appelé dès longtemps la *cognitio extraordinaria*. Aussi

---

1. Et l'interdit *Uti possidetis* a de grands rapports avec l'action négatoire. Voir Bruns (Besitzklagen), p. 63, 64, 65 (qui même exagère ce point de vue).

2. Witte, p. 118 s; Randa, p. 124 et n. 4 ; Savigny, p. 408, 409. Compar. Machelard, p. 207, 208. On n'invoque plus aujourd'hui la l. un C 8.6 qui a trait à la *cautio judicatum solvi*, et à l'interdit double, en cas de refus de la fournir.

Justinien a-t-il soin de nous dire, en traitant des interdits, que de son temps on se borne à donner des actions *ad exemplum interdictorum*, dans les cas où ils étaient délivrés autrefois [1]. Et le livre 43 du Digeste est intitulé : « de interdictis, sive extraordinariis actionibus quæ pro his competunt. » Tout ce qui touchait au formalisme et imprimait à l'interdit un cachet d'originalité si curieuse, a disparu. Plus de *sponsiones* qui font naître l'intérêt privé nécessaire pour agir en justice, dans un domaine où le droit civil ne l'apercevait pas ; plus trace de cette *stipulatio fructuaria*, si ingénieusement imaginée pour révéler au juge, à l'insu même des parties, le degré de confiance que leur prétention leur inspire. Le *judicium fructuarium* n'a plus rien à faire : tout se réduit à l'ancien *judicium cascellianum*, qui comprend tout à la fois la restitution de la chose et des fruits. La duplicité de l'interdit, disparue de la procédure, ne se rencontre plus que s'il y a réellement une prétention possessoire élevée de la part de chacune des deux parties, et alors il est plus exact de dire qu'il y a une demande reconventionnelle, jointe à l'action possessoire [2].

Seulement, de ce que l'interdit est devenu purement une action en réparation, est-ce à dire qu'il ait absolument dépouillé son antique caractère pénal ? Je ne le crois pas. L'action est toujours donnée *ad exemplum interdicti* : c'est toujours l'atteinte arbitraire qui lui sert de base, et nous retrouvons encore dans les textes du code la mention de l'annalité, signe caractéristique des actions pénales, ainsi que la restriction à l'enrichissement, dans le cas où l'action est dirigée contre les

---

1. Inst. IV, 15.8. « De ordine et veteri exitu interdictorum supervacuum est hodie dicere : nam quotiens extra ordinem jus dicitur, qualia sunt hodie omnia judicia non est necesse reddi interdictum ; sed perinde judicatur sine interdictis, atque si utilis actio ex causa interdicti reddita fuisset. »

2. Meischeider, p. 445. Cependant M. Witte, p. 134, pense que la mention de la duplicité conservée dans les *Pandectes* nous indique sa persistance à un certain point de vue, et qu'en vertu de ce principe le demandeur à l'action possessoire pourra se voir condamner par le juge.

héritiers. « Vi pulsos restituendos esse interdicti exemplo, si necdum utilis annus excessit, certissimi juris est, et heredes teneri in tantum quantum ad eos pervenit [1]. »

Enfin l'introduction de l'appel dans la procédure soulève la question de savoir si l'on peut appeler des jugements rendus au possessoire, et quel sera l'effet de l'appel. Nous possédons un texte à ce sujet, la l. un C. 7.69, qui nous apprend que l'appel est possible, mais n'a pas l'effet suspensif : « Quum de possessione et ejus momento causa dicitur, et si appellatio interposita fuerit, tamen lata sententia sortiatur effectum. Ita tamen possessionis reformationem fieri oportet, ut integra omnis proprietatis causa servetur [2]. »

J'ai terminé l'examen de la procédure de l'*Uti possidetis*. On excusera sans doute les détails un peu minutieux dans lesquels je suis entré, en considérant qu'on y trouve bien des questions difficiles, délicates et parfois négligées ; en observant surtout que cet exposé, non suspect, puisqu'il nous vient de Gaius, nous révèle l'esprit et l'originalité des interdits et jette une nouvelle clarté sur les points jusque-là les plus obscurs.

SECTION III

FONCTIONNEMENT DE L'INTERDIT « UTI POSSIDETIS »

25. La formule de l'interdit nous est rapportée dans la l. 1. pr. D. 43. 17 : « *Ait prætor : Uti eas œdes, quibus de agitur, nec vi nec clam nec precario alter ab altero possidetis, quo-*

1. L. 2. C. 8.4. Joignez-y la l. 1. C. 8.5 qui déroge à l'annalité dans un cas spécial.
2. Voir Carl. Albert, p. 181 s.

*minus ita possideatis, vim fieri veto. De cloacis hoc inter-
dictum non dabo ; neque pluris, quam quanti res erit, intra annum, quo primum experiundi potestas fuerit, agere
permittam.* »

Je vais reprendre et analyser successivement tous les termes
de cette formule[1] ; je me débarrasserai d'abord de ceux
qui n'ont qu'un intérêt secondaire, pour expliquer ensuite ceux qui contiennent les conditions de l'interdit et les
éléments divers qui entrent en jeu dans son fonctionnement.

Les mots « *Ait prætor,* » j'en ai déjà fait l'observation,
sont les expressions employées par les jurisconsultes pour
nous annoncer une formule inscrite sur l'album du préteur,
et faisant corps avec l'édit. Ils viennent corroborer l'opinion
très naturelle que les interdits, d'abord donnés pour telle
espèce particulière, ont fini par s'introduire dans l'édit,
comme les formules d'action. Cette observation est importante, car elle a dû avoir pour effet nécessaire de supprimer
la première comparution devant le magistrat, comparution
désormais inutile, puisque l'interdit avait ses conditions déterminées dans l'album, et qu'il n'était plus besoin d'une
cognitio causæ spéciale. A partir de ce moment aussi,
même à prendre les expressions au pied de la lettre, on
est bien obligé de reconnaître que tous les troubles, même
ce qu'on appelait autrefois les troubles antérieurs, tombent
sous le coup de l'édit; en réalité il n'y a plus désormais de
trouble passé : tous, à l'instant où ils se produisent, constituent une « *vis contra prætoris edictum.* »

26. Le pluriel « *Uti possidetis,* » qui a étonné certains interprètes, peut s'expliquer ainsi : ne sachant pas encore auquel
des deux s'appliquera dans l'avenir l'ordre (spécial ou général) qu'il émet, le préteur adresse la défense aux deux.

---

1. Je la prends telle qu'elle est, parce que je n'ai aucune preuve d'interpo-
lation ni de changement ; cependant, la deuxième phrase m'est suspecte.

C'est bien conforme au caractère double qu'affecte la procédure de l'interdit. On pourrait aussi accepter l'explication de M. Carl Albert, qui prend le mot « possidetis » dans son sens vulgaire, et non technique, pour exprimer l'état où chacune des deux parties se trouve, et que le préteur défend de troubler « Uti possidetis », c'est-à-dire « uti res inter vos se habet. » Je préfère cependant la première explication, plus technique [1].

27. Les mots « eas ædes » ne sont ici qu'à titre d'exemple d'immeubles. Je n'insiste pas. Je laisse aussi momentanément le reste de la première phrase, qui nous fait connaître les personnes entre lesquelles s'agite l'interdit, ses conditions et une exception qu'on peut lui opposer, et je passe à la deuxième phrase.

28. « De cloacis hoc interdictum non dabo. » Cela a d'abord un sens tout naturel, c'est-à-dire que pour les égouts il y a un interdit particulier, différent de l'*Uti possidetis*. On peut déjà en tirer *e contrario* cette conséquence que les servitudes urbaines sont d'ordinaire protégées *utiliter* par l'interdit *Uti possidetis*, et c'est un argument qui n'est point à dédaigner. Mais je crois que cette mention a, en outre, une signification plus importante et qui justifie mieux sa place dans la formule. Elle ferait allusion, non pas à la possession du fonds dominant, mais au fonds servant, et déclarerait que, par exception, le fonds servant ne pourra jamais se défendre par l'interdit *Uti possidetis* contre l'interdit *de cloacis*, l'amélioration des égouts intéressant au plus haut degré l'ordre et l'intérêt publics, et ne pouvant être entravée par des motifs d'intérêt privé [2]. Quelle que soit d'ailleurs l'interprétation adoptée, elle nous montre l'*Uti possidetis* adversaire naturel

<hr>

1. Carl. Albert, p. 157, 158. Compar. Witte, p. 42 ; Machelard, p. 183 ; Savigny, p. 404, n. 2.
2. Witte, p. 115 ; Carl Albert, p. 127.

des interdits protégeant les servitudes urbaines, en d'autres termes, la prétention à une servitude urbaine est une prétention possessoire, qui peut être contredite par l'interdit *Uti possidetis*, et réciproquement peut être défendue par ce même moyen.

Le reste de la phrase a trait à l'annalité et soulève les plus grandes difficultés, je les laisse pour le moment, et reviens à la première phrase.

29. Le demandeur, je veux dire celui qui sollicite l'interdit, est celui qui possède. L'interdit est accordé au possesseur et à lui seul [1]. Ce point ne fait aucun doute pour l'interdit *Uti possidetis* [2]; j'ai déjà indiqué qu'on avait essayé de le nier pour l'*Unde vi*; mais cette tentative, qui avait en réalité pour but de légitimer l'octroi de l'ancienne réintégrande au simple détenteur, a succombé définitivement depuis Savigny.

La personne de celui contre qui on intente l'interdit, et qu'on peut appeler le défendeur, fait plus de difficulté. Est-il besoin que lui aussi ait une prétention à la possession, ou peut-on intenter l'interdit contre un adversaire qui n'élève pas la moindre prétention contraire à votre possession? Cette question, à mon avis, ne saurait faire l'objet d'un doute sérieux, et la procédure nous en fournit déjà une raison péremptoire. Il n'existe pas de demandeur ou de défendeur à l'interdit; mais, à cause de la duplicité de la procédure, chaque partie joue à la fois les deux rôles, et comme il est nécessaire de prétendre à la possession pour solliciter l'interdit, pour y être ce qu'on peut appeler demandeur, la même condition doit être nécessaire pour y défendre, et ainsi, par la force des choses, chaque partie doit élever une prétention possessoire. Cette pré-

---

1. Il faut ajouter les quatre cas exceptionnels de possession dérivée.

2. Voir notamment la l. 3.8. D. 43.17. Quant à la l. 3.3. h. t. qui suppose que l'une des deux parties est un *inquilinus*, il est probable qu'elle suppose à cet *inquilinus* une prétention possessoire ; car elle ajoute que le *dominus* ne veut pas l'empêcher d'habiter, mais seulement de posséder. Comp. Machelard, p. 223.

tention n'existe pas nécessairement pour le tout ; elle peut se restreindre à une portion, même minime, de la possession, et c'est ce qui explique l'application de l'interdit *Uti possidetis* en matière de servitudes. C'est d'ailleurs en parfaite concordance avec les textes ; ils supposent toujours que le trouble apporté « movet controversiam de possessione, » et le pluriel *Uti possidetis*, employé dans la formule de l'interdit, est aussi une allusion à cette prétention possessoire qui doit exister des deux côtés.

Ainsi l'interdit n'est accordé qu'au possesseur. Mais il peut y avoir doute sur le point de savoir qui est possesseur. Par exemple, si vous élevez une prétention possessoire sur une maison ayant deux étages, par hypothèse possédés par deux personnes différentes, laquelle des deux aura l'interdit ? La l. 3. 7. D. 43. 17, nous dit que ce sera le propriétaire du rez-de-chaussée :

« Sed si supra ædes, quas possideo, cœnaculum sit, in quo alius, quasi dominus moretur, interdicto Uti possidetis me uti posse, Labeo ait, non eum qui in cœnaculo moraretur ; semper enim superficiem solo cedere. »

Et l'on va si loin dans l'application de ce principe, qui réserve l'*Uti possidetis* au possesseur du sol, qu'on le refuse même au superficiaire : il n'a de recours contre le possesseur du sol que dans son interdit spécial. C'est que nous dit la même loi :

« Ceterum superficiarii proprio interdicto et actionibus a Prætore utentur ; dominus autem soli tam adversus alium, quam adversus superficiarium potior erit interdicto Uti possidetis ; sed Prætor superficiarium tuebitur, secundum legem locationis[1].

Cependant il faut se garder de toute exagération, et le même

---

[1]. Ce dernier membre de phrase semble bien accorder au superficiaire une exception spéciale fondée sur le droit qu'il retire de son contrat et qu'il peut opposer au propriétaire du sol. Je me trompe fort, ou il y a là une incursion du pétitoire dans le domaine possessoire.

passage nous avertit que si ce qu'il avait appelé tout à l'heure l'étage supérieur avait accès sur la rue ou le chemin, c'est le possesseur de cet étage qui aurait l'*Uti possidetis*, à l'exclusion du possesseur de l'étage souterrain :

« Plane si cœnaculum ex publico aditum habeat, ait Labeo, videri non ab eo ædes possideri qui κρυπτας (refugia) possideret; sed ab eo cujus ædes supra κρυπτας essent ; verum est hoc in eo, qui aditum ex publico habuit. »

30. Voilà donc les deux parties déterminées. Le préteur leur adresse l'ordre suivant : « Uti eas ædes, quibus de agitur, nec vi nec clam nec precario alter ab altero possidetis, *quominus ita possideatis, vim fieri veto.* » J'arrive ainsi à l'examen du trouble qui donne ouverture à l'interdit, de cette « vis, » sur laquelle vient se greffer toute la procédure, et si nécessaire qu'on en était arrivé, semble-t-il, à l'ériger en une institution ayant un caractère général, fictif, la *vis ex conventu*, d'apparences très analogues à la *manus consertio* [1].

Deux principes peuvent nous guider :

I. — Tous les troubles, qui mettent en question la possession, constituent une *vis contra edictum*.

II. — Ce trouble doit d'une manière générale, plusieurs disent d'une manière absolue, ne pas avoir été jusqu'à la dépossession.

31. Je prends d'abord le deuxième principe, qui en lui-même, comporte peu de développements. L'*Uti possidetis* est un interdit *retinendæ possessionis*. Tous les textes nous le disent et notamment la l. 1. 4. D. 43. 17 :

« Est igitur hoc interdictum, quod vulgo Uti possidetis ap-

---

1. Bruns (Besitzklagen), p. 26 s, p. 34 s. Un passage de Cicéron nous parle de cette « vis ex conventu ». M. Bruns (l. c.), p. 42, l'assimile à la « deductio quæ moribus fit ». M. Witte, p. 32,s. p. 48, au contraire, les distingue. La *vis ex conventu* est un moyen général de donner aux *sponsiones* la base qui leur est nécessaire. Le *deductio quæ fit moribus* aurait été le moyen employé par les parties dans l'action réelle pour régler d'un commun accord la possession ; et l'attribution faite aurait lié le juge.

pellatur, retinendæ possessionis; nam hujus rei causa redditur, ne vis fiat ei qui possidet... hoc interdictum tuetur, ne
amittatur possessio. »

Et le texte fait remarquer que les exceptions peuvent souvent jouer le rôle d'interdits *retinendæ possessionis* et servir à
garder la jouissance d'une chose :

« Retinendæ itaque possessionis duplex via est, aut exceptio, aut interdictum; exceptio datur ex multis causis ei qui
possidet. »

La règle en elle-même ne fait aucune difficulté; on est au
contraire très divisé sur le point de savoir si elle n'admet pas
une exception dans le cas où un ancien possesseur voudrait
intenter l'*Uti possidetis*, contre celui là même qui l'a dépouillé
vi clam ou *precario*. J'examinerai cette controverse un peu plus
bas.

Cependant l'application de la règle elle-même peut embar-
rasser; on peut hésiter sur le point de savoir quand il y a
dépossession, quand il y a simplement trouble. A prendre au
pied de la lettre le mot : *utrumque in contrarium actum*, dans
la l. 153, R. J. on arrive même à dire qu'il n'y a jamais de dépossession pour une personne qui garde l'*animus domini*.
Cette loi est bien célèbre.

« Fere, quibuscumque modis obligamur, iisdem in contrarium actis liberamur, quum quibus modis acquirimus, iisdem
in contrarium actis, amittimus. Ut igitur nulla possessio acquiri,
nisi animo et corpore potest, ita nulla amittitur, nisi in qua
utrumque in contrarium actum. »

Il n'y aurait plus alors de dépossession; tous les interdits
seraient *retinendæ possessionis*. Mais on sait que le mot *utrumque* a ici le sens de *alterutrum*, et M. de Savigny a surabondamment démontré que la terminologie latine n'est pas très
nette sur ce point[1].

----

1. Sav., p. 331 s, notamment p. 334 s. Sous un autre rapport, au contraire,

Pour les immeubles, à l'origine, je pense, seulement pour les *saltus hiberni et aestivi*[1], la possession se conservait *animo solo*, et dès lors l'occupation matérielle ne pouvait constituer par elle-même qu'un simple trouble. La dépossession n'avait lieu que lorsque l'ancien possesseur apprenait l'usurpation, et s'arrêtait devant cet obstacle[2]. C'est à ce principe, qui supprima l'interdit, problématique pour plusieurs, *de clandestina possessione*, que se rattache l'explication de la l. 6. 1. D. 41.2. Elle est d'Ulpien :

« Qui ad nundinas profectus neminem reliquerit, et dum ille a nundinis redit, aliquis occupaverit possessionem, videri eum clam possidere Labeo scribit ; retinet *ergo* possessionem is qui ad nundinas abiit. Verum[3] si revertentem dominum non admiserit, vi magis intelligi possidere, non clam. »

Voici le sens et la marche des idées. Labéon, sans doute à une époque où la conservation de la possession *animo solo* n'était pas encore devenue un principe général, et n'existait que pour les *saltus hiberni et æstivi*, prenant l'hypothèse d'un possesseur qui s'est absenté pour aller à un marché (ou une foire), décidait que la possession usurpée par un tiers était atteinte du vice de clandestinité. La loi continue : « retinet ergo possessionem, qui ad nundinas abiit. » C'est ce mot *ergo* qui fait la difficulté, puisqu'il semble tirer une conséquence opposée aux prémisses. On a voulu le traduire par *or*, et prétendre qu'il marque, non pas une conséquence, mais une opposition. Le sens du mot *ergo* me paraît trop net pour prêter à une pareille interprétation. M. Rudorff[4] l'explique par cette

les termes choisis « in contrarium actum » sont très exacts. Ils nous indiquent que la simple perte de la volonté ne suffit pas : il faut une volonté en sens contraire.

1. C'est-à-dire les pâturages des Apennins, qui ne peuvent être utilisés que pendant l'été, et la Maremne, qui devient déserte aux premières chaleurs.

2. L. 44.2. L. 46. D. 41.2. Comp. Bruns (Besitzklagen), p. 114 s, la distinction entre le cas où un possesseur possède par lui même ou par un autre.

3. D'autres lisent « unde. »

4. Rudorff sur Savigny, p. 677, 678.

idée que le mot *possidere* est pris dans un sens large embrassant à la fois la possession et l'interdit qui la protège, plutôt que la possession proprement dite : « Si quis vi de possessione dejectus sit, » dit le même Ulpien, dans la l. 17 pr. D. 41.2, « perinde haberi debet ac si possideret, quum interdicto de vi recuperandæ possessionis facultatem habeat. » Et c'est bien conforme au principe posé par Paul, dans la loi 15 R. J. « Is qui actionem habet ad rem recuperandam, ipsam rem habere videtur. » Il est tout naturel alors qu'Ulpien, adoptant la décision de Labéon, ajoute : « Il conserve donc la possession, puisque celle de l'usurpateur est clandestine, et qu'il peut la recouvrer au moyen de l'interdit *Uti possidetis*. Seulement la fin de la loi, qui arrive en dernière analyse à considérer la possession de l'usurpateur comme infestée du vice de violence et non de clandestinité, ne cadre plus bien avec cette explication, si simple au premier abord. Je préfère celle de M. de Savigny [1], qui prend le mot *possidere* dans son sens technique de posséder. Labéon avait dit que la possession usurpée sur un immeuble en l'absence du possesseur était infestée du vice de clandestinité. Or, depuis Labéon, s'était établie la règle générale que la possession des immeubles se conservait *animo solo*, règle qui avait fait disparaître la possession clandestine pour les immeubles. C'est ce qui autorise Ulpien à dire : « Donc, de notre temps, où la possession clandestine des immeubles n'est plus admise, l'ancien possesseur conserve toujours sa possession. Et (*verum* ou bien *unde*), s'il ne peut réussir à chasser l'usurpateur [2], alors seulement cet usurpateur commencera à posséder ; mais sa possession sera violente et non plus clandestine. Je préfère cette explication, plus compliquée sans

---

1. Sav., p. 352 texte et surtout n. 4.

2. La l. 7 D. 41.2 montre qu'il n'est pas nécessaire que l'ancien possesseur fasse cette tentative pour reprendre sa possession. « Et si nolit in fundum reverti, quod vim majorem vereatur, amississe possessionem videbitur, et ita Neratius quoque scribit. »

doute, mais qui nous rend mieux compte de l'ensemble de
la loi.

32. Tous les troubles, ai-je dit, qui mettent la possession en
question, constituent une *vis contra edictum*. Cela résulte de
plusieurs textes, et notamment de la l. 11. D. 43. 16, et de la
l. 3. 2. D. 43. 17. Tout le monde reconnaît que c'est à tort
que la l. 11 a été placée dans le titre qui traite de l'interdit
Unde vi. Elle énumère des atteintes violentes qui ne vont
pas jusqu'à la dépossession, partant constituent de simples
troubles, et sa place naturelle et logique eût été dans le titre
consacré à l'interdit *Uti possidetis*. Elle s'exprime ainsi :

« Vim facit qui non sinet possidentem eo, quod possidebit,
uti arbitrio suo, sive inserendo, sive fodiendo, sive arando,
sive quid ædificando, sive quid omnino faciendo, per quod
liberam possessionem adversarii non relinquit [1]. »

Ces derniers mots, en faisant allusion à une gêne de la possession de l'adversaire, laissent déjà soupçonner que le fait doit
viser la possession de cet adversaire, impliquer de la part de
son auteur une certaine prétention possessoire et corrigent un
peu la généralité des termes de la loi. La l. 3. 2. D. 43. 17,
à propos d'une espèce, lève tous les doutes :

« Hoc interdictum sufficit ei, qui ædificare in suo prohibetur ; et enim videris mihi possessionis controversiam facere,
qui prohibes me uti mea possessione [2]. »

Ce texte, qui définit le principe avec tant de netteté, nous
garde de toute exagération et nous permet d'écarter, sans

1. Compar. la l. 2.5. D. 44 4. « Dolo facit, quicumque id, quod quaqua
exceptione elidi potest, petit. »

2. Cette observation m'a amené à la conclusion que l'interdit demeurait double
puisqu'il y avait toujours une double prétention, et qu'il n'y avait pas lieu de se
mettre en quête d'une procédure dépouillée du caractère de duplicité. Cependant, par la force des choses, la procédure devait un peu se modifier ; ainsi, si
l'on est d'accord sur la possession de la chose même, il ne peut y avoir lieu à
une *stipulatio fructuaria*, ni au *judicium fructuarium* ; le *cascellianum* peut
aussi être considérablement réduit ou même disparaître et les *sponsiones* elles-
mêmes se mesureront à l'objet et à l'étendue de la contestation.

autre forme de procès, le cas des tapageurs nocturnes d'un savant auteur Allemand. L'*Uti possidetis* est un interdit possessoire, ne l'oublions pas ; il ne peut donc être donné que là où la possession est en jeu.

Mais, cette réserve faite, les actes les plus divers peuvent donner lieu à l'interdit. Nous avons déjà vu la formule générale donnée par la loi 11 *de vi* ; nous avons vu que non seulement les prétentions à une servitude [1], mais des actes quelconques, peuvent être considérés comme des troubles suffisants, comme par exemple la prétention d'empêcher une personne de construire, l. 3.2. D. 43.17 et l. 52.1. D. 41.2 ; de l'empêcher de réparer ses bâtiments, l. 3.3. D. 43.17. La loi 8.5. D. 8.5, dit encore d'une manière générale :

« Sed et interdictum Uti possidetis poterit locum habere, si quis prohibeatur, qualiter velit suo uti. »

La l. 14, D. 47.10 : « Uti possidetis interdictum competit, si prohibeatur jus suum exercere. »

Et la l. 5.10. D. 39.1 : « Et si forte in nostro aliquid facere quis perseverat, aequissimum erit, interdicto adversus eum quod vi aut clam, aut Uti possidetis uti. »

La l. 3.3. D. 43.17, cite le cas où mon voisin a fait monter mes vignes le long de ses arbres : Je puis les couper, et, au cas où il voudrait s'y opposer, intenter contre lui l'interdit *Uti possidetis*, car c'est porter une atteinte à la possession qu'empêcher une personne de cultiver son fonds comme il lui plaît :

« Item videamus, si auctor [2] vicini tui ex fundo tuo vites

---

1. La prétention à une servitude a toujours été considérée comme une atteinte possessoire motivant l'*Uti possidetis*. En étudiant les extensions de l'interdit, j'examinerai la question inverse, celle de savoir comment a été protégée la quasi-possession des servitudes contre une atteinte possessoire proprement dite.

2. Il suppose que ce n'est pas le voisin lui-même, mais son auteur qui a commis l'acte auquel on veut mettre fin. Circonstance indifférente. M. Witte, p. 106, fait observer que, par l'introduction d'une opinion de Labéon, qui emploie le

in suos arbores transduxit, quid juris sit. Et aït Pomponius, posse te ei denuntiare, et vites præcidere, idque et Labeo scribit, aut uti eum debere interdicto Uti possidetis de eo loco, quo radices continentur vitium ; nam si tibi vim fecerit, quominus eas vites vel præcidas vel transducas, vim tibi facere videtur, quominus possideas ; etenim qui colere fundum prohibetur, possidere prohibetur, inquit Pomponius. »

Dans tous ces cas, quoique la prétention soit bien restreinte, cependant je crois qu'elle doit exister toujours, pour donner ouverture à l'interdit. C'est ainsi que j'interprète les termes de la l. 8.5. D. 8.5, qui dit que tous les empêchements à la possession *peuvent* donner lieu à l'interdit : « Sed et interdictum Uti possidetis *poterit* locum habere, si quis prohibeatur qualiter velit suo uti. » Cette prétention possessoire doit se dégager des circonstances et peut exister dans des hypothèses où on ne la soupçonnerait pas. C'est ainsi que la l. 8.5. D. 8.5, nous parle de l'emploi de l'interdit *Uti possidetis*, au profit d'un étage inférieur dont la fumée monte à un étage supérieur. La loi nous dit que le propriétaire de l'étage supérieur peut agir par l'action négatoire, celui de l'étage inférieur par l'action confessoire, et, en outre, par l'interdit *Uti possidetis*, s'il est en droit de se considérer comme gêné dans sa possession :

« Agi sic posse dicit cum eo, qui eum fumum immittat, jus ei non esse fumum immittere ; ergo per contrarium agi poterit, jus esse fumum immittere... Sed et interdicto Uti possidetis poterit locum habere, si quis prohibeatur qualiter velit suo uti. »

Mais si je persiste à exiger, pour accorder l'*Uti possidetis*, une prétention possessoire, ce n'est pas à dire que j'exige aucune intention de ce genre chez l'auteur de l'atteinte à la

pronom à la troisième personne pour désigner le possesseur, tandis que le reste de la loi le nomme à la deuxième personne, il résulte une certaine bizarrerie grammaticale qui peut occasionner une confusion.

possession. Ce sont les caractères intrinsèques de cette atteinte, plutôt que l'intention de l'auteur, que l'on doit consulter ; en d'autres termes, pour me servir d'expressions germaniques, la notion du trouble est objective, plutôt que subjective.

C'est là, je crois, la seule restriction qu'il faille apporter dans la notion de la *vis*. Elle ne suppose pas nécessairement, ai-je dit, l'intention de porter atteinte à la possession ; elle ne suppose pas davantage un acte violent, et l'application de la *vis* aux servitudes nous en fournirait déjà la preuve. La l. 8.5. D. 8.5, que je viens de citer, nous donne comme exemple de *vis* le refus de laisser monter la fumée d'un étage inférieur. On a été si loin dans cette voie que la notion de la *vis* s'est symbolisée, et, pour continuer un procès, il a suffi de faire le simulacre d'un trouble à la possession, ce qu'on a appelé la *vis ex conventu*. Même le simple fait de garder, malgré l'ordre du préteur, la possession injustement acquise, sans qu'il fût besoin d'un nouvel acte de la part de l'usurpateur, constitua la *vis contra edictum* et donna lieu aux *sponsiones*. Cette idée est d'ailleurs parfaitement conforme à l'esprit du droit romain, et en particulier à la règle que certaines causes croissent au double par suite de la persistance à rester au procès : *lis crescit in duplum infitiando* [1].

33. Je n'ai pas encore mentionné une restriction qu'un grand nombre d'auteurs veulent établir dans la notion de la *vis*. Elle exigerait un acte positif : une simple abstention, le maintien d'un ordre de chose existant ne suffirait pas. On s'appuie d'abord sur le caractère prohibitoire de l'interdit, qui se traduit par les termes mêmes de la formule *vim fieri veto*. Il

---

1. G. IV, 171 ; Inst. IV, 6. 26, IV, 16.1. Ce n'est qu'à ce point de vue qu'on peut arriver à considérer comme une « vis ex conventu » la *fructuum licitatio*, qui n'était par elle-même qu'un expédient de procédure pour déterminer la partie qui aurait la jouissance provisoire. Voir Machelard, p. 186. *Contra.* Witte, p. 54 ; Bruns (Besitz im mittelalter), p. 43.

s'agit d'un fait positif, qu'on veut empêcher de se produire, et non pas d'un état de chose qui persiste simplement. Et l'on en tire un moyen très commode d'expliquer un texte assez difficile, la l. 3.5. D. 43.17. Le jurisconsulte Ulpien suppose le cas où la maison d'une personne présente une saillie, un balcon, un toit qui avance sur le terrain d'un voisin, et déclare qu'il ne peut être question de l'interdit *Uti possidetis*. Il est « inutile, » nous dit le texte. Cujas avait bien proposé de lire « utile ; » mais la correction a paru téméraire. Cependant. c'est une atteinte à la possession ; mais, a-t-on dit, c'est une atteinte qui consiste dans le maintien d'un état de chose préexistant, et non pas dans un fait positif et nouveau commis par le propriétaire de la construction ; et c'est ce que le texte nous indique en termes bien significatifs ; il nous dit : *si habeat projectionem*, et non pas : *si faciat* [1].

Après des hésitations et malgré l'autorité des partisans de cette opinion, je ne crois pas pouvoir m'y ranger. Elle contredit un principe que je viens de poser, et que je crois certain : l'acte positif est si peu nécessaire, que la simple résistance au procès, en l'absence de tout autre acte, la conservation de la possession vicieuse malgré l'ordre du préteur constitue une *vis contra edictum* suffisante [2]. Elle contredit deux textes, les paragraphes 6 et 9 de la même l. 3. D. 43.17, dont j'ai vainement cherché une explication satisfaisante, et dont je suis pour ma part absolument impuissant à rendre compte, dans le système que je viens d'exposer. Le paragraphe 9, supposant que mon voisin possède un revêtement sur mon mur, « in pariete meo tectoria habeat, » — « habeat, » remarquez-le bien et non pas « faciat, » ainsi exactement les expressions du paragraphe 5, déclare que l'interdit *Uti possidetis* m'appartient

---

1. Witte, p. 103 ; Randa, p. 183 ; Bruns (Besitzklagen), p. 79,80.

2. Ne pas confondre ce cas avec celui de G. IV, 170, où il n'y a pas résistance au procès, ou l'on ne peut plus, dès lors, trouver trace d'une « vis contra edictum. »

dans cette hypothèse. M. Witte [1] à la vérité insinue qu'il s'agit ici de revêtements non encore incorporés à l'immeuble et par suite objets mobiliers. Je ne nie pas qu'il n'y ait une distinction à faire entre les objets mobiliers et ceux qui ont acquis la qualité d'immeubles par incorporation; mais, ainsi que nous le verrons en expliquant ce paragraphe 9, si la distinction existe, c'est seulement au point de vue du droit d'enlever les objets; au point de vue qui nous occupe, peu importe qu'il s'agisse de meubles ou d'immeubles; et, en bonne raison, l'on ne pourrait pas comprendre pourquoi le simple maintien de la possession vicieuse de meubles suffirait à donner lieu à l'interdit, tandis que pour les immeubles on exigerait un acte nouveau et positif. Cette différence ne se concevrait pas.

L'objection du paragraphe 6 est encore plus topique, puisqu'il suit immédiatement la loi sur laquelle s'appuient les partisans du système que je combats en ce moment. Ce paragraphe 6 suppose exactement la même hypothèse que le précédent, et admet l'interdit *Uti possidetis;* il est vrai qu'il l'accorde aux deux parties, à l'une pour son terrain, à l'autre pour sa maison, ce qui revient évidemment, et j'insisterai là-dessus, au même résultat pratique que le refuser aux deux. Toujours est-il que Labéon, dont l'opinion est rapportée dans ce paragraphe, admet l'interdit là où Cassius, au paragraphe précédent, le rejetait, ou plus exactement le regardait comme « inutile. » M. Rudorff [2] a pensé qu'Ulpien rapportait une controverse entre les deux jurisconsultes; mais cette explication ne peut se soutenir en présence des mots qui commencent le paragraphe 6 : « Labeo quoque, » expression qui indique, non pas une contradiction, mais une similitude d'opinion.

Il faut donc renoncer à expliquer la l. 3.5. au moyen de la distinction entre le fait positif et le fait négatif. Le simple

1. P. 107.
2. Sur Savigny, p. 718.

maintien d'un état de choses injuste peut motiver l'interdit *Uti possidetis*, et c'est ce que dit la l. 3.9 : « Si vicinus meus in pariete meo tectoria habeat, et in pariete suo, Uti possidetis mihi efficax est... » Seulement s'il s'agit de deux voisins qui aient réciproquement l'interdit l'un contre l'autre ; l'un à cause de son terrain, l'autre à cause de sa maison, ce qui est bien établi par les paragraphes 5 et 6, le résultat pratique sera que leurs interdits se paralyseront mutuellement, et, par suite, devront leur être refusés. En théorie l'interdit leur est « utile, » en fait « inutile : » et la correction de Cujas, jugée si audacieuse, est, ainsi que le remarque très judicieusement M. Bruns, parfaitement insignifiante au fond. — Je vais maintenant citer les deux lois, qui ne présenteront, je l'espère, plus aucune difficulté.

L. 3.5. « Item videamus, si projectio supra vicini solum non jure haberi dicatur, an interdictum Uti possidetis sit utile alteri adversus alterum. Et est apud Cassium relatum, utrique esse *inutile, quia alter solum possidet, alter cum ædibus superficiem.* » On ne peut donc pas s'y méprendre : l'interdit est « inutile » aux deux, par la raison même qu'il leur est accordé à tous deux, puisqu'ils sont tous deux possesseurs.

Le paragraphe 6 n'est que le développement de cette idée : il expose la procédure inutile [1] qui aurait eu lieu : « Labeo *quoque* scribit, ex ædibus meis in ædes tuas projectum habeo, interdicis mecum, *si eum locum possideamus qui projecto tegetur* ; an, quo facilius possim retinere possessionem ejus protectionis, interdico tecum, sicuti nunc possidetis *eas ædes, ex quibus projectum est ?* »

Je reviens maintenant au paragraphe 9, qui soulève une

---

1. C'est avec intention et pour bien marquer combien il est indifférent de s'arrêter à l'un ou l'autre sens, que je traduis les mots « interdictum inutile » successivement des deux manières, tantôt dans le sens de l'interdit refusé, tantôt dans le sens de l'interdit inutile. Il y a là une ambiguïté apparente ; ce n'est qu'une seule et même idée, l'interdit est refusé, parce qu'il est inutile.

autre difficulté également embarrassante et à laquelle j'ai fait allusion tout à l'heure. Cette loi s'exprime ainsi :

« Si vicinus meus in pariete meo tectoria habeat, et in pariete suo, Uti possidetis mihi efficax est, ut ea tollere compellatur. »

Cette loi présente deux difficultés, l'une que soulèvent les mots « tectoria habeat... Uti possidetis mihi efficax est, » d'après lesquels l'interdit est donné sans qu'il soit besoin d'imaginer aucun fait positif, doctrine à laquelle je me suis rallié. Mais ces mots « ut ea tollere compellatur » soulèvent, au dire de M. Witte lui-même [1] une question plus douteuse encore. L'*Uti possidetis*, dit M. Witte, est un interdit prohibitoire, qui a pour but d'empêcher l'accomplissement de certains faits, a en vue le maintien du *statu quo*, mais qui ne peut jamais aboutir à un « tollere.» Seulement alors comment expliquer ce paragraphe 9 qui, précisément, parle d'un « tollere ?» M. Witte pense qu'on peut voir dans ce mot une allusion à une contrainte indirecte, qui ne serait pas la conséquence même de l'interdit ; ou bien, dit-il, on peut encore l'expliquer en admettant qu'on avait fait une dérogation au principe pour les meubles. L'*Uti possidetis*, étant destiné à assurer le maintien de la possession des immeubles, ne pouvait pas aboutir à ordonner une destruction, qui serait la négation même de ce maintien ; mais on comprend très bien que sans toucher à ce principe, il puisse aboutir à l'enlèvement d'objets mobiliers. Les revêtements, dont il s'agit, seraient encore à l'état d'objets mobiliers, non incorporés à l'immeuble. La distinction entre les meubles et les immeubles à ce point de vue se rencontre dans d'autres textes, par exemple la l. 29.1. D. 9.2 :

« Si protectum meum, quod supra domum tuam nullo jure habebam recidisses, posse me tecum damni injuria agere, Proculus scribit ; debuisti enim mecum, jus mihi non esse pro-

____
1. P. 107, 108.

tectum habere, agere, nec esse æquum damnum me pati rescissis a te meis tignis. Aliud est dicendum ex rescripto imperatoris Severi, qui ei, per cujus domum trajectus erat aquæductus citra servitutem, rescripsit jure suo posse eum intercidere; et merito. Interest enim, quod hic in suo protexit, ille in alieno fecit. »

Je ne puis pas me ranger à cette opinion. Il ne faut pas exagérer le caractère prohibitoire de l'interdit. La procédure nous a révélé l'existence d'un *judicium Cascellianum* et d'un *judicium fructuarium*, qui ont tous deux les caractères d'une action restitutoire et même arbitraire ; et bientôt nous aurons l'occasion de voir que l'interdit est non seulement un moyen prohibitoire pour l'avenir, mais un moyen restitutoire pour le passé, une action en réparation pour le dommage éprouvé. La l. 3,9 nous dit en termes formels qu'il aboutit à « tollere tectoria. » — Ces *tectoria* sont peut-être des meubles. — D'abord cela ne me paraît pas suffisamment établi ; mais, même en l'admettant, je ne vois pas dans la législation romaine, au point de vue du droit d'ordonner l'enlèvement, une distinction entre les meubles et les immeubles aussi nette que M. Witte veut bien croire. La l. 29.1. D. 9.2, invoquée par M. Witte, ne dit pas absolument cela. Elle remarque seulement que la saillie de la construction, étant incorporée à un immeuble, ne peut pas être détruite arbitrairement comme des conduites d'eau simplement placées sur le terrain d'autrui. « Interest enim, quod hic in suo protexit, ille in alieno fecit ». Il y a là entre les meubles et les immeubles une différence de fait, qui rend les deux hypothèses complètement dissemblables et justifie les deux décisions contraires. Mais je ne saurais admettre que, dans des circonstances identiques, les Romains fussent plus disposés à admettre la destruction de meubles que celle d'ouvrages immobiliers [1].

---

1. Je sais bien qu'un texte des *Institutes* (II. 1.29) nous dit que la loi des douze Tables avait cherché à empêcher la démolition des maisons ; mais on n'est

Enfin la l. 12, D. 10.3 dit bien nettement que l'interdit *Uti possidetis* peut aboutir à une démolition :

« Si ædes communes sint aut paries communis, et eum reficere, vel demolire, vel in eum immittere quid opus sit, communi dividundo erit agendum, aut interdicto Uti possidetis[1]. »

34. Après avoir soigneusement déterminé les éléments du trouble qui motive l'*Uti possidetis*, il faut nous demander à quel moment précis ce trouble doit intervenir pour donner ouverture à l'interdit. Nous arrivons ainsi à la détermination des fonctions diverses que peut jouer l'*Uti possidetis*.

La première, la plus naturelle, est d'empêcher l'accomplissement de toute violence postérieure à l'interdit. Cette fonction est la seule qui soit explicitement prévue par la formule : « Uti eas ædes, quibus de agitur, nec vi nec clam nec precario alter ab altero possidetis, quominus ita *possideatis, vim fieri veto.* » Nous avons vu cependant, qu'au dire de plusieurs interprètes, elle n'aurait pas été la fonction primitive de l'interdit, et qu'il faudrait chercher son origine dans un préalable à la revendication. Je ne reviendrai par sur les développements que j'ai donnés pour combattre cette opinion.

35. La deuxième fonction soulève déjà de grandes difficultés. La « vis » au lieu d'être postérieure à l'émission de l'interdit, lui est antérieure. L'interdit peut-il servir à réprimer un trouble passé, à obtenir réparation d'un préjudice éprouvé?

Cette fonction de l'interdit a rencontré des adversaires. L'*Uti possidetis* est un interdit prohibitoire, qui ne s'adresse donc

pas d'accord sur le motif de cette décision ; et d'ailleurs elle me parait toute spéciale et bien étrangère à notre question.

1. M. Witte, p. 108, conteste cette explication, et traduit : « celui qui veut démolir... devra agir en partage, sinon (autrement) nous pourrons l'empêcher de faire aucune innovation, à l'aide de l'interdit *Uti possidetis*. » — Il faut se résigner à donner au mot « aut » un sens bien extraordinaire. La maxime « in re communi potior est causa prohibentis » ne s'applique plus lorsqu'il y a une sentence contraire du juge. Enfin c'est jouer sur les mots de dire qu'un interdit, qui doit servir à protéger la possession, ne peut servir à une destruction de possession. L'interdit n'a pas en vue de protéger et maintenir la possession vicieuse.

qu'à l'avenir : la formule le dit en termes exprès. Le préteur défend aux parties d'apporter aucun changement arbitraire à la possession existante. « Uti possidetis nec vi nec clam nec precario, quominus ita possideatis, vim fieri veto. » Les mots mêmes « vis contra edictum prætoris » supposent que l'interdit a déjà été délivré. Ce serait absolument dénaturer le caractère de l'interdit *Uti possidetis* que d'en vouloir faire une action en réparation. Le trouble passé peut donner lieu à d'autres actions, par exemple à une action *legis Aquiliæ*, non pas à l'interdit [1].

J'ai peine, je l'avoue, à comprendre cette opinion. L'interdit est prohibitoire, soit ; mais il ne faut rien exagérer. Le quatrième Commentaire de Gaius nous a montré dans la procédure de l'*Uti possidetis* un *judicium secutorium* qui est certainement une action en réparation ; et un texte que nous avons longuement commenté, la l. 3.9. D. 43.17, nous dit formellement que l'interdit peut aboutir à l'enlèvement des travaux opérés. « Uti possidetis efficax est, ut ea tollere compellatur [2]. » De ce que l'interdit défend les violences dans l'avenir, doit-on en conclure qu'il les autorise, ou du moins les néglige dans le passé ? — Mais vous ne trouvez pas alors la « vis contra edictum » ; vous allez contre la formule même de la l.1. pr. D. h. t. — Cette objection, fût-elle exacte, ne m'embarrasserait guère, et nous avons eu l'occasion, nous la retrouverons encore, de rappeler que c'était chez les Romains une habitude générale de faire sortir du moule d'une ancienne institution des applications nouvelles qui semblent à première vue ne pas pouvoir y rentrer : ils avaient une certaine répugnance à forger des instruments nouveaux pour les besoins qui se créaient chaque jour ; ils se servaient volontiers de ceux que leur avaient légués leurs ancêtres, en modifiant un peu et en éten-

---

1. Ihering, p. 19 ; Bruns (Besitzklagen), p. 43 s ; (Besitz im mittelalter) p. 42.
2. Voir p. 57-58.

dant leur usage. Cette objection ne porterait donc pas ; mais elle n'est même pas exacte, et les termes de la formule admettent parfaitement cette extension de l'interdit pour indemniser des préjudices éprouvés. Le subjonctif « quominus ita possideatis, vim fieri veto » s'adresse aussi bien au présent qu'à l'avenir ; la seule persistance à demeurer au procès peut constituer la désobéissance aux ordres du préteur, et la «vis contra edictum » est une violence contraire et non pas postérieure à l'édit. A l'origine, il est vrai, les parties se présentaient à deux reprises devant le magistrat, et dès la première comparution il devait y avoir eu un certain trouble, au moins une menace caractérisée, pour permettre au magistrat de délivrer l'interdit. Peut-être à cette époque primitive, peut-on défendre l'opinion que la violence antérieure à l'émission du premier ordre conditionnel, ne tombait pas sous le coup de l'interdit ; et même alors j'ai peine à le croire. Si le plaignant était l'objet d'une nouvelle atteinte, on revenait devant le magistrat, qui vous renvoyait devant le juge ; et il est bien probable que le montant des *sponsiones*, que Gaius, IV , 166, nous fait connaître, était calculé de manière à comprendre la réparation du premier préjudice[1] éprouvé ; et dans le cas invraisemblable où l'auteur du premier trouble s'arrêtait à temps de manière à ne pas donner prise à une deuxième comparution et par suite à l'interdit, je répugne encore à admettre que sa première violence restât impunie[2]. Il y avait peut-être alors des moyens analogues à ceux que nous laisse soupçonner le passage illisible de G. IV, 170. Quoi qu'il en soit de cette première période, elle ne dura pas fort longtemps, et dans la deuxième qui lui succéda, les

---

1. M. Bruns (Besitzklagen), p. 47, admet bien que les *sponsiones* doivent comprendre la réparation du premier trouble éprouvé. Cette observation, que je crois très exacte, me paraît de sa part une concession dangereuse pour son système.

2. On peut me répondre qu'il y aura d'autres actions, de dol, d'injures, *quod metus causa*. Mais chacune d'elles suppose de certaines conditions qui peuvent ne pas se rencontrer et de plus ce sont des moyens pétitoires et non possessoires.

conditions générales de l'interdit s'étaient fixées et avaient passé dans l'édit du préteur, ce qui nous est indiqué par ces mots de la l. 1, pr. D. 43.17. « Ait prætor », et l'expression même « vis contra edictum » et non « contra interdictum[1] ». Dès lors, la première comparution devînt inutile[2]. et toute violence, susceptible de donner lieu à l'interdit suivant les règles de l'album fut, au sens littéral des mots, une « vis contra edictum » violence contraire et même postérieure à l'édit, Il faut donc, dès cette époque et c'est l'époque classique, reconnaître que toute violence tombe sous le coup de l'interdit ; et qu'il ne peut même plus être question d'une violence antérieure à l'interdit. Faudra-t-il admettre que l'interdit *Uti possidetis* aura subi alors une transformation radicale, dont cependant nous ne trouvons aucune trace, et n'est-il pas plus simple de penser que les principes avaient toujours été les mêmes? Ce raisonnement devient encore plus topique pour l'époque de la procédure extraordinaire. Après la suppression des formules, l'action donnée *ad exemplum interdicti* comprend nécessairement la réparation du préjudice éprouvé. Cependant les textes nous disent que cette action suit les anciennes règles de l'interdit[3]. Le système que je défends n'est donc pas obligé de faire subir à l'interdit des transformations successives, et la suppression du formalisme fait simplement tomber l'enveloppe vieillie qui voilait l'action, et nous la montre dégagée de ses entraves, mais toujours la même.

Aux raisons théoriques joignez des considérations pratiques. Partez du point de vue prohibitoire, et poussez jusqu'aux con-

---

1. Nous savons que le mot «interdictum» est le terme technique pour désigner l'interdit prohibitoire. G. IV, 140.

2. Je crois que cela ressort des termes employés par G. IV, 141. Il ne mentionne pas en termes exprès la première comparution ; seulement elle paraît bien avoir été nécessaire pour solliciter l'interdit à une époque où il n'avait pas encore pris place sur l'album.

3. Inst. IV, 15.8. L. un C. 8.6. Compar. pour l'Unde vi les lois 2 et 4. C. 8.4.

séquences extrêmes de la logique, vous arriverez à des résultats, dont vous ne pouvez pas équitablement charger l'esprit judicieux et pratique des Romains. Molière l'a dit « le raisonnement bannit la raison, » ce que nous pouvons traduire en langage juridique «summum jus, summa injuria. » Nous verrons que l'interdit *Uti possidetis* est renfermé dans une durée très courte, qu'il se prescrit par un an. Par suite les troubles postérieurs ne tombent sous son application que s'ils sont commis dans ce délai ; et si vous niez l'application de l'interdit pour les troubles passés, un voisin ingénieux pourra à sa guise me troubler impunément dans ma possession, pourvu qu'il ait chaque fois la précaution d'attendre une année après l'émission de l'interdit. Et qu'on ne me dise pas que je pourrai intenter contre lui l'action d'injures, l'action de la loi Aquilia, etc. Ces actions ont leur domaine propre, assez restreint, leur contions strictes et ne comprendront pas toutes les atteintes à la possession[1].

Enfin, ce qui serait décisif, si l'interprétation du passage n'était pas contestée, c'est qu'il est fait allusion à cette fonction de l'interdit pour indemniser des préjudices éprouvés, dans la formule même de la l. 1. pr. D. 43.17, en ces termes : « intra annum, quo primum experiundi potestas fuerit, agere permittam ». En assignant un terme au delà duquel on ne peut pas remonter, la loi nous indique évidemment que, dans ce délai, le trouble antérieur tombe sous le coup de l'interdit. En traitant de l'annalité, je m'efforcerai de démontrer que tel est bien le sens qu'on doit donner à la loi.

36. La troisième fonction de l'interdit, celle qui nous est indiquée par Gaius, IV 148, Justinien, Inst. IV 15, 4[2], comme la

---

1. Machelard, p. 200 s. — M. Bruns (Besitzklagen), p, 44.45, partisan du système contraire, en reconnaît d'ailleurs toutes les difficultés théoriques et pratiques.

2. Ulpien, dans la l. 1.2.3. D. 43.17 est beaucoup moins décisif et pourrait presque être invoqué dans l'opinion contraire.

fonction originaire de l'*Uti possidetis* est son emploi comme préalable à la revendication. Cependant la formule de l'interdit ne nous laisse pas soupçonner cette application, et je me suis appuyé sur ce motif pour combattre l'opinion que l'interdit avait été réellement introduit pour servir de préliminaire à la revendication[1]. Sans vouloir revenir sur la discussion, je crois que nous nous trouvons ici beaucoup plutôt en présence d'un de ces cas dérivés et un peu détournés de l'institution primitive, dont le droit romain nous offre plus d'un exemple. C'est précisément à cause de l'avantage reconnu de l'interdit qu'on l'a employé pour la revendication. Autrefois, nous dit Gaius, IV 16, dans l'action réelle, le préteur accordait à l'une des parties la jouissance provisoire, à charge pour elle de fournir à l'autre une garantie de la chose en litige et de cette jouissance provisoire. « Postea Prætor secundum alterum eorum vindicias dicebat, id est, interim aliquem possessorem constituebat, eumque jubebat prædes adversario dare litis et vindiciarum, id est rei et fructuum. » Gaius semble bien nous dire que le préteur n'était astreint à aucune règle pour attribuer la possession à l'un plutôt qu'à l'autre; il se déterminait sans doute d'après un rapide examen de la cause. M. Witte[2] soutient que néanmoins une règle s'imposait à lui dans un cas; il devait respecter la volonté des parties, lorsque cet accord s'était manifesté, suivant les habitudes romaines, par des formes solennelles dites « deductio quæ fit moribus. » Cette institution, dont on trouve des traces dans deux discours de Cicéron, aurait été le procédé offert aux parties pour s'accorder sur la possession, avant d'en venir à l'action réelle. La partie « quæ alteram deducebat » était reconnue en possession et tenue pour défenderesse à la revendication. Le préteur devait respecter cet accord des parties, et dès lors sa mission se réduisait à recher-

---

1. Voir p. 19 s.
2. Je donne les détails qui suivent d'après M. Witte, p. 32 s., p. 48.

cher « uter alterum deduxisset » pour lui accorder les *vindi-ciæ*. Cette « deductio quæ fit moribus » se serait plus tard dépouillée de ses formes solennelles ; mais, dans l'attribution des *Vindiciæ*, le préteur aurait toujours été obligé de respecter la volonté des parties. Quoi qu'il en soit de cette institution, que le manuscrit de Gaius ne nous laisse même pas soupçonner, il est bien probable, il est évident que les *Vindiciæ* s'accordaient suivant certaines règles qui guidaient tout au moins le préteur, si elles ne s'imposaient pas à lui. Il est raisonnable de penser qu'il accordait les *Vindiciæ* de préférence au possesseur actuel, et ainsi se confondirent les règles des *Vindiciæ* et celles de l'interdit, si bien que l'interdit finit par remplacer les *Vindiciæ* qui tombèrent en désuétude. Mais il ne faut pas en conclure que l'interdit ait puisé son origine dans les *Vindiciæ*.

37. J'arrive enfin au cas le plus discuté de tous, à ce qu'on appelle la fonction récupératoire de l'interdit *Uti possidetis*. Comme cet interdit n'est accordé qu'à celui qui a une possession exempte, à l'égard de son adversaire, des vices de violence, précarité ou clandestinité, le possesseur dépouillé ne peut-i l pas recouvrer sa possession contre l'auteur de la violence, qui ne peut lui opposer qu'une possession injuste?

Trois opinions se sont formées sur cette question; la première rejette la fonction récupératoire; la deuxième l'admet; et la troisième, opinion mixte, l'admet pour le (?) défendeur et la rejette pour le (?) demandeur.

La première opinion s'appuie sur le caractère de l'*Uti possidetis*, tel qu'il est présenté par les textes. Gaius, IV 148, le nomme un interdit *retinendæ possessionis*, par opposition à l'*Unde vi*, qui est un interdit *recuperandæ possessionis* G. IV 154. L'opposition se retrouve dans les Institutes, qui traitent d'abord des interdits *retinendæ* et ensuite seulement des interdits *recuperandæ possessionis*[1]. Elle est tout

____

1. Inst. IV, 15, 2, 4, 6.

à fait manifeste dans un texte d'Ulpien, la l. 1. 4 D. 43.17. conçue en ces termes :

« Est igitur hoc interdictum, quod vulgo Uti possidetis appellatur, *retinendæ possessionis;* nam hujus rei causa redditur, ne vis fiat ei qui possidet. Et consequenter proponitur post[1] interdictum Unde vi; illud enim restituit vi amissam possessionem, hoc interdictum tuetur, ne amittatur possessio. Denique Prætor possidenti vim fieri vetat, et illud quidem interdictum oppugnat possessorem, hoc tuetur. »

Il est impossible de faire une distinction plus nette. Jamais les textes ne rangent l'interdit *Uti possidetis* parmi les moyens récupératoires : en voici un exemple bien connu que je prends dans la l. 17. pr. D. 41.2.

« Si quis vi de possessione dejectus sit, perinde haberi debet, ac si possideret, quum interdicto de vi recuperandæ possessionis facultatem habeat. »

La formule même de l'interdit n'aurait plus de sens, si le préteur, au lieu de maintenir la possession actuelle, ordonnait de la restituer à l'adversaire. Enfin Justinien nous dit en termes très précis, et d'ailleurs assez impropres, que, de son temps, par suite de l'assimilation de l'*Utrubi* à l'*Uti possidetis,* le triomphe appartiendra toujours à celui qui possède lors de la *litis contestatio :*

« Hodie tamen aliter observatur; nam utriusque interdicti potestas, quantum ad possessionem pertinet, exæquata est, ut ille vincat et in re soli et in re mobili, qui possessionem nec vi nec clam nec precario ab adversario litis contestationis tempore detinet[2]. »

---

1. Certains auteurs, exagérant la portée de ce mot, soutiennent que l'*Uti possidetis* est postérieur à l'*Unde vi.* J'inclinerais plutôt à croire le contraire, par cette considération que l'*Uti possidetis* devait embrasser les cas de violence, qui plus tard parurent nécessiter un moyen spécial. Il y aurait eu là une marche analogue à celle qui nous est indiquée par la l. 4.33. D. 44.4.

2. Inst. IV, 15, 4ª *in fine.* C'est le mot « detinet » dont je vise surtout l'impropriété.

Et la même idée est reproduite dans la l. un. 1. D. 43.31 qui a certainement été interpolée :

« Obtinuit vim ejus (interdicti Utrubi) exæquatam fuisse Uti possidetis interdicto, quod de rerum soli competit, ut is et in hoc interdicto vincat, qui nec vi nec clam nec precario, dum super hoc ab adversario inquietatur, possessionem habet. »

Au surplus le possesseur dépouillé ne peut se plaindre, puisque la loi met à sa disposition un interdit récupératoire. Qu'il en use ; mais ne prétende pas plier l'*Uti possidetis* à un rôle auquel sa nature le rend impropre.

Je combattrai pour ma part cette première opinion, pour m'attacher à la deuxième. Tout d'abord j'insisterai sur cette habitude romaine bien connue, d'appliquer sans scrupule des institutions anciennes à des hypothèses nouvelles, pour lesquelles il semblerait cependant qu'elles fussent peu appropriées. L'*in jure cessio* n'avait pas été imaginée pour faire des affranchissements *vindicta;* la mancipation n'avait pas eu pour but originaire d'éteindre la puissance paternelle ou d'opérer une transmission héréditaire. Il ne faut donc pas nous récrier à l'idée d'employer l'interdit *Uti possidetis* comme moyen récupératoire, si cette fonction est raisonnable, et surtout si elle ressort des textes. Qu'elle soit raisonnable et d'une grande utilité pratique, c'est ce que personne ne conteste. Voici un possesseur dépouillé, qui a inquiété la possession de l'usurpateur, et cet usurpateur, par un surcroît d'impudence et j'ajouterai de maladresse, vient l'attaquer au moyen de l'*Uti possidetis*. Il ne pourra triompher, étant possesseur vicieux à l'égard de son adversaire ; mais suffit-il de le débouter de son interdit, et trouvez-vous juste, naturel et simple de renvoyer le possesseur dépouillé à se pourvoir au possessoire par l'interdit *Unde vi?* Et si le bon sens indique qu'il faut lui donner immédiatement gain de cause, trouverez vous quelque bonne raison de décider autrement, si ce possesseur dépouillé a par erreur ou pour un autre motif raisonnable, intenté lui-même l'*Uti possidetis* contre l'usurpateur violent? Ces considérations sont déjà d'un très grand poids. Mais il y a plus. Le texte même de l'interdit nous indique sa fonction récupératoire. Le préteur, nous dit la formule, fera triompher celui qui a une possession exempte de vice à l'égard de son adversaire. Les textes sont unanimes : pour obtenir gain de cause, il faut posséder « nec vi nec clam nec precario ab adversario[1]. « Celui dont la possession est entachée de vice à l'égard de son adversaire non seulement doit être débouté, mais doit succomber. Sa possession ne peut lui être utile, nous dit Ulpien dans la l. 1. 9. D. 43.17 « Has enim possessiones non debere proficere, palam est; » et, par suite, c'est son adversaire qui doit triompher. C'est ce que nous dit le même Ulpien dans la l. 3 pr. h. t :

« Si duo possideant in solidum [2] videamus, quid sit dicendum; quod aliter procedat, tractemus. Si quis proponeret possessionem justam et injustam ; ego possideo ex justa causa tu vi aut clam ; si a me possides, superior sum interdicto... » C'est le « potior in interdicto » de Gaius IV 150 [3]. Du reste cela est bien conforme à la procédure de l'interdit. L'interdit est double, c'est-à-dire que chaque partie joue le rôle de demandeur et de défendeur ; elles sont toutes les deux sur un pied d'égalité, et quelle que soit celle qui ait introduit l'instance, le juge n'a à se préoccuper que d'une chose, rechercher « uter potior sit in interdicto » c'est-à-dire « uter possideat nec vi nec clam nec precario ab adversario ; » et le faire triompher.

Le premier système s'efforce de parer ce coup redoutable et d'affaiblir la portée de la formule « nec vi nec clam nec precario ab adversario » ; il cherche à insinuer qu'elle constitue simplement une exception mise à la disposition du possesseur

---

1. G. IV, 150 ; Inst., IV, 15, 4ₐ ; L. 1. pr., 9. D. 43.17.

2. Cette loi fait allusion à des controverses sur ce qu'on a appelé la *possessio plurium in solidum.* Voir Sav., p. 170 s., notamment p. 175 s., p. 185.

3. Compar. pour l'*Utrubi* Vat. frag. 311.

dépouillé, qui peut s'en couvrir pour inquiéter, troubler impunément l'usurpateur. On se fonde sur un texte de Paul, qui nous dit : « Qui vi aut clam aut precario possidet ab adversario, impune dejicitur [1]. » Mais c'est attribuer à ce texte un sens qu'il ne comporte pas. Paul veut simplement dire que dans l'interdit *Unde vi* [2] le possesseur dépouillé sera débouté de sa demande, s'il n'avait eu lui-même qu'une possession vicieuse à l'égard de l'usurpateur : « in pari causa potior est causa possidentis. » Il y a loin de là à accorder au possesseur dépouillé un droit d'exercer contre l'usurpateur des violences, pourvu que ce ne soient point des violences armées. Il est inadmissible que les Romains aient jamais songé à encourager les violences. Les partisans de ce système aboutissent à accorder au possesseur dépouillé un droit funeste qui ne lui profitera guère et qu'il ne leur demande pas, et par une bizarre contradiction, ils lui refusent le droit dont il aurait besoin, le moyen de rentrer immédiatement dans sa possession.

Mais on insiste et on nous dit : quel besoin a-t-il de l'interdit *Uti possidetis*, il a l'interdit *Unde vi?* Sans doute nous lui imposons un retard désagréable, mais nous ne diminuons pas son droit. Je réponds qu'il y a d'abord des personnes qui ne peuvent pas intenter l'interdit *Unde vi*, parce que cet interdit a une nature pénale accentuée qui le fait refuser dans certaines situations ; ces personnes sont le fils de famille contre son père, l'affranchi contre son patron. Ils sont obligés d'intenter une action *in factum* qui n'a sans doute pas les avantages de l'interdit. Même pour toutes les autres personnes, l'*Uti possidetis* a des avantages qui doivent parfois le faire préférer à l'*Unde vi*. C'est un interdit prohibitoire, et si l'on a à redouter le retour des violences, il sera bien plus utile que l'interdit *Unde*

---

1. S. R. V. 6.7. G. IV, 154.

2. Dans l'interdit *Unde vi* ordinaire, de *vi quottidiana*, et non dans l'interdit de *vi armata*, où l'on n'admettait pas l'exception *vitiosæ possessionis*. Justinien a généralisé cette dernière règle. Voir Machelard, p. 253.

vi. Enfin, si l'on admet que l'*Uti possidetis* peut s'exercer même un an après le trouble, il y a là encore une supériorité sur l'*Unde vi*, qui est certainement annal [1]. A d'autres points de vue, précisément à cause de son caractère pénal plus accentué, l'interdit *Unde vi* est d'ailleurs plus avantageux ; mais il me suffisait de démontrer que son existence n'est pas un obstacle à la fonction récupératoire de l'*Uti possidetis*.

Le système opposé arrive à un résultat bien bizarre. Je suppose que l'interdit soit intenté ou bien par le possesseur vicieux, ou bien par le possesseur dépouillé. Dans l'un et l'autre cas l'instance doit aboutir à une double condamnation : le possesseur vicieux ne peut pas triompher parce qu'il possède *vi ab adversario*, et celui-ci n'a pas la possession. Ils succomberont donc tous les deux dans les *sponsiones* réciproques ; il ne peut y avoir de *judicium Cascellianum*, et la possession restera forcément aux mains de celui qui aura triomphé dans la *licitatio fructuum*. Cependant Gaius non seulement ne nous signale pas une telle hypothèse, mais nous dit formellement IV. 167, que le vainqueur dans la *fructuum licitatio*, qui ne réussit pas à prouver sa possession, doit être condamné à la restitution de la chose, et cependant ici nous voyons qu'il la conserve.

Un autre texte de Gaius contredit encore le premier système, c'est ce fameux par. 170 du 4ᵉ Commentaire. Les restitutions qui en ont été faites nous montrent le préteur à la recherche d'un interdit spécial pour permettre au possesseur de recouvrer sa chose dans le cas où l'adversaire se déroberait à la procédure. Je ne voudrais pas insister outre mesure sur un argument dont la base n'est pas certaine ; mais il semble bien que ce soit là le sens général du paragraphe ; et dès lors il nous prouve que l'interdit peut être intenté par une personne qui n'a pas la

---

1. Je ne cite cet avantage que sous toutes réserves, persuadé pour mon compte que les règles qui gouvernent l'*Uti possidetis* au point de vue de la durée, sont les mêmes que celles de l'interdit *Unde vi*. Voir p. 78 s.

possession ; autrement quel besoin aurait-elle d'un moyen spécial pour la recouvrer ?

Enfin le premier système ne peut donner une explication satisfaisante d'une loi bien connue, la l. 12.1 D. 41.2 qui s'exprime ainsi :

« Nihil commune habet proprietas cum possessione et ideo non denegatur ei interdictum Uti possidetis, qui cœpit rem vindicare ; non enim videtur possessioni renuntiasse, qui rem vindicavit. »

On peut revenir de la revendication à l'interdit *Uti possidetis*. Mais la revendication n'est donnée qu'à celui qui ne possède pas[1] ; c'est donc que l'interdit peut aussi être donné à une personne qui ne possède pas. Les partisans du premier système sont réduits à dire qu'il s'agit là d'une personne qui possède sans le savoir, et a par erreur intenté la revendication. Je me borne à énoncer cette explication.

La deuxième opinion rend seule bien compte de la fréquence et même de la possibilité de débats sérieux sur la possession. Le juge, nous disent Gaius, IV, 166[a], et Justinien, Inst, IV, 15.4[a], doit rechercher lequel des deux plaideurs a la possession, exempte de vices bien entendu, au moment du procès. Il est naïf de faire remarquer que dans la plupart des cas la possession actuelle sera évidente et qu'il n'y aura lieu à aucune recherche, quoi qu'en disent les textes, si l'on n'admet pas la voie récupératoire de l'interdit.

Le deuxième système peut seul expliquer l'assimilation de l'interdit *Utrubi* à l'interdit *Uti possidetis*. Nous verrons que pendant un fort long temps l'interdit *Utrubi* eut des caractères tout spéciaux : entre autres il était à la fois *retinendœ* et *recuperandœ possessionis*. Pour y triompher, il suffisait d'avoir dans l'année écoulée, une possession non vicieuse, plus longue

---

1. On ne pourrait pas objecter sérieusement la l. 9. D. 6.1., qui n'a été qu'une décision tardive et de pure utilité.

que celle de son adversaire. Justinien nous dit que, de son temps, les deux interdits suivent les mêmes règles, et qu'on ne triomphe que si on a la possession actuelle au moment du procès. Il en résulte, dans le premier système, que l'*Utrubi* a perdu sa qualité récupératoire. On ne peut pas dire que l'action *furti* ait comblé dans tous les cas la lacune formée par la disparition de l'ancien interdit, car elle exige une *contrectatio fraudulausa* ; on ne peut pas dire davantage que la constitution de Valentinien, qui frappa les violences de certaines peines [1] ait pu suffire, même en admettant qu'elle se soit appliquée aux meubles, car elle ne prévoyait que le cas de violences. Voilà donc le possesseur d'un meuble non seulement destitué de son ancienne protection très générale, mais le plus souvent impuissant à agir contre celui qui l'a dépouillé *clam* [2] ou *precario*. Encore n'y aurait-il pas trop lieu de s'étonner, si l'on était sûr de pouvoir charger Justinien de la responsabilité d'une réforme aussi désastreuse ; ce serait assez dans le goût de ses simplifications prétendues ; mais il paraît bien probable que cette assimilation se fit lentement, sous l'influence de la pratique; et alors il devient absolument inadmissible que d'elle-même elle ait tendu à un résultat aussi malheureux. La bizarrerie disparaît, si on admet la fonction récupératoire de l'*Uti possidetis*. Sans doute l'*Utrubi* a perdu ce caractère général et en quelque sorte réel qui faisait son originalité, et peut-être son inconvénient aux yeux de la pratique ; mais au moins en rentrant dans le cercle ordinaire des interdits, dans les limites de l'*Uti possidetis*, conservera-t-il sa valeur récupératoire contre ceux qui ont une possession entachée de l'un des trois vices, violence, clandestinité, précarité.

Il reste maintenant, après avoir justifié le deuxième système,

---

1. L. 7. C. 8.4. M. de Savigny, p. 437, s'empare de ce texte pour prouver l'extension de l'*Unde vi* aux meubles. Cela même ne suffirait pas.

2. N'oublions pas, en effet, que la possession clandestine existe parfaitement pour les meubles.

à expliquer les textes sur lesquels se fondent les partisans du premier système, textes qui nous présentent l'*Uti possidetis* comme un interdit *retinendæ possessionis*, et notamment cette loi 1.4. D. 43.17 qui l'oppose si nettement à l'interdit *Unde vi*. Mais je suis loin de refuser à l'*Uti possidetis* sa qualité d'interdit *retinendæpossessionis*. C'est son titre distinctif, son caractère propre, son application la plus importante; et la fonction récupératoire ne vient jamais qu'en seconde ligne, lorsque par malheur, peut-être par négligence, on n'a pas réussi à conserver la possession. Il est bien naturel que les textes ne parlent pas de cette fonction récupératoire : elle n'est que subsidiaire; elle sera inutile toutes les fois que l'*Uti possidetis* aura suffi à vous faire maintenir en possession. L'*Utrubi*, lui aussi, est qualifié interdit *retinendæ possessionis*, même par Gaius [1], qui cependant vivait à une époque où cet interdit avait certainement une valeur récupératoire. Les jurisconsultes ont désigné les différents interdits d'après leurs caractères distinctifs, et ont tout naturellement rangé l'*Uti possidetis* et l'*Utrubi* dans la classe des interdits *retinendæ possessionis*, puisque c'est leur fonction la plus importante, et d'autant plus qu'exercée à temps elle rend inutile la fonction récupératoire. L'*Unde vi*, au contraire, est uniquement un interdit récupératoire; et voilà pourquoi la l. 1.4. D. 43.17, la l. 17. pr. D. 41.2 le citent comme exemple de moyens récupératoires, et ne mentionnent pas les autres interdits. Si on s'attachait au raisonnement du premier système, il y a un texte très formel qui nous conduirait à rejeter la fonction récupératoire de l'*Utrubi*. La l. 1.6. D. 43.16, nous dit que l'*Unde vi* ne s'applique pas aux meubles : pour les meubles, il faudra recourir à l'action *furti, vi bonorum raptorum*, ou *ad exhibendum;* et il ne mentionne pas du tout l'interdit *Utrubi*, qui aurait dû cependant être cité en première ligne :

1. G. IV, 148, 149.

« Illud utique in dubium non venit, interdictum hoc ad res mobiles non pertinere; nam ex causa furti, vel vi bonorum raptorum actio competit; potest et ad exhibendum agi [1]. »

Et un texte de Paul S. R. V. 6.5 dit : « De navi vi dejectus hoc interdicto (Unde vi) experiri non potest, sed utilis ei actio de rebus recuperandis, exemplo judicii vi bonorum raptorum, datur; idemque de eo dicendum est, qui carruca aut equo dejicitur... »

Ces textes sont aussi formels pour l'*Utrubi*, plus peut-être que les autres pour l'*Uti possidetis*; et cependant la valeur récupératoire de l'ancien *Utrubi* n'est pas sérieusement contestée.

Enfin s'il subsistait encore l'ombre d'un scrupule, des esprits ingénieux ont trouvé une fiction, que je ne voudrais pas absolument présenter comme une théorie romaine, mais qui est de nature à concilier tous les textes et à satisfaire même les partisans du système opposé. L'interdit *Uti possidetis* et l'interdit *Utrubi* sont toujours *retinendæ possessionis*, et exigent toujours la possession actuelle au moment du procès. Seulement, comme on ne tient compte que de la possession exempte de vice, celui qui a une possession vicieuse à l'égard de son adversaire ne peut pas s'en prévaloir envers lui : « has enim possessiones non debere proficere, palam est, » nous dit Ulpien, dans la l. 1.9. D. 43.17; et pour ce possesseur injuste, c'est son adversaire qui est réputé être réellement en possession. De la sorte, et grâce à cette fiction adroite, qui peut d'ailleurs invoquer des textes à son appui, l'*Uti possidetis* et l'*Utrubi* restent toujours *retinendæ possessionis*, même dans leur fonction récupératoire [2].

---

1. M. de Savigny, p. 417, n 2, et 437, suspecte une altération du texte, qui aurait compris la mention de l'*Utrubi* : je ne le crois pas, surtout après le rapprochement du texte de Paul. S. R. V. 6.5.

2. Voir dans le sens du deuxième système, Machelard, p. 192 s.; Bruns (*Besitz im Mittelalter*), p. 57 s.; Witte, p. 60 s. Seulement ce dernier auteur se

En passant, j'ai déjà réfuté le troisième système. L'*Uti possidetis*, nous dit-on, est toujours un interdit *retinendæ possessionis*, et, par suite, on ne peut l'accorder à celui qui a été dépouillé ; mais si son adversaire pousse la témérité jusqu'à venir intenter l'interdit contre lui, il est de toute justice de condamner cet usurpateur violent et maladroit à restituer la possession à celui qu'il a dépouillé : cela est en harmonie avec la formule « nec vi nec clam nec precario ab adversario, » et il est raisonnable de ne pas obliger le défendeur à intenter un autre procès, de ne pas le renvoyer à se pourvoir au récupératoire par l'*Unde vi*. — Ce système ne peut être accueilli, malgré l'autorité de M. de Savigny qui le défend [1] : il se heurte contre une objection irrésistible. Il aboutit, en effet, à établir une distinction entre les deux parties, à reconnaître à l'une le rôle de demandeur, à l'autre celui de défendeur : c'est le défendeur seul qui pourrait bénéficier de cette fonction récupératoire limitée de l'*Uti possidetis*. Or, une pareille distinction est étrangère à la procédure de l'*Uti possidetis* ; elle ne peut subsister en présence de textes formels qui la rejettent : l'interdit ne comporte pas de demandeur ou de défendeur ; il est double. D'ailleurs ce système prête aux mêmes objections que les deux autres ; il a leurs défauts, sans leurs qualités.

38. Nous venons de voir quelles étaient les diverses utilités, quelques-unes contestées, de l'interdit *Uti possidetis*. Nous arrivons aux exceptions qui peuvent paralyser son efficacité, et d'abord étudions celle qu'on a appelée l'*exceptio vitiosæ possessionis* et qui se retrouve dans la formule même de l'interdit en ces mots : « nec vi nec clam nec precario ab adversario. »

L'interdit *Uti possidetis* n'est accordé qu'au possesseur, mais

fonde surtout sur ce que l'interdit sort des *Vindiciæ*, que le préteur, déjà guidé par les mêmes principes, aurait attribuées à celui qui avait droit à la possession *sine vitio*. Pour moi, qui conteste cette origine de l'interdit, je ne puis me servir de cette explication.

1. Sav., p. 408, 410 ; Carl Albert, p. 118, 119.

il lui est accordé, quelle que soit d'ailleurs sa mauvaise foi, ou même les vices de sa possession. C'est en ce sens que les interdits sont véritablement des actions possessoires. Cependant un usurpateur ne peut pas l'emporter contre celui qu'il a dépouillé injustement ; à son égard il a commis un tort, qui a, aux yeux de la loi romaine, un caractère délictueux : aussi ne peut-il pas se prévaloir de sa possession contre celui qu'il a dépossédé ; et même il faut aller jusqu'à dire que c'est l'ancien possesseur qui est réputé avoir conservé la possession, et qu'on doit lui accorder l'interdit *Uti possidetis* contre l'usurpateur. Cette théorie est exposée nettement dans les lois 1.9. 2.3. pr. D. 43.17, en ces termes :

« Quod ait Prætor in interdicto : nec vi nec clam nec precario alter ab altero possidetis, hoc eo pertinet, ut, si quis possidet vi aut clam aut precario, si quidem ab alio, prosit ei possessio, si vero ab adversario suo, non debeat eum propter hoc, quod ab eo possidet, vincere ; has enim possessiones non debere proficere palam est. — Justa enim an injusta adversus ceteros possessio sit, in hoc interdicto nihil refert ; qualiscumque enim possessor hoc ipso quod possessor est, plus juris habet, quam ille qui non possidet... — Ego possideo ex justa causa, tu vi aut clam ; si a me possides, superior sum interdicto ; si vero non a me, neuter nostrorum vincetur, nam et tu possides et ego[1]. »

Et il est si vrai que le vice de violence, ou clandestinité, ou précarité, en d'autres termes que l'exception *vitiosæ possessionis* est relative, que l'ayant cause de l'usurpateur n'y est pas soumis, lors même qu'il a acquis la chose de mauvaise foi. C'est ce que nous dit la l. 3.10. D. 43.17.

« Non videor vi possidere, qui ab eo quem scirem vi in possessione esse, fundum accipiam. »

---

1. La fin de cette loi est une erreur manifeste, causée par certaines controverses sur la *possessio plurium in solidum*.

Ces principes étaient importants à noter, surtout à cause des changements qui y furent apportés par le droit canonique.

39. J'arrive à la deuxième exception, celle qui est relative à l'annalité, et qui comprend l'explication de cette partie de la formule « Neque pluris, quam quanti res erit, intra annum, quo primum experiundi potestas fuerit, agere permittam. »

L'annalité joue un grand rôle dans les actions possessoires romaines, un plus grand encore dans nos actions possessoires modernes, puisque notre droit français, modifiant un peu l'idée romaine, ne protège que la possession annale, la saisine, et non plus la simple possession[1]. Mais déjà à Rome la mention de l'annalité revient à tout moment, non pas sans doute pour la possession elle-même, puisque la possession instantanée est protégée, mais à d'autres points de vue. D'abord il y a un texte de Paul, S. R. IV, 6.7, qui, supposant l'interdit rendu, déclare que la formule ne pourra servir que pendant un an ; et l'on doit généraliser, je pense, ce qu'il dit là à propos d'un interdit particulier, l'interdit de *tabulis exhibendis*[2] :

« Edicto perpetuo cavetur, ut si tabulæ testamenti non appareant, de earum exhibitione *interdicto reddito* intra annum agi possit, quo ad exhibendum compellitur, qui supprimit. »

C'est là en quelque sorte une péremption de la formule, plutôt qu'une prescription du droit ; mais nous trouvons la prescription annale de l'interdit dans la l. 4. D. 43.1 :

« Ex quibus causis annua interdicta sunt, ex his de eo quod ad eum, cum quo agitur, pervenit, post annum judicium dandum, Sabinus respondit. »

Cette loi pose la règle générale : les interdits, qui sont soumis à une prescription annale, sont perpétuels pour l'enrichissement. Or les interdits possessoires[3], qui sont, ainsi que nous

---

1. C'est du moins l'idée générale : elle est contestée pour la *Réintégrande.*
2. Je suis ici l'explication de M. Machelard, p. 20.
3. J'ai surtout en vue l'*Uti possidetis* et l'*Unde vi*, car l'*Utrubi* avait eu long-temps des règles spéciales.

l'avons vu, des actions *ex delicto*, rentrent dans la catégorie de
ces interdits limités à une année, sauf l'enrichissement. La
l. 35. D. 44.7 nous le dit en termes exprès :

« In honorariis actionibus sic esse definiendum Cassius ait,
ut quæ rei persecutionem habeant, hac etiam post annum darentur, ceteræ intra annum. Honorariæ autem actiones, quæ post
annum non dantur, nec in heredem daudæ sunt; ut tamen
lucrum ei extorqueatur, sicut fit in actione doli mali, et interdicto Unde vi et similibus »

Les actions pénales honoraires sont limitées à un an, sauf
pour l'enrichissement, et comme toutes les actions pénales
même civiles, ne sont données que dans la mesure de cet enrichissement contre les héritiers. Toute cette matière est gou-
vernée par le principe de la personnalité des responsabilités
pénales, et le tempérament qu'y apporte la l. 206. R. J. « Jure
naturæ æquum est neminem cum alterius detrimento et injuria
fieri locupletiorem. »

Ce sont ces principes qui, à mon avis, régissent à la fois l'interdit *Uti possidetis* et l'interdit *Unde vi*. Pour l'*Unde vi*, c'est
incontestable, car la formule même, qui nous est rapportée
dans la l. 1, pr. D. 43.16 nous dit :

« Tantummodo intra annum, post annum de eo quod ad eum
qui vi dejecit pervenerit, judicium dabo. »

Cela est moins évident pour l'interdit *Uti possidetis*, et cependant je crois que la même théorie s'applique. D'abord on ne
concevrait aucune différence avec l'*Unde vi*, car les textes des
lois 4. D. 43.1, l. 35, D. 44. 7, l. 206. R. J., sont généraux et
s'appliquent à tous les interdits. De plus, la mention de l'annalité
est expressément formulée dans le texte de l'interdit « intra annum, quo primum experiundi potestas fuerit, agere permittam. »

Cependant on a fait une objection. Sans doute on ne pouvait
pas soutenir que cette prescription annale fût la même que
celle qui est indiquée au passage des S. R. de Paul (IV, 7.6).
Il ne s'agit pas ici d'une prescription de la formule, qu'on laisse

pendant un an se rouiller dans le fourreau ; les mots « quo primum experiundi potestas fuerit » indiquent sans aucun doute qu'il s'agit ici de la prescription de l'action. Mais, a-t-on dit, il ne s'agit pas ici de l'interdit tout entier, et la mention de l'annalité doit se rapporter, comme ce qui précède, à une partie de l'instance, je veux dire au *judicium secutorium*. Les mots « neque pluris, quam quanti res erit… agere permittam, » qui encadrent la mention de l'annalité, se rapportent au *judicium Cascellianum*. J'aurais volontiers, je l'avoue, contesté cette allégation : mais, après examen, il a fallu me rendre à la vérité. Oui, au moins en droit classique, les mots « neque pluris quam quanti res erit » font allusion au *judicium Cascellianum*, et non à l'ensemble de l'interdit. C'est en ce sens qu'ils sont interprétés par Ulpien lui-même, dans la l. 3.11. D. 43.17, qui nous dit que ces mots « quanti res erit » s'appliquent au montant de la condamnation. Or, la procédure nous a appris que la condamnation, ou plutôt les condamnations sur l'interdit *Uti possidetis* comprennent deux éléments, l'un pénal, le payement des *sponsiones* et de la *stipulatio fructuaria*, l'autre ayant le caractère d'une indemnité, et qui s'obtient par le *judicium secutorium*. Quand nous trouvons dans les textes la mention d'une indemnité, elle ne peut donc se rapporter qu'à la partie de la condamnation qui a ce caractère, c'est-à-dire au *judicium secutorium*, et non à l'élément pénal. Voici le texte d'Ulpien :

« In hoc interdicto condemnationis summa refertur ad rei ipsius æstimationem ; quanti res est, sic accipimus, quanti uniuscujusque interest, possessionem retinere. Servii autem sententia est existimantis, tanti possessionem æstimandam, quanti ipsa res est ; sed hoc nequaquam opinandum est, longe enim aliud est rei pretium, aliud possessionis. »

La conclusion nécessaire ajoute-t-on, c'est que les mots « intra annum, » qui font corps avec les précédents, se rapportent aussi au *judicium secutorium* ; l'interdit est *perpétuel*, le *judicium secutorium* seul est annal. — Bizarre théorie! et remarquez tout d'abord à quel résultat contraire aux idées romaines, je puis bien le dire, contraire au bon sens, on arrive dans ce système. Quoi! la partie pénale de l'instance sera perpétuelle, et celle qui est *rei persecutoria*, qui a le caractère d'une indemnité, sera limitée à un an! C'est le contre-pied de la l. 35. D. 44.7, de la l. 4. D. 43.1, de la l. 206. R. J! Et que faites-vous du caractère d'action *ex delicto*, indéniable même dans l'interdit *Uti possidetis*. — Mais il n'est pas possible de scinder la formule, et la mention de l'annalité fait corps avec la phrase qui se rapporte au *judicium Cascellianum*. — J'observe déjà que, sous Justinien, la mention de l'annalité s'applique forcément à l'action tout entière, et alors il faudrait admettre que la durée de l'interdit, autrefois perpétuelle a été brusquement ramenée à un an, réforme qu'aucun texte ne nous signale, et qui mériterait pourtant l'honneur d'être nommée. Mais, en droit classique, je crois que l'on peut distinguer. Les mots « neque pluris quam quanti res erit » font allusion au *judicium Cascellianum;* mais il en est pas de même des mots « intra annum, *quo primum experiundi potestas fuerit.* » Ces termes se rapportent à tout l'interdit et c'est ce que nous démontre à l'évidence ce « quo primum experiundi potestas fuerit. » Le point de départ du délai d'un an, c'est le fait qui motive l'interdit, l'atteinte, le trouble, la « vis contra edictum. » C'est à partir de ce moment qu'on peut agir, qu'on a « experiundi potestatem », c'est-à-dire la faculté non pas d'intenter le *Cascellianum*, mais d'engager les *sponsiones*. Si le délai d'un an ne concernait que le *judicium secutorium*, son point de départ ne serait pas le trouble, mais le moment où la décision sur les *sponsiones* aurait été rendue. Gaius, IV 166ª 167, nous apprend en effet que ce *judicium* est appelé *secutorium*, parce qu'il suit la décision sur les *sponsiones;* et ainsi c'est cette décision qui est le moment à partir duquel court le délai pendant lequel on peut intenter le *judicium secutorium*. Mais dans la formule de la l. 1 pr. D. 43.17, il n'est pas question de la décision sur les *sponsiones*, et le mot « experiri » est pris dans un sens absolument général, comprenant l'ensemble de l'interdit : en un mot, l'instant à partir duquel on peut agir, c'est le trouble ; et ce point de départ nous indique qu'il s'agit de l'interdit tout entier.

Ce commentaire de la l. 1 pr. D. 43.17, prête le flanc à une certaine critique, je le sais. On me reprochera, et à bon droit, de séparer deux membres de phrase qui semblent bien unis, et de donner un double sens au mot « agere[1]. » Je pourrais, à mon tour, reprocher au système contraire d'isoler les mots « intra annum » de ceux qui suivent « quo primum experiundi potestas fuerit, » et d'interpréter les premiers en faisant abstraction des autres. De toute manière, je préfère commettre ce que les Romains eussent appelé une « inelegantia juris » que de contredire des principes certains, pour le plaisir de sacrifier à la logique absolue et au sens littéral des mots. Nous nous trouvons en présence d'une formule, j'ose le dire, incohérente et bizarre, et, pour mon compte, la deuxième phrase tout entière m'est suspecte. Pourquoi cette intervention de l'interdit « de cloacis » dans la formule? Je ne la trouve pas plus logique que la fin, qui mélange le *judicium Cascellianum* avec l'ensemble de l'interdit. Seulement, en présence d'idées diverses, je les distingue, et après avoir démontré qu'elles s'appliquent à des objets différents, je les explique séparément. Je ne dis pas que cela soit parfait; je dis que cela est[2]. D'ailleurs je rappelle que, sous Justinien, toute bizarrerie a disparu avec les distinctions du système formulaire, et qu'à cette époque le « quanti res erit », aussi bien que l' « intra annum, » s'appliquent tous deux à l'ensemble de l'action.

Ainsi lorsqu'une atteinte a été portée à la possession, il faut

---

1. En effet, il signifie à la fois intenter le *Cascellianum* et intenter l'*Interdit*.
2. Cette explication confirme ce que j'ai dit de l'application de l'*Uti possidetis* aux troubles passés.

demander l'interdit dans l'année ; en d'autres termes, le trouble ne doit pas remonter à plus d'un an pour qu'on en tienne compte. Et ce que je dis du trouble passé, je le dirai également du trouble futur. Je me place à cette période primitive où l'interdit n'était pas encore une mesure générale, ayant pris place dans l'Édit. Une personne, sous le coup d'un trouble ou seulement d'une menace, sollicite l'interdit. Ce n'est encore qu'un ordre conditionnel, qui attend, pour se fixer, une nouvelle atteinte. Cette atteinte doit se produire dans l'année, parce que l'interdit est une action honoraire pénale, et que ces actions se prescrivent par un an[1]. Cette observation montre bien la nécessité pratique d'admettre l'application de l'interdit au préjudice éprouvé ; autrement, en ayant soin d'attendre chaque fois une année après la délivrance de l'ordre conditionnel, on aurait pu porter impunément le trouble à la possession d'un autre ; l'interdit serait toujours arrivé trop tard pour le réprimer.

Notons que ce cas ne se confond pas avec celui des S. R. de Paul (IV, 7.6), où l'interdit est déjà rendu et où l'on néglige la formule qui vous renvoyait devant le juge. Ici j'ai supposé que la formule n'avait pas encore été rendue, et qu'on en était encore à la première comparution. Lorsque les interdits prirent place sur l'album, cette première comparution devint inutile ; et dès lors, comme à la comparution désormais unique[2], le sollicitant obtient immédiatement la formule, le trouble qui ne survient qu'après le délai d'un an se trouve écarté à la fois par l'annalité de l'interdit et par la péremption annale de la formule. Les deux cas se confondent.

L'interdit *Uti possidetis* est donc annal, comme l'*Unde vi*[3].

---

1. L. 35. D. 44.7.

2. Il y a sur ce point une certaine obscurité, résultant des termes vagues employés par G. IV, 141. Je crois néanmoins être dans le vrai.

3. L'année est utile. L. 1.39. D. 43.16. L. 2, C. 8.4. (Argt. par analogie pour l'*Uti possidetis*).

Est-il besoin d'ajouter qu'à l'exemple de ce qui se passe pour l'*Unde vi* et par application des principes généraux, l'annalité souffre exception pour l'enrichissement[1]? C'est l'application naturelle et, je crois, incontestable de la l. 206. R. J., et de la l. 4. D. 43.1. « Ex quibus causis annua interdicta sunt, ex his, de eo, quod ad eum, cum quo agitur, pervenit, post annum, judicium dandum, Sabinus respondit[2]. »

Ce que je viens de dire de l'interdit, il faut le dire également de l'exception *vitiosæ possessionis*, qui n'est en réalité qu'un moyen tiré du fond, un interdit reconventionnel. Elle est annale, sauf pour l'enrichissement. M. Witte[3] a cependant cherché à le nier, et il s'est fondé sur la l. 1.5. D. 43.17, ainsi conçue :

« Perpetuo autem huic interdicto insunt hæc : quod nec vi nec clam nec precario ab illo possides. »

M. Witte en conclut que l'exception *vitiosæ possessionis* est perpétuelle[4]. Il est bien aisé de renverser un édifice aussi fragile. Le mot « perpetuo » n'a pas ici le sens que lui attribue M. Witte. Il signifie simplement que l'interdit *Uti possidetis* admet toujours l'exception *vitiosæ possessionis*, par opposition à l'*Unde vi*, qui ne l'admet que dans le cas où l'interdit est fondé sur une *vis quottidiana*, et non pas quand il est fondé sur une *vis armata*. Au reste Justinien a étendu à l'interdit de *vi quottidiana* les règles de l'interdit de *vi*

---

1. Il ne faut pas identifier l'enrichissement avec la possession comme M. de Savigny semble le faire, p. 450 et p. 469, n. 3.

2. Il ne faudrait pas m'objecter que j'aboutis à distinguer deux éléments dans l'interdit, l'un pénal, l'autre persécutoire de la chose, puisque la procédure nous fait foi de cette distinction.

3. P. 88.

4. Il est bien évident qu'on ne peut pas non plus invoquer la maxime « quæ temporalia ad agendum, ad excipiendum perpetua » (l. 56. D. 44.4); et, en effet, sans compter que c'est peut-être un cas tout spécial au dol, la persistance de l'exception ne répondrait ici à aucun besoin, n'aurait aucun objet, aucune raison d'être, puisque tout moyen possessoire s'évanouit après l'année.

armata [1]. D'ailleurs, outre les principes, outre l'inconsé-
quence qu'il y aurait à faire survivre la fonction récupératoire de l'interdit à sa fonction normale, il y a encore des
raisons de texte. La l. 8, 7 D. 43. 26, se demande si l'interdit *de precario* est renfermé dans les limites d'une année.
Cette question n'aurait pas eu d'intérêt si la fonction récupératoire de l'interdit *Uti posssidetis*, qui comprend le cas de
précarité, avait été perpétuelle :

« Interdictum hoc (de precario) et post annum cons-
petere Labeo scribit eoque jure utimur; quum enim nonnun-
quam in longum tempus precarium concedatur, absurdum est
dicere, interdictum locum non habere post annum. »

Enfin, depuis la constitution de Théodose le Jeune, qui
établit la prescription libératoire de trente ans, lorsqu'on dit
que l'interdit est perpétuel pour l'enrichissement, on veut dire
qu'il dure trente ans [2].

40. L'interdit *Uti possidetis* ne comporte pas d'autre exception
que les deux que je viens d'étudier. Notamment, par suite de
la séparation bien nette entre la possession et la propriété,
les exceptions pétitoires ne peuvent être admises. Les textes
nous disent simplement qu'avant d'intenter l'action réelle, on
fera bien de ne pas négliger la ressource de l'interdit, si on
l'a à sa disposition ; et que le plaideur qui a imprudemment
introduit une revendication, peut revenir sur sa détermination
et reprendre la voie possessoire. Cette décision montre bien le
soin que les Romains mettaient à distinguer le possessoire et le
pétitoire. Voici les deux textes auxquels j'ai fait allusion.

L. 24, D. 6. 1. « Is qui destinavit rem petere, animad-
vertere debet an aliquo interdicto possit nancisci possessionem, quia longe commodius est, ipsum possidere, et ad-

____

1. G. IV, 154, 155 ; Inst., IV, 15,6 ; Sav., p. 446, Sur le sens du mot
perpetuo, voir Rudorff sur Sav., p. 701.
2. Witte, p. 130.

versarium ad onera petitoris compellere quam alio possidente petere. »

L. 12.1. D. 41.2 « Nihil commune habet proprietas cum possessione; et ideo non denegatur ei interdictum Uti possidetis, qui cœpit rem vindicare; non enim videtur possessioni renuntiasse, qui rem vindicavit. »

41. Il me reste, pour terminer cette étude de l'interdit *Uti possidetis*, proprement dit, à parler brièvement de sa tránsmissibilité active et passive, en un mot, de la situation des héritiers [1].

L'héritier de la victime de la violence a l'interdit comme son auteur, à condition cependant qu'il ait pris possession. La rigueur des principes, il faut bien l'avouer, devrait conduire au résultat contraire, car cet héritier, par hypothèse, n'a pas été troublé lui-même dans sa possession, et d'ailleurs il ne peut invoquer aucune succession de possessions; la loi n'en reconnaît pas : elle ne reconnaît qu'une jonction de possessions « accessio possessionum, » et seulement pour l'usucapion et pour l'interdit *Utrubi*. Cependant on peut argumenter par analogie précisément du cas de l'*Utrubi*, dans lequel nous voyons la simple possession d'une personne invoquée à bon droit par son ayant cause; et d'ailleurs le soin que prennent les textes [2] de discuter et limiter la responsabilité de l'héritier de celui qui a commis le trouble, nous montre bien qu'on suit ici les règles des actions qui sont en général transmissibles activement [3]. Mais on exige naturellement que l'héritier se soit mis en possession réelle; autrement il ne peut pas préteudre à l'interdit. C'est l'application de la règle bien connue de la l. 23, pr. D. 41. 2.

« Quum heredes instituti sumus, adita hereditate omnia

1. Consultez là-dessus Witte, p. 84 s., p. 123 s.
2. L. 35. D. 44.7 ; l. 4. D. 43.1 ; ll. 38.44. R. J. combinées.
3. Inst., IV. 12.1.

quidem jura ad nos transeunt, possessio tamen, nisi naturaliter comprehensa, ad nos non pertinet. »

Et la même idée est reproduite dans la l. 1.15 D. 47.4.

« Scævola ait possessionis furtum fieri ; denique si nul-
lus sit possessor, furtum negat fieri ; idcirco autem heredi-
tati furtum non fieri, quia possessionem hereditas non
habet, quæ facti est et animi ; sed nec et heredis est possessio antequam possideat, quia hereditas in eum id tantum
transfundit, quod est hereditatis ; non autem fuit possessio
hereditatis [1]. »

Ce que je dis du trouble, je le dis également de la dépossession, et cela m'amène à la conclusion logique que l'héritier
du possesseur dépouillé ne peut invoquer la fonction récupératoire de l'*Uti possidetis*, car il n'a pas lui-même pris possession de la chose. Ce résultat paraît bien fâcheux ; et cependant,
en songeant à la fragile protection que les Romains avaient
accordée à la propriété des choses héréditaires [2], il n'est guère
permis de s'étonner que leur possession ne soit pas protégée
davantage. M. Witte cependant [3] résiste à cette doctrine. Il
observe que, dans le cas de la fonction récupératoire de l'interdit, il ne peut être question d'exiger la possession réelle ;
les l. 23, pr. D. 41.2, et l. 1.15. D. 47.4, n'ont rien à voir ici.
Il s'agit d'une possession fictive, grâce à laquelle le possesseur
dépouillé pouvait intenter un interdit *retinendæ possessionis*,
et qui doit passer à l'héritier. Dans le cas de la possession
réelle, il ne doit s'en prendre qu'à lui-même de ne pas s'être
hâté d'appréhender une chose, dont son auteur était resté en

---

1. On avait tenté, mais en vain, de déroger à ce principe. Ulpien nous le dit
dans la l. 13,4. D. 41.2 : « Quæsitum est, si heres prius non possederat, an testatoris possessio ei accedat. Et quidem in emptoribus possessio interrumpitur, sed
non idem in heredibus plerique probant, quoniam plenius est jus successionis,
quam emptionis ; sed subtilius est, quod in emptorem et in heredem id quoque
probari. »

2. Je fais allusion à l'usucapion *pro herede*.

3. P. 84 B.

possession, et qui était demeurée à sa disposition ; mais, ici, il n'a pas dépendu de lui d'entrer dans une possession dont son auteur avait déjà été privé. La possession ordinaire ne lui passe pas, mais la possession fictive, la *justa possessio*, lui passe. Décider autrement serait empirer sa condition, et elle doit être la même que celle de son auteur. M. Witte invoque, à l'appui de son système, un texte qui déclare, en effet, que la possession précaire conserve son vice à l'égard de l'héritier du concédant, et, nous dit M. Witte, on doit généraliser. C'est la l. 8.1. D. 43.26 :

« Quod a Titio precario quis rogavit, id etiam ab herede ejus precario habere videtur, et ita et Sabinus et Celsus scribunt, eoque jure utimur. Ergo et ceteris successoribus habere quis precario videtur. Idem et Labeo probat, et adjicit, etiamsi ignoret quis heredem, tamen videri ab herede precario habere... »

Ce texte n'est pas absolument probant, parce qu'il s'agit de l'interdit *de precario*, qui avait ses particularités ; nous en retrouverons tout à l'heure. De plus, M. Witte aboutirait à rendre la situation de l'héritier d'une personne dépossédée meilleure que celle de l'héritier d'une personne qui aurait conservé la possession, puisqu'il ne le soumet pas à la l. 23, pr. D. 41.2. Ce résultat est bizarre. Peut-être faudrait-il chercher la vérité dans un système intermédiaire, qui accorderait à l'héritier l'exercice récupératoire de l'*Uti possidetis*, au cas où il se serait mis en possession, non pas de la chose hors de sa portée, mais des biens héréditaires, et aurait ainsi satisfait dans la mesure du possible au principe de la loi 23, pr. D. 41.2. De son côté, la l. 8.1. D. 43.26, ne serait pas un obstacle, et même se concilierait aisément avec ce système. Mais ce n'est là qu'une simple conjecture.

42. Je passe à l'héritier de l'auteur du trouble ou de la dépossession. L'interdit étant une action *ex maleficio*, ne peut, d'après les principes généraux, atteindre l'héritier que dans

la mesure de son enrichissement [1]. En fait, cet enrichissement se confondra presque toujours avec la possession. Mais, pour l'interdit *de precario*, après de longues controverses, le principe contraire avait prévalu [2] : l'héritier du précariste était tenu comme le précariste lui-même. L. 8.8. D. 43.26 :

« Hoc interdicto heres ejus, qui precario rogavit, tenetur quemadmodum ipse. »

C'est là une particularité du précaire, qui trouve peut-être une explication historique, mais pas d'explication rationnelle.

La l. 139. R. J., dit « Omnes actiones, quæ morte aut tempore pereunt, semel inclusæ judicio, salvæ permanent. » On pourrait être tenté de conclure de ce principe que, les *sponsiones* une fois engagées, peu importait la mort de l'auteur du trouble, le procès pouvait se dénouer contre son héritier. Cela ne serait pas exact des *sponsiones*, qui sont elles-mêmes pénales, ainsi que nous l'avons vu, et, par le même motif, cela ne serait pas non plus exact du montant de la *stipulatio fructuaria* [3]. Le juge devra néanmoins trancher la question sur les *sponsiones*, ne fût-ce que pour donner ouverture au *judicium secutorium*, qui a le caractère d'une indemnité et subsiste contre l'héritier. On peut invoquer, par analogie, la règle posée pour la revendication dans la l. 16, pr. D. 6.1 :

« Utique autem etiam mortuo homine [4] necessaria est sententia propter fructus et partus et stipulationem de evictione. »

M. Witte se demande enfin si, dans le cas où l'interdit était intenté par l'héritier, ou contre l'héritier d'une partie, la formule n'était pas modifiée. Elle ne l'était pas, nous dit-il, contre l'héritier du possesseur violent, ni même quand elle était

---

1. Voir toujours les l. 35 pr. D. 44.7 ; l. 4. D. 43.1 ; ll. 38,44, R. J. Le droit canonique, nous le verrons, établit la responsabilité illimitée de l'héritier. Carl Albert, p. 209.

2. Ihering, p. 17 ; Sav., p. 50 et n. 1, p. 461, 462 et n. 1.

3. G. IV, 167, 168.

4. Il ne faudrait pas confondre les deux cas : « mortuo homine, » c'est ici l'esclave, objet même de la revendication.

accordée à l'héritier de la personne dépossédée ou troublée, bien que, dans ce cas, on eût compris l'addition de l'indication *cujus heres est* [1].

SECTION IV

EXTENSIONS DE L'INTERDIT AU CAS D'UNE « JURIS POSSESSIO »

43. J'ai terminé l'exposé de l'interdit *Uti possidetis* dans sa forme normale, en tant qu'il protège la possession ordinaire, la *possessio rei*. Mais nous savons que les Romains conçurent pour les droits réels, notamment pour les servitudes, une possession qu'ils distinguèrent de la première en l'appelant *possessio juris* ou *quasi possessio*. La reconnaissance de cette possession fut-elle purement théorique, et ne songea-t-on pas à la protéger par des moyens semblables aux interdits ? Quels furent ces moyens ? C'est ce qu'il est intéressant de se demander.

Le principe général, qui me servira de guide, est posé dans la l. 20. D. 8.1 :

« Quoties via, aut aliquid jus fundi emeretur, cavendum putat esse Labeo, per te non fieri, quominus eo jure uti possit, quia nulla ejusmodi juris vacua traditio esset. Ego puto, usum ejus pro juris traditione possessionis accipiendum esse ; ideoque et interdicta veluti possessoria constituta sunt. »

Ce texte nous apprend que le jurisconsulte Labéon, qui vivait à l'époque d'Auguste, n'admettait pas encore la posses-

---

1. Witte, p. 87. Je serais, au contraire, très disposé à croire qu'on ajoutait la mention « cujus heres est » dans les deux cas de transmissibilité active et passive.

sion des servitudes, et, par suite, l'application à cette hypothèse des interdits possessoires [1]. Javolenus, au contraire,
auteur du texte et contemporain de Trajan, admet une quasi-
possession des servitudes et reconnaît l'existence d'interdits
veluti possessoria, destinés à protéger cette quasi-possession.
Il est aussi question, et dans des termes analogues, de ces
interdits dans un texte du jurisconsulte Venuléius, qui écrivait
au commencement du troisième siècle [2]. Il est tout naturel de
penser qu'une modification des idées romaines s'est opérée
dans cet intervalle. Mais il s'en faut que la marche de la doctrine ait été aussi nette et aussi assurée qu'il peut le paraître
au premier abord : les textes nous laissent soupçonner des
incertitudes, des hésitations et peut-être certains revirements
d'opinion. Un texte souvent cité, la l. 4.29. D. 41.3, nous
apprend qu'une loi Scribonia, qui date de la fin de la République, avait supprimé l'usucapion des servitudes. Seulement,
on a fait remarquer que ce n'avait été, sans doute, qu'un simple
abus qui s'était insinué dans la pratique, plutôt qu'une institution consacrée par la loi [3]. D'autre part, la possession des servitudes resta ou fut remise en question bien longtemps après
Javolenus. C'est ainsi qu'un texte d'Ulpien, la l. 1.8. D. 43.3,
n'accorde que timidement l'interdit *quod legatorum* en matière
de servitudes :

« Quæsitum est, si ususfructus vel usus fuerit alicui relictus,
eumque occupaverit, an hoc interdicto restituere sit compel-
lendus ? Movet quod neque ususfructus, neque usus *possidetur*, sed magis tenetur ; *potest tamen defendi* competere
interdictum. Idem dicendum est et in servitute relicta [4]. »

1. Dans le même sens un texte d'Alphenus Varus, de la même époque ; la
l. 17.2. D. 8.5.

2. Vat. Frag. 90, 91.

3. Ce serait trop contraire aux textes formels qui ne reconnaissent la possession que pour les choses corporelles. Voir l. 3 pr. D. 41.2, l. 4.27. D. 41.3.

4. Je fais intervenir ici l'interdit *quod legatorum* qui était cependant *adipiscendæ
possessionis* (au moins le plus souvent), et que j'ai exclu par là même du cercle

Quoi qu'il en soit, les Romains arrivèrent à concevoir une *quasi possessio* des servitudes, et à admettre l'extension à ce cas d'interdits, dénommés *interdicta veluti possessoria*. Ce point n'est cependant pas accepté sans contestation pour toutes les servitudes, et, dès lors, il nous faut examiner successivement les servitudes personnelles et les servitudes réelles.

44. Il n'y a aucune difficulté pour les servitudes personnelles. Nous avons un texte exprès, accordant l'*Uti possidetis* à l'usufruitier et à l'usager [1], la l. 4. D. 43.17 :

« In summa puto dicendum et inter fructuarios hoc interdictum reddendum, et si alter usumfructum, alter possessionem sibi defendat. Idem erit probandum, et si ususfructus quis sibi defendat possessionem ; et ita Pomponius scribit. Proinde, et si alter usum, alter fructum sibi tueatur, et his interdictum erit dandum. »

Ainsi, qu'il s'agisse d'une contestation entre deux usufruitiers, ou entre deux parties, dont l'une prétend à la possession de l'usufruit, l'autre à la possession de la propriété, *alter usumfructum, alter possessionem sibi defendat*, ou encore qu'il s'agisse d'un simple usager, l'interdit *Uti possidetis* est valablement donné. C'est l'application pure et simple de la l. 20. D. 8.1. — Même en isolant la l. 4. D. 43.17, on pourrait croire que l'interdit est donné sans aucune modification. Mais les Vat. Frag. 90 nous apprennent que, dans ce cas, l'interdit était donné *utiliter*, et que la formule subissait une légère transformation [2].

---

des interdits vraiment possessoires. Mais j'ai observé que la notion de la possession et des moyens possessoires, alla s'élargissant et se défigurant de plus en plus. Ainsi il est bien certain que notre texte range l'interdit *quod legatorum* parmi les possessoires, tout comme la l. 1.4. D. 43.17 y fait rentrer les actions et même les exceptions qui n'ont pour objet que la possession.

1. L'habitation était une sorte d'usage né sans doute de la pratique. Un texte nous dit que l'interdit est accordé en ce cas « ad exemplum interdicti, quod fructuario proponitur. » l. 27. D. 39.5.

2. Cette loi est de Venuléius, qui vivait au commencement du troisième siècle. Je ne crois même pas qu'on fût arrivé, à l'époque d'Ulpien, à donner l'interdit

« Si usufructu legato, legatarius fundum nanctus sit, non competit interdictum adversus eum, quia non possidet legatum, sed potius fruitur. Inde et interdictum Uti possidetis utile hoc nomine proponitur, et Unde vi, quia non possidet, utile datur. Videlicet concipiendum est : Quod de his bonis legati nomine possides, quodque uteris frueris, quodque dolo malo fecisti, quominus possideres, utereris fruereris. »

On le voit : une sorte de *prescriptio*, ajoutée à la formule, indiquait le caractère utile de l'interdit ; mais, d'ailleurs, la procédure devait rester double, comme dans l'interdit ordinaire. L'instance était la même et comprenait les *sponsiones*, la *licitatio fructuum* et le *judicium secutorium*.

45. Les servitudes réelles, au contraire, présentent de grandes difficultés. Et d'abord, la division même de ces servitudes est la source d'un véritable embarras. On sait qu'on divise les servitudes réelles en servitudes urbaines et en servitudes rustiques. Les servitudes rustiques sont celles qui sont dues à un fonds de terre rural, à un champ ; les servitudes urbaines, celles qui ont pour fonds dominant un fonds bâti, peu importe d'ailleurs sa situation à la ville ou à la campagne :

« Prædiorum urbanorum sunt servitutes, quæ ædificiis inhærent : ideo urbanorum prædiorum dictæ, quoniam ædificia omnia urbana prædia appellantur, etsi in villa ædificata sunt [1] »

Je suis bien convaincu que c'est là le sens véritable de cette division ; mais il faut convenir que, pour ce qui nous occupe, elle présente un défaut capital. Une même servitude, suivant la nature du fonds dominant, peut être urbaine ou rustique : il n'est donc pas possible de suivre une telle classification, qui pourrait nous entraîner à refuser l'interdit *de itinere actuve*

---

pur et simple. La l. 1.8. D. 43.3, qui est d'Ulpien, n'admet pas sans scrupule la possession des servitudes. La distinction entre la *possessio rei* et la *quasi possessio* ne fut bien effacée que dans le droit Bysantin postérieur à Justinien. Voir Bruns (*Besitz im Mittelalter*), p. 95.

[1]. Inst., II, 3.1.

privato, dans le cas où le passage conduirait à une maison [1].
Je me servirai donc d'une autre distinction, qui présente des
bases invariables et fixes, la distinction des servitudes en continues et discontinues. Remarquons que, le plus souvent, les
servitudes discontinues sont les servitudes rurales, et que les
servitudes continues correspondent d'ordinaire aux servitudes
urbaines [2].

46. Les servitudes discontinues, celles qui exigent un fait de
l'homme, ne présentent pas non plus de difficulté. Elles ont
des interdits spéciaux, donnés sous des conditions particulières, comme l'interdit *de itinere actuve privato* , *de aqua
quottidiana et œstiva*. Ces interdits sont bien certainement des
adversaires naturels de l'interdit *Uti possidetis*, c'est-à-dire
que la prétention à une servitude discontinue, et de même la
prétention à une servitude continue peuvent constituer *une vis
contra edictum*, base de l'*Uti possidetis*. A l'inverse, peuvent-
ils être suppléés, remplacés par l'*Uti possidetis*? Je le croirais
volontiers, par analogie de ce que je déciderai pour les servitudes continues, et pourvu qu'on modifie la formule de manière à ne pas altérer les caractères spéciaux de ces interdits,
qui ne sont en somme que des interdits *retinendœ possessionis*
d'un genre particulier.

47. La question est au contraire très controversée pour les
servitudes continues. Il y a cependant des cas incontestables. La
servitude peut être indiquée par un ouvrage uni à l'édifice, et
ainsi elle est en quelque sorte incorporée à la possession même
de la chose. C'est la réalisation la plus parfaite de cette formule de la l. 86. D 50.16. « Quid aliud sunt jura prædiorum,
quam prædia qualiter se habentia, ut bonitas, salubritas,
amplitudo. » Toute atteinte à la servitude constituera forcément une atteinte à la possession, et donnera ouverture à l'*Uti*

---

1. La servitude devient, en effet, urbaine dans ce cas. L. 20.1. D. 8.2.
2. Cette distinction est d'ailleurs capitale pour toute la théorie de l'acquisition
et de la perte de possession des servitudes.

possidetis. Je citerai comme exemple la servitude *oneris ferendi,* *tigni immittendi,* le *jus projiciendi*[1]. Mais je suppose maintenant une servitude dont la possession ne se confond pas avec la possession de la chose; par exemple une servitude *altius non tollendi.* On a nié l'application de l'interdit *Uti possidetis* à ce genre de servitude. On se fonde sur le silence de la loi, et sur un argument *e contrario* tiré de l'existence même des interdits spéciaux pour les servitudes discontinues. Il ne faut pas s'étonner de voir protéger moins les servitudes continues : ce sont en général les servitudes urbaines, et nous savons que les Romains mettent les servitudes rurales bien au-dessus des autres[2]. Et si l'on a accordé un interdit *de cloacis,* c'est à cause de l'intérêt public qui s'attachait à la conservation et à l'entretien des égouts : l'existence de cet interdit, le seul que nous connaissions pour les servitudes continues, sert encore d'argument *e contrario.* On ajoute que la possession d'une telle servitude ne se conçoit presque pas ; et que l'on risquerait bien de prendre pour une servitude ce que notre droit français, dans l'art. 2232 C., appelle un acte de pure faculté[3]. La l. 6. 1. D. 8.5, précisément à propos de la servitude *altius non tollendi,* mentionne l'interdit *quod vi aut clam,* et non pas l'*Uti possidetis,* ce qui est significatif.

Cette opinion ne me semble pas devoir être adoptée. Les interdits spéciaux de *itinere actuve privato, de aqua quottidiana et æstiva* ont leur raison d'être, à cause des conditions spéciales qui les distinguent[4]. J'en dirai autant de l'interdit *de cloacis,* qui a reçu une puissance telle qu'elle fait fléchir même l'interdit *Uti possidetis*[5]. Et si les Romains n'ont pas établi

---

1. Voir la fameuse loi 3.5. D. 43.17.
2. Elles sont *res mancipi.* G. II, 17; Ulp. XIX, 1 (ce dernier texte semble bien indiquer que les quatre servitudes originaires sont seules *res mancipi*).
3. Bruns (*Besitz im Mittelalter*), p. 89, 90.
4. Sav., p. 483, n. 1.
5. L. 1 pr. D. 43.17.

d'interdits spéciaux pour les servitudes continues, c'est que, le plus souvent, ainsi que je l'ai fait remarquer, la possession de ces servitudes se confond avec celle du fonds dominant et que, par suite, toute atteinte donne naturellement lieu à l'*Uti possidetis*. De plus les textes nous donnent, soit directement, soit indirectement la preuve de l'application de l'interdit *Uti possidetis* aux servitudes continues. La l. 8. 5. D 8.5, supposant le cas où une boutique a obtenu une servitude consistant dans le « jus immittendi fumum in superiora aedificia » décide que si le propriétaire de cette boutique est empêché d'user de sa servitude, il peut agir au possessoire par l'interdit *Uti possidetis* :

« Ergo per contrarium agi poterit, jus esse fumum immittere... Sed et interdictum Uti possidetis poterit locum habere, si quis prohibeatur qualiter velit suo uti. »

C'est, à ma connaissance, la seule preuve directe de l'application de l'interdit à une servitude continue et certainement urbaine. Des auteurs très considérables y ajoutent plusieurs textes, sans faire, je crois, suffisamment attention qu'en théorie du moins il faut les distinguer de celui que je viens de citer. Ce sont les lois 11. D. 43.16, l. 3. 2. 5. 6. 9. D. 43.17, la l. 5. 10. D 39. 1, que j'ai étudiées à l'occasion de la « vis contra edictum, » dans la détermination des éléments du trouble propre à fonder l'interdit[1]. Ces textes nous disent que la prétention à une servitude de ce genre peut constituer un trouble suffisant pour autoriser l'interdit : en un mot, ils nous montrent l'*Uti possidetis* comme servant à combattre ces servitudes, non à les protéger. Est-ce à dire qu'il faille se priver de l'appui de ces arguments? Assurément non : ces textes nous apprennent que la prétention à une servitude même continue « movet controversiam de possessione, » ce qui fonde l'interdit; et comme la procédure est double, comme elle suppose

_____
1. Joignez la l. 1.8. D. 43.3.

de part et d'autre des prétentions de même nature, l'intervention de l'*Uti possidetis* en matière de servitudes doit être réciproque et complète; et s'il est l'adversaire naturel des prétentions à une servitude de ce genre, il doit être aussi leur champion obligé. Ainsi la duplicité de la procédure nous indique que l'emploi de l'*Uti possidetis* pour les servitudes ne peut être unilatéral et partiel, et comme les textes nous parlent de cet emploi, il s'ensuit nécessairement qu'on doit reconnaître l'utilité réciproque et inverse de l'interdit, et de la sorte les textes précités nous apportent une preuve indirecte, mais certaine, de l'application de l'*Uti possidetis* aux servitudes.

Maintenant je ne fais aucune difficulté de reconnaître que la possession d'une servitude de ce genre, par exemple d'une servitude *altius non tollendi*, sera souvent équivoque : pour y prétendre, il ne suffira pas du simple fait de la non-élévation, et sans aller jusqu'à exiger une tentative fictive, qui serait ensuite réprimée, il faut que l'abstention du propriétaire du fonds servant soit appuyée sur une circonstance qui l'explique, la caractérise, serve en quelque sorte de *justa causa* pour le propriétaire du fonds dominant et justifie son *animus possidendi* [1]. Le résultat pratique de tout cela, c'est que bien souvent l'*Uti possidetis* sera refusé, et cela explique peut-être le silence de la l. 6.1, D. 8.5.

La procédure reste double, et l'on vient de voir qu'il y a grand intérêt à maintenir rigoureusement le principe. Seulement, par la force des choses, les *sponsiones* et le *judicium secutorium* se réduiront, et il n'y aura plus de *fructuum licitatio*. Je pense également, par analogie de ce qui se passe pour l'usufruit, Vat. 90 que l'interdit est donné *utiliter* et que la formule est modifiée [2].

---

1. Sav., p. 493, 494.
2. Compar. Machelard, p 212 s.; Bonjean, *des Actions*, II, p. 406; Witte, p. 112 s.

CHAPITRE III

L'INTERDIT « UTRUBI »

48. L'interdit *Utrubi* est celui qui protège la possession des meubles. C'était, comme l'*Uti possidetis*, un interdit prohibitoire et double. Il est aussi qualifié *retinendæ possessionis :* nous aurons à revenir sur ce point.

Autant Gaius nous expose en détail la procédure de l'*Uti possidetis*, autant il est bref sur l'*Utrubi*. Cependant il nous dit que c'est un interdit double [1], et nous devons conclure de son silence, même quant aux détails, que la procédure était semblable à celle de l'*Uti possidetis :* il y avait des *sponsiones* réciproques, suivies d'un *judicium secutorium* [2].

49. La formule de l'interdit nous est rapportée, peut-être incomplètement, dans un texte qui d'ailleurs a été altéré, la l. un. D. 43.31, en ces termes :

« Prætor ait : Utrubi hic homo, quo de agitur ; majore parte hujusce anni fuit, quominus is eum ducat, vim fieri veto. »

On a pensé que ce texte avait été tronqué, parce qu'il ne mentionne pas, au moins expressément, les vices de la

---

1. G. IV, 160.

2. M. Machelard, p. 226, agite la question de savoir si la *licitatio fructuum* peut trouver place ici, et décide, avec raison, je crois, en faveur de l'affirmative.

possession, qui devaient entrer dans la formule, comme dans celle de l'*Uti possidetis*. Mais il paraît bien, d'après un texte de Gaius, que la formule ne devait pas renfermer cette mention expresse. Gaius, IV, 150, nous dit, en effet, que l'interdit *Utrubi* n'est donné qu'à celui qui a une possession non vicieuse *ab adversario*, et il ajoute : « idque *satis* ipsis verbis interdictorum significatur, » ce qui semblerait indiquer que cette condition ne se trouvait qu'implicitement dans la formule. Le possesseur, nous dit Gaius, c'est-à-dire le possesseur non vicieux. D'ailleurs si Justinien avait altéré la formule, il faut bien convenir que sa modification n'eût pas été heureuse, car il aurait précisément conservé dans la formule la mention de la « major pars anni, » condition abrogée de son temps, et aurait effacé celle de l'exception *vitiosæ possessionis*, qui, sous Justinien, gouvernait l'*Utrubi* comme l'*Uti possidetis* et dans les mêmes termes.

En somme, l'interdit est accordé à celui qui a possédé la chose pendant la plus grande partie de l'année qui a précédé, et il va de soi qu'on ne considère comme possession valable que celle qui est exempte de violence, précarité ou clandestinité à l'égard de l'adversaire. Je n'ai pas à revenir sur les mots « nec vi nec clam nec precario ab adversario » : ils ont le même sens que dans l'*Uti possidetis ;* et je trouve dans Gaius et dans Paul la preuve que cette condition a toujours été exigée :

Gaius, IV, 150 : « Si vero de re mobili, eum potiorem esse jubet, qui majore parte ejus anni nec vi nec clam nec precario ab adversario possidet : idque satis ipsis verbis interdictorum significatur. »

Et Paul, S. R. V. 6.1 : « In altero vero (scil. in interdicto Utrubi) potior est qui majore parte anni retrorsum numerati nec vi nec clam nec precario possedit. »

Je me borne donc à l'analyse de ces mots : « major pars anni. »

50. *Major pars*. Il fallait avoir possédé pendant la majeure partie de l'année. Mais on ne doit pas prendre ce mot dans son sens matériel et absolu, et s'imaginer qu'il fût nécessaire d'avoir possédé plus de six mois dans l'année. Non : la *major pars* est relative, et bien que vous n'ayez possédé peut être que quelques jours, vous l'emporterez sur un adversaire qui aura possédé moins longtemps encore. C'est ce que dit la 1. 156. D. 50.16.

« Majore parte anni possedisse quis intelligitur, etiamsi duobus mensibus possederit, si modo adversarius ejus aut paucioribus diebus, aut nullis possederit. »

Il y a plus, et en vertu de la règle qui ne tient pas compte d'une possession vicieuse *ab adversario*, vous l'emporterez même sur un adversaire qui aura possédé plus longtemps que vous, si sa possession est vicieuse à votre égard. Enfin, ce qui contribuait beaucoup à atténuer la rigueur de cette condition, c'est qu'on pouvait joindre à sa possession celle de son auteur, qu'on lui eût succédé à titre universel ou à titre particulier. Gaius nous parle de cette jonction, accession de possessions, dans son Comment. IV, 151 :

« At in Utrubi interdicto non solum sua cuique possessio prodest, sed etiam alterius, quam justum est ei accedere : velut ejus, cui heres extiterit, ejusque a quo emerit, vel ex donatione aut dotis datione acceperit. Itaque si nostræ possessioni juncta alterius juxta possessio exsuperat adversarii possessionem, nos eo interdicto vincimus : nullam autem propriam possessionem habenti accessio temporis nec datur, nec dari potest ; nam ei, quod nullum est, nihil accedere potest. Sed et si vitiosam habeat possessionem, id est aut vi aut clam aut precario ab adversario acquisitam, non datur ; nam ei possessio sua nihil prodest. »

Ainsi pour avoir droit à l'*accessio possessionum*, il faut avoir soi-même une possession, si courte qu'elle soit, et l'on assimile à celui qui n'a pas de possession du tout, celui qui a une possession vicieuse *ab adversario*. L'héritier, par exemple, ne peut se prévaloir de la possession du défunt qu'autant qu'il est entré réellement lui-même en possession. On avait bien cherché à lui accorder l'*accessio possessionum* avant son entrée en possession matérielle ; mais Ulpien, dans la l. 13.4. D. 41.2, nous apprend que cette opinion n'avait pas triomphé :

« Quæsitum est, si heres prius non possederat, an testatoris possessio ei accedat. Et quidem in emptoribus possessio interrumpitur, sed non idem in heredibus plerique probant, quoniam plenius est jus successionis quam emptionis ; sed subtilius est, quod in emptorem et in heredem id quoque probari. »

Cette accession de possession, qui n'est pas à proprement parler une succession [1], mais la jonction de deux tronçons séparés, existe aussi dans la théorie de l'usucapion, de sorte qu'il peut se produire des doutes sur le point de savoir à laquelle des deux théories se rapportent les textes qui traitent de l'accession. C'est ainsi qu'un commentateur s'est égaré au point de croire que la l. 16. D. 41.3. parlait de l'*accessio possessionum* en matière d'usucapion :

« Servi nomine, qui pignori datus est, ad exhibendum cum creditore, non cum debitore agendum est, quia qui pignori dedit, ad usucapionem tantum possidet ; quod ad reliquas omnes causas pertinet, qui accepit, possidet ; adeo ut adjici possit et possessio ejus qui pignori dedit. »

La fin de la loi, si on la rapportait à l'usucapion, contredirait le commencement [2]. C'est peut-être aussi à notre matière que se rattache une loi bien connue, la l. 46. D. 24.1 :

« Inter virum et uxorem nec possessionis ulla donatio est. »

---

1. Il ne peut pas être question d'une *successio possessionum*, puisque la possession de l'un n'est pas la possession de l'autre. C'est ce que dit très bien le texte de la l. 13.4. D. 41.2 « possessio interrumpitur. »

2. Voir Rudorff sur Savigny, p. 661. Il est donc nécessaire de distinguer les deux accessions. (M. de Savigny, p. 184, n. 1, me paraît les confondre.)

Cette loi, qui ne refuse pas la possession à la femme, mais déclare simplement que la donation ne sera pas valable, et que par suite la femme possédera *pro possessore*[1] et non pas *pro donato*, cette loi, d'après des conjectures très vraisemblables, avait trait à l'*accessio possessionum* de l'interdit *Utrubi*, et indiquait que la femme ne pourrait pas joindre à sa possession celle de son mari. Gaius, IV, 151, nous dit qu'on peut seulement se prévaloir de la possession « quam justum est accedere » : ici cette condition n'aurait pas été remplie[2]. C'est aussi à l'interdit *Utrubi* que se rapporte la l. 13.7. D. 41.2, qui déclare que le concédant pourra, après rupture du précaire, joindre à sa possession celle du précariste[3].

Major pars anni. L'année est l'année actuelle, « retrorsum numeratus, » comme dit le texte des S. R. V. 6.1, c'est-à-dire l'année comptée en remontant dans le passé et prenant pour point de départ le moment de l'interdit.

51. Mais une difficulté se présente ici, comme dans l'interdit *Uti possidetis*. Pour triompher dans l'interdit, il faut avoir possédé pendant la majeure partie de l'année; ne faut-il pas aussi posséder encore, avoir la possession actuelle; en un mot l'interdit *Utrubi* est-il à la fois *retinendæ* et *recuperandæ possessionis* ou simplement *retinendæ possessionis?* Les mêmes raisons qu'on allègue contre la fonction récupératoire de l'*Uti possidetis*, se reproduisent ici[4]. Les textes nous le présentent constamment comme un interdit *retinendæ possessionis*[5]; et ceux qui parlent des moyens récupératoires ne le mentionnent pas. C'est ainsi qu'un texte déjà cité de Paul, S. R. V. 6.5, nous dit que, pour recouvrer la possession d'un navire, on a une action semblable à l'action *vi bonorum raptorum :*

1. L. 16. D. 41.2.
2. Sav., p. 80, n. 1.
3. Sav., p. 184, n. 1. Rudorff sur Sav., p. 629.
4. Voir dans le sens de cette opinion M. Meischeider (*Besitz*), p. 449.
5. G. IV, 148 ; Paul, S. R. V. 6. 1.

« De navi vi dejectus hoc interdicto (Unde vi) experiri non potest; sed utilis ei actio de rebus recuperandis, exemplo judicii vi bonorum raptorum datur; idemque de eo dicendum est, qui carruca aut equo dejicitur. »

Et Ulpien, dans un texte qui, me semble-t-il, n'a pas eu besoin d'être altéré par Justinien, la l. 1.6. D. 43.16, nous dit la même chose en ces termes :

« Illud utique in dubium non venit, interdictum hoc (Unde vi) ad res mobiles non pertinere ; nam ex causa furti, vel vi bonorum raptorum actio competit ; potest et ad exhibendum agi. »

Cependant cette opinion n'a rencontré que de très rares partisans, et de fait elle est bien moins soutenable que pour l'*Uti possidetis*. Déjà je puis invoquer les mêmes raisons et considérations que j'ai présentées à l'occasion de l'*Uti possidetis*, notamment la tendance des Romains à faire servir un même instrument à divers usages, et la formule même « nec vi nec clam nec precario ab adversario » qui, jointe à la duplicité de la procédure, nous montre, d'une manière irréfutable, que celui dont la possession sera atteinte de ce vice devra succomber devant l'adversaire qu'il a dépouillé. Les textes qui nous présentent l'*Utrubi* comme un interdit *retinendæ possessionis*, retracent sa fonction naturelle et normale, et ne font pas échec à la reconnaissance de la fonction récupératoire, qui n'est que subsidiaire. Enfin tout scrupule peut s'évanouir devant la fiction qui attribue au possesseur dépouillé la conservation de sa possession, lorsqu'il se trouve en face d'un adversaire vicieux [1]. Mais la fonction récupératoire de l'*Utrubi* se fonde encore sur des motifs particuliers à cet interdit. D'abord si l'on veut exiger là possession actuelle, au moins doit-elle suffire, comme dans l'interdit *Uti possidetis;* on ne comprend pas que la possession actuelle d'un meuble produise

____

1. Voir p. 67 s.

moins d'effet que celle d'un immeuble ; on ne peut pas se rendre compte de cette exigence nouvelle qu'il faut avoir possédé *majore parte anni* ; elle ne peut plus avoir aucun sens raisonnable. De plus, le refus de reconnaître la fonction récupératoire a des conséquences bien plus désastreuses encore dans l'*Utrubi* que dans l'*Uti possidetis*. On peut soutenir, et cela est vrai dans une certaine mesure, que l'*Unde vi* rend la fonction récupératoire de l'*Uti possidetis* inutile ; qu'il lui permet sans inconvénient de se renfermer dans son rôle d'interdit *retinendæ possessionis*. Mais les textes nous le disent de la façon la plus absolue. l'*Unde vi* ne s'applique pas aux meubles : « Illud útique in dubium non venit, interdictum hoc ad res mobiles non pertinere [1], » de sorte que, par une anomalie bizarre, on semble d'un côté protéger davantage la possession des meubles que celle des immeubles, puisque l'ancien possesseur n'aura véritablement perdu sa possession que lorsque son adversaire aura possédé plus longtemps que lui, et de l'autre on lui refuse tout moyen de reprendre cette possession que juridiquement il n'a pas encore perdue. On a essayé d'atténuer la gravité de cette objection, et M. de Savigny a cru voir un remède dans la l. 7. C. 8.4. Cette loi qui a pour objet de réprimer les violences, aurait étendu l'interdit *Unde vi* aux meubles, et fait disparaître ainsi l'inconvénient pratique de la première opinion. Mais, en admettant même ce remède, il serait bien tardif, puisque la l. 7. C. 8.4 est de l'an 389 ; il serait incomplet, car cette loi n'a trait qu'à la répression des violences, et vous laisse désarmés contre la perte de possession entachée de précarité et surtout de clandestinité, hypothèse bien plus importante et plus pratique pour les meubles que celle de la violence. En outre la l. 7. C. 8.4 n'avait certainement pas pour objet d'étendre aux meubles l'interdit *Unde vi*, et ce n'est qu'à l'aide d'un raisonnement dou-

---

1. L. 1.6, D. 43.16.

teux qu'on peut arriver à lui faire produire un effet analogue.

« Si quis in tantam furoris pervenerit audaciam, ut possessionem rerum apud fiscum vel apud homines quoslibet constitutarum anteventum judicialis arbitrii violenter invaserit, dominus quidem constitutus possessionem , quam abstulit, restituat possessori, et dominium ejusdem rei amittat. Sin vero alienarum rerum possessionem invasit, non solum eam possidentibus reddat, verum etiam æstimationem earumdem rerum restituere compellatur. »

Assurément le mot « res » est général et comprend les biens meubles, comme les biens immeubles ; et la prohibition de violence, qui dans le texte paraît bien restreinte aux immeubles (argument tiré du mot « invaserit ») doit raisonnablement s'étendre aux choses mobilières : celui qui a dépouillé violemment le possesseur d'un meuble devra restituer ce meuble, sans préjudice de la perte de sa propriété ou du payement de valeur égale, s'il n'en était pas propriétaire [1]. On arrive ainsi à un résultat pratique analogue à celui que produirait l'*Unde vi* ; cependant on ne peut pas, en bonne théorie, assimiler les deux moyens. D'ailleurs l'*Unde vi* nous est présenté même par les Instituts, comme limité aux immeubles : « Recuperandæ possessionis causa solet interdici, si quis ex possessione fundi vel ædium vi dejectus fuerit : nam ei proponitur interdictum Unde vi... » Enfin il est bien probable qu'à l'époque de Valentinien II et de Theodose l'*Utrubi* existait encore dans sa forme ancienne, et que ces empereurs ne durent pas songer à étendre l'*Unde vi* aux meubles puisqu'il aurait fait double emploi avec l'*Utrubi* [2]. Quoi qu'il en soit de ce remède incertain, il ne peut nous servir à l'époque classique ; les actions *furti, vi bonorum raptorum, ad exhibendum* ont leurs exigences et leurs conditions particulières : cependant on ne peut pas concevoir que

---

1. Inst. IV, 2,1. Compar Randa, p. 134, n. 22.
2. Bruns (*Besitz im Mittelalter*), p. 74, 76 ; (*Besitzklagen*), p. 177, 178.

les Romains aient attendu les derniers jours de la décadence impériale pour donner à un possesseur de meuble le moyen de reprendre sa possession perdue.

52. Mais il y a mieux, et la valeur récupératoire de l'*Utrubi* peut se démontrer directement par une application remarquable que les Romains en avaient faite, à propos de la loi Cincia *de donationibus*. Cette loi, on se le rappelle, n'avait pas eu en vue d'annuler les libéralités dépassant un certain taux et faites à personnes non exceptées ; mais, respectueuse des volontés d'un donateur, et à la fois observatrice profonde du cœur humain, elle jugeait que l'intention de se dépouiller n'était parfaite que lorsqu'elle avait été pleinement réalisée, qu'un donateur, qui n'avait pas absolument abandonné la chose en droit et en fait semblait avoir cherché à se ménager une porte de rentrée, s'être fait peut-être illusion sur les conséquences de sa libéralité ; et dès lors la loi lui fournissait, *exceptionis ope*, un moyen de reprendre cette chose qu'il n'avait donnée qu'en cédant à un mouvement irréfléchi, à un entraînement qu'il regrettait déjà. Pour les immeubles la mancipation suivie de tradition, ou la simple tradition, s'il s'agissait de fonds provinciaux, consommait irrévocablement la donation. Pour les meubles, il restait un remède. Même après la mancipation suivie de tradition pour les *res mancipi*, la simple tradition pour les *res nec mancipi*, tout n'était pas fini, et dans l'année, tant que la possession du donataire était moindre que celle du donateur, celui-ci pouvait reprendre sa chose à l'aide de l'interdit *Utrubi*. Le donataire lui imposait bien l'exception *rei donatæ et traditæ*, mais le donateur le réduisait au silence par la *replicatio legis Cinciæ*. Cette application, qui nous démontre péremptoirement la valeur de l'*Utrubi* comme interdit *recupe-rendæ possessionis*, nous est attestée par deux textes des fragments du Vatican les paragraphes 293 et 311.

« Rerum autem mobilium sive moventium, si excepti non fuistis, quæ mancipi sunt, usucapta vel mancipata, post vel antea majore tempore a vobis anni possessa, avocari non possunt ; nec mancipi vero, *traditione facta propter ejusdem interdicti potestatem*, similis possessionis probatio necessaria est. »

Ainsi une *res nec mancipi* a fait l'objet d'une tradition ; le donateur s'est dépouillé tout ensemble de la possession et de tout droit ; et cependant, à cause de l'interdit, la donation ne sera parfaite que si le donataire a possédé plus longtemps que le donateur. La même chose a lieu pour une *res mancipi*, seulement elle doit en outre avoir été usucapée ou mancipée, peu importe d'ailleurs le moment de la mancipation[1], qu'elle ait eu lieu avant ou après, « post vel antea. » le moment où le donataire aura possédé *majore parte anni* : il suffit que les deux conditions soient remplies, quel que soit leur ordre de date. Le paragraphe 311 répète la même idée en une formule plus concise et plus claire, si c'est possible :

« Sed in persona non excepti sola mancipatio vel promissio non perficit donationem. In rebus mobilibus, *etiamsi traditœ sint*, exigitur ut et *in interdicto Utrubi superior* sit is, cui donata est sive mancipi mancipata sit[2], sive nec mancipi tradita»[2].

53. L'interdit *Utrubi* est donc accordé contre toute personne qui, dans l'année présente, a possédé moins longtemps que vous, que vous soyez d'ailleurs, ou non, en possession actuelle. Les vices de la possession n'ont plus ici qu'une importance secondaire ; ils ne servent qu'à paralyser à votre égard une possession plus longue : ils ne sont plus, comme dans l'*Uti possidetis*, le fondement même de l'interdit. L'*Utrubi* a donc une nature spéciale : ce n'est plus une action *ex delicto* : c'est

1. Je rapporte ces mots « post vel antea » à la mancipation seulement ; car l'usucapion *des res mancipi* demandait deux années, et il est évident que le moment où on pouvait intenter valablement l'interdit ne pouvait suivre l'usucapion.

2. La loi suppose que la mancipation a été suivie d'une tradition.

3. Sav., p. 417, 418 ; Bruns (*Besitzklagen*), p. 169 s.; Machelard, p, 230 s.; Bonjean, *Actions*, t. II, p. 405.

véritablement une action réelle qu'on peut intenter contre tout
le monde : c'est une revendication de la possession. Aujourd'hui aussi la possession des meubles est traitée différemment de celle des immeubles, et quoique notre article 2279 C.
semble avoir pris le contre-pied de la théorie romaine, il dérive
néanmoins du même principe. On attache plus d'efficacité à la
possession des meubles qu'à celle des immeubles : l'expérience
a montré qu'elle fait davantage présumer la propriété. Seulement pour protéger cette possession, les Romains ont armé le
possesseur d'un meuble, au cas où il viendrait à en être
dépouillé, d'un droit plus général et plus étendu que celui qui
était accordé au possesseur d'un immeuble ; et dans des vues
identiques, bien que conduisant à un résultat opposé, les
auteurs de notre Code civil, sous l'empire de considérations
économiques, ont, dans la majorité des cas, désarmé même
le propriétaire.

Toujours est-il que cette théorie s'écartait de la conception
ordinaire des interdits ; elle dérangeait la symétrie et les idées
reçues ; et à ce titre devait choquer tout ensemble, la pratique
et les jurisconsultes romains ; si bien que, peu à peu, par une
transformation lente, on tendit à assimiler l'*Utrubi* à l'*Uti possidetis*, et Justinien nous rapporte que, de son temps, l'assimilation était un fait accompli. On a même cru pouvoir lui imputer
à lui-même la responsabilité de cette réforme ; mais ce prince,
n'ayant pas l'habitude de présenter ses innovations sans les
annoncer, au préalable, en un langage aussi majestueux que
diffus, on en peut tirer la conclusion presque certaine que
l'innovation existait avant lui, et qu'il n'a fait que la confirmer. C'est ce que nous indique suffisamment, je crois, la sim-
plicité de formule employée. Voici les paroles qu'il met dans la
bouche d'Ulpien, dans la l. un.1. D. 43.31 [1] :

---

1. Ce texte est évidemment altéré, puisque les S. R. de Paul, qui était contemporain d'Ulpien, nous montrent l'*Utrubi* dans sa forme primitive.

« Hoc interdictum de possessione rerum mobilium locum habet ; sed obtinuit vim ejus exæquatam fuisse Uti possidetis interdicto, quod de rerum soli competit ; ut is et in hoc interdicto vincat, qui nec vi nec clam nec precario, dum super hoc ab adversario inquietatur, possessionem habet. »

Les Institutes, IV, 15.4ᵃ, nous disent :

« Hodie tamen *aliter observatur ;* nam utriusque interdicti potestas quantum ad possessionem pertinet, exæquata est, **ut** ille vincat et in re soli et in re mobili, qui possessionem nec vi, nec clam, nec precario ab adversario litis contestationis detinet. »

Et la paraphrase de Théophile : ταυτα μεν παλαιον · σημερον δε ετερως ταυτα παραφυλαττεται, ουδεμιας διαφορας των ιντερδικτων φυλαττομενης.

L'assimilation de l'*Utrubi* à l'*Uti possidetis* est, ainsi que je l'ai déjà indiqué, une preuve de la fonction récupératoire de l'interdit *Uti possidetis.* On comprend que la pratique ait voulu ôter à l'*Utrubi* ce caractère d'action réelle qui sortait des idées romaines en matière d'interdits ; qu'elle ait cherché à restreindre son application comme interdit *recuperandæ possessionis,* surtout quand il s'agissait de l'intenter contre un tiers de bonne foi ; on ne concevrait pas qu'elle lui eût retiré toute valeur récupératoire, alors que la l. 7. C.8.4 n'eût réparé cette perte que d'une façon très insuffisante.

CHAPITRE IV

DES AUTRES ACTIONS QUI COMPLÉTAIENT A ROME LE SYSTÈME PROTECTEUR DE LA POSSESSION

54. J'ai terminé l'étude des deux interdits qui formaient le sujet spécial de mon travail. Seulement, comme j'ai l'intention d'aborder maintenant l'étude des actions possessoires dans leur ensemble, telles que le droit romain nous les a livrées, de les suivre pendant l'époque troublée du moyen âge, pour aboutir enfin aux actions possessoires modernes, il est nécessaire de dire quelques mots des autres interdits possessoires et de traiter au moins brièvement ce fameux *interdictum generale* de Cujas ou action *momentariæ possessionis*, qui, au dire de certains commentateurs, aurait réuni en elle les autres interdits et aurait été le moyen possessoire par excellence.

J'ai déjà eu l'occasion de toucher à l'*Unde vi*. J'ai dit qu'il n'était donné qu'au possesseur, et n'avait jamais été appliqué aux meubles. Il y avait deux autres conditions : la première, qui a donné lieu à des discussions à perte de vue, était que la violence commise devait aller jusqu'à la dépossession. Mais il n'était pas nécessaire, pour autoriser l'interdit, qu'il y eût eu, en réalité, des violences commises : suivant l'expression imagée d'un auteur, il n'était pas nécessaire, pour y avoir droit, de porter au préteur sa tête ensanglantée ; une crainte sérieuse et justifiée pouvait motiver la dépossession et fonder l'*Unde vi*. Enfin, l'interdit ne pouvait être intenté que contre l'auteur même de la violence ; son successeur à titre particulier n'en était pas tenu, et l'héritier lui-même ne l'était que dans la mesure de son enrichissement [1]. Ce principe, très rationnel, est important à noter, à cause des dérogations que nous y trouverons plus tard. — En revanche, l'auteur de la violence demeurait tenu de l'interdit, même en admettant qu'il eût cessé d'être en possession ; il devait compte à celui qu'il avait dépouillé même des choses dont il n'était que simple détenteur, et les risques étaient à sa charge [2].

Je ne citerai que pour mémoire l'interdit *de precario*, dont le caractère possessoire est contesté [3], et l'interdit *de clandestina possessione*, dont l'existence même n'est pas certaine [4], et qui, de toute façon, dût devenir inutile, dès qu'on admit la conservation *animo solo* de la possession des immeubles.

55. Enfin, il y a d'autres actions qui, sans être fondées sur la possession, la protègent cependant, et peuvent, *lato sensu*, être qualifiées d'actions possessoires. Ces actions, les *condictiones possessionis*, ont été signalées et développées par M. Bruns, dans son ouvrage *das Recht des Besitzes im Mittelalter*, et ensuite dans ses *Besitzklagen*. Une personne a été dépouillée de sa possession. Dans bien des cas, elle aura à sa disposition l'interdit *Unde vi*, même, dans mon opinion, les interdits *retinendæ possessionis* ; mais, en outre, l'usurpateur s'est injustement enrichi de cette possession, et, d'après le

---

1. L. 3.10. D. 43.17. L. 1.48. L. 2. L. 7. D. 43.16.

2. L. 1. pr. 33.34. D. 43.16.

3. Comp. sur le précaire Machelard, p. 261 s.; Sav., p. 458 s.; et spécialement sur l'interdit, Witte, p. 41; Randa, p. 135 s.; Bruns (Besitzklagen), p. 180 s.

4. Witte, p. 45 et n. 30. Le seul texte où cet interdit soit mentionné est la l. 7.5. D. 10.3 ; mais je crois bien difficile de l'expliquer sans admettre l'existence de l'interdit.

principe, posé dans la célèbre l. 206. R. J., que nul ne peut s'enrichir aux dépens d'autrui, il devra restituer cette possession ; de sorte que, concurremment aux interdits, vous avez une *condictio* fondée sur l'enrichissement, comme toutes les *condictiones sine causa*. On peut se demander si, dans le cas où on a également la ressource de l'interdit, les deux actions se cumulent ? L'interdit, nous l'avons vu, est une action mixte, pénale pour partie, pour partie *rei persecutoria* ; la *condictio* est une action *rei persecutoria*. Si donc on a intenté d'abord l'interdit, on ne peut plus prétendre à la *condictio* ; mais si on a commencé par la *condictio*, on peut encore intenter l'interdit pour obtenir le surplus , c'est-à-dire la partie pénale de la condamnation. J'applique ici, par analogie, les l. 7. 1. D. 13.6, et l. 34.2. D. 44.7. La première dit :

« Si adversus ipsum (le commodataire) habuit Aquiliæ actionem commodator, æquissimum est, ut commodati agendo remittat actionem, nisi forte quis dixerit agendo eum e lege Aquilia hoc minus consecuturum quam ex causa commodati consecutus est ; quod videtur habere rationem. »

Et la l. 34.2. D. 44.7 : « ..... Post legis Aquiliæ actionem, utique commodati finietur. Post commodati, an Aquiliæ remaneat in eo quod in repetitione triginta dierum amplius est, dubitatur ; sed verius est remanere, quia simplo accedit, et simplo subducto locum habet [1]. »

Si la *condictio* concourt parfois avec l'interdit, elle est donnée dans bien des cas où l'interdit ne peut pas être intenté. L'interdit est une action *ex delicto*, basée sur une atteinte à la volonté d'un possesseur que l'on a troublé ou dépouillé malgré lui. S'il a consenti à se laisser déposséder sous l'empire du dol, de l'erreur ou de la crainte (en admettant d'ailleurs que cette crainte ne constitue pas la « vis contra edictum »), il ne

---

1. Le texte porte « locum non habet, » mais la suppression de la négation est une correction déjà faite par Cujas, et d'ailleurs commandée par la raison.

peut être question d'un interdit, mais on a toujours la ressource de la *condictio sine causa*[1]. Dans le cas de crainte, l'action « quod metus causa » peut encore être donnée ; enfin les textes nous rapportent un exemple de la « Restitutio in integrum » appliquée à la possession. Ces actions viennent donc compléter le système protecteur de la possession, et aboutissent à un résultat pratique analogue à celui des interdits. C'est ce que constatait Ulpien dans la l. 1.4. D. 43.17.

« Et, ut Pedius ait, omnis de possessione controversia aut eo pertinet, ut quod non possidemus, nobis restituatur, aut ad hoc, ut retinere nobis liceat quod possidemus. Restitutæ possessionis ordo aut interdicto expeditur aut *per actionem.* Retinendæ itaque possessionis duplex via est, aut exceptio, aut interdictum; exceptio datur ex multis causis ei qui possidet. »

Mais il ne faut pas s'y tromper ; en théorie ces actions se distinguent absolument des interdits. Elles ne sont pas fondées sur la possession ; elles n'ont pas, à proprement parler, la possession pour objet ; elles sont uniquement basées sur l'enrichissement. L'interdit protège la possession, la *condictio,* M. Bruns le reconnaît lui-même, protège le patrimoine[2]. Seulement elle a pu servir à combler certaines lacunes que présentait la théorie des interdits possessoires, et qui furent maintenues même sous les empereurs[3].

Il me reste enfin à citer les textes qui parlent de ces actions. D'abord, pour la *condictio*, la l. 2. D. 13.3, dit :

« Sed et ei, qui vi aliquem de fundo dejecit, posse fundum condici Sabinus scribit ; et ita et Celsus. Sed ita, si dominus

---

1. On peut aussi supposer que la loi prohibe une certaine manifestation de volonté, comme par exemple la donation entre époux.

2. Quant à la valeur de la possession, v. les l. 3.11. D. 43.17 et l. 6. D. 43.16.

3. Bruns (Besitz im Mittelalter), p. 27 s. ; (Besitzklagen), p. 185 s. ; Rudorff sur Sav., p. 709 s. ; Meischeider, p. 71 s; Randa, p. 8 ; Ihering, p. 96 et n. 101.

sit, qui dejectus condicat; ceterum si non sit, possessionem eum condicere Celsus ait. »

L. 25, pr. 1. D. 47.2 : « Verum est quod plerique probant, fundi furti agi non posse. Unde quæritur, si quis de fundo vi, dejectus est, an condici ei possit, qui dejecit. Labeo negat, sed Celsus putat posse condici possessionem, quemadmodum potest re mobili surrepta. »

L. 15.1. D. 12.6 : « Sed et si nummi alieni dati sint, condictio competet, ut vel possessio eorum reddatur, quemadmodum, si falso existimans possessionem me tibi debere alicujus rei, tradidissem, condicerem. Sed et si possessionem tuam fecissem [1], ita ut tibi per longi temporis præscriptionem avocari non possit, etiam sic recte tecum per indebitam condictionem agerem. »

L. 19.2. D. 43.26 : « Quum quid precario rogatum est, non solum interdicto uti possumus, sed et incerti condictione, id est, præscriptis verbis [2]. »

Dans le cas d'une volonté formellement exprimée, mais que la loi ne reconnaît pas comme valable, la l. 6. D. 24.1 :

« Quia quod ex non concessa causa donatione retinetur, id aut sine causa, aut ex injusta causa retineri intelligitur; ex quibus causis condictio nasci solet. »

Pour l'action *metus*, la l. 9 pr. D. 4.2 *in fine :*

« Sed et si per vim tibi possessionem tradidero, dicit Pomponius huic Edicto locum esse. »

Et la loi 21.2 h. t. : « Qui possessionem non sui fundi tradidit, non quanti fundus, sed quanti possessio est, ejus

---

1. Si « j'ai fait la possession *vôtre*, » la *prescriptio longi temporis* devient bien superflue. Aussi des éditions lisent-elles « fecisses. » Mais je serais porté à admettre la conjecture de M. Rudorff (sur Sav., p. 710, n. 1), d'après laquelle le texte aurait été altéré, et Paul y aurait fait mention, non pas de la *presscriptio longi temporis*, mais de l'*Utrubi*.

2. Ces mots « id est, præscriptis verbis » ont certainement été ajoutés par Justinien. Voir Machelard, p. 282.

quadruplum vel simplum cum fructibus consequetur; æsti-
matur enim quod restitui oportet, id est quod abest;
abest autem nuda possessio cum suis fructibus; quod et
Pomponius. »

Enfin la *restitutio in integrum* est mentionnée dans la
l. 23.2. D. 4.6 :

« Item ei, qui per captivitatem fundi possessionem, vel
ususfructus quasi possessionem amisit, succurrendum esse
Papinianus ait. »

56. Je reviens maintenant à la théorie possessoire proprement
dite et restreinte aux interdits. Il est aisé de voir que cette
théorie présente des lacunes que les *condictiones* peuvent
combler, mais à l'aide de principes différents. On a cherché
alors à trouver dans la théorie même des interdits une action
possessoire générale, qui comprît tous les cas de trouble et de
dépossession, et pût, par là même, servir de passage et de
transition aux actions possessoires du moyen âge. Cette action,
que l'on désigne sous le nom d'action « momentariæ possessionis » ou « interdictum generale, » d'après Cujas, qui en
fut le plus grand promoteur, contestée par M. de Savigny,
a reparu sous les auspices de M. Ihering [1]. Frappé des
défauts de la théorie romaine, qui voyait dans l'interdit, moins
la protection de la possession que la répression d'une sorte de
délit, et, par une conséquence logique, ne songeait à protéger
la possession que dans certaines hypothèses spéciales, et seulement contre certaines atteintes arbitraires qu'elle ne voulait
pas tolérer (« nec vi nec clam nec precario ab adversario, »)
M. Ihering a cherché à démontrer que cette théorie s'était
modifiée et élargie dans le droit impérial, pour arriver à un
système ayant pour objet véritable, direct et immédiat la protection de la possession, quelles que fussent les atteintes portées à cette possession et indépendamment de leur caractère

1. P. 105.

plus ou moins délictueux. C'est là un point de vue nouveau, très rationnel, je le reconnais, et qui inspire notre droit moderne; mais je doute fort que telles aient jamais été les idées romaines.

Pour attester ce changement dans les idées romaines, M. Ihering invoque des expressions nouvelles, des textes généraux qui semblent bien créer ou reconnaître une nouvelle action. Il n'est plus question d'interdits, et ce n'est que par un souvenir lointain, par un respect exagéré des anciennes traditions que l'action est qualifiée, bien rarement d'ailleurs, « actio ad exemplum interdicti. » Au contraire, nous voyons surgir ces expressions : « Actio momenti, » l. 6, Code théodosien, 4.22 ; « interdictum momentariæ possessionis, » l. 8. Code théod., 2.1, et au Code de Justinien : « interdictum momentariæ possessionis », l. 8. C. 8.4 ; actio momentaneæ possessionis, » l. 3. C. 3.6.

Cette différence dans le langage correspond à une différence dans la réalité. Deux innovations caractérisent l'action « momentariæ possessionis ; » elle est devenue une action populaire; la violence n'est plus requise.

Elle est devenue une action populaire. C'est ce que nous dit la l. 3. C. 3.6 : « Momentaneæ possessionis actio exerceri potest per *quamcumque personam.* »

Ce texte n'a pas besoin de commentaire.

La violence n'est plus requise pour fonder l'action. C'est ce que nous disent d'abord des textes généraux.

La rubrique du L. 8, t. 5, au Code : « Si per vim *vel alio modo,* absentis perturbata sit possessio. » Et la distinction entre les anciens principes, qui basaient l'interdit sur la violence, et les nouveaux, qui donnent à l'action une portée absolue, se trouve formellement exprimée dans la l. un. C. 3.16 : « Ubi *aut vis* facta dicitur, *aut momentaria possessio* postulanda est. » Ainsi on nous signale deux applications de l'action possessoire, la première correspondant à l'ancien interdit, et qui suppose la violence ; la deuxième tout à fait générale et dégagée de toute idée de délit[1].

La l. 5. C. 8.4 : « Invasor locorum pœna teneatur legitima, si tamen *vi* loca eumdem invasisse constiterit. Nam si *per errorem aut incuriam* domini loca ab aliis possessa sunt, sine pœna possessio restitui debet. »

Voilà de nouveau la distinction faite entre le cas de violence et les autres, et elle est même précisée avec soin, « per errorem aut incuriam. » M. de Savigny[2] a cherché à détourner l'argument que fournit cette loi et, se fondant sur le mot « domini, » a donné à entendre qu'il s'agissait ici d'une revendication et non pas d'une action possessoire. A quoi M. Ihering répond que tout démontre au contraire qu'il s'agit de la possession. D'abord la rubrique du titre « Unde vi » dans lequel la loi a été placée ; puis les expressions non équivoques « invasor ..., invasisse loca ..., loca possessa ..., possessio restitui. » Quant à l'expression « domini, » elle a ici le sens de « possessoris », et cela n'a rien d'étonnant dans la théorie romaine, — surtout dans la théorie romaine de M. Ihering,— où la possession n'est que le signe caractéristique, la position avancée de la propriété, et où la vraie définition du possesseur est « omnia ut dominum gessisse[3]. » La confusion des deux mots « possessor » et « dominus » est donc toute naturelle.

La l. 8. C. 8.4 : « Momentariæ possessionis interdictum, quod non semper ad vim publicam pertinet vel privatam, mox audiri, interdum etiam sine inscriptione meretur. »

Ainsi la nouvelle action ne suppose pas toujours la violence ni publique ni même privée ; aussi n'est-elle pas forcément accompagnée d'une accusation *ex lege Julia de vi*, qui cependant,

---

1. Il est bien évident que l'action *momentariæ possessionis* comprend aussi la première hypothèse, celle de l'interdit. Cela ressort aussi de la l. 8. C. 8.4. Compar. Ihering, p. 109, n. 111.

2. P. 467,

3. L. 2. C. 7.32.

d'après M. Ihering, accompagne toujours l'interdit *Unde vi*[1].

M. Ihering pénètre ensuite dans les détails, et nous signale quatre nouveaux cas d'application de l'action *momentariæ possessionis*, et que n'admettait pas l'ancien interdit : l'erreur[2], la déloyauté du représentant, les abus de pouvoir de l'autorité, les usurpations de biens possédés par des absents.

I. — Le cas de l'erreur. Il est prévu en termes exprès par la l. 5. C. 8.4 :

« Nam si per errorem aut incuriam domini loca ab aliis possessa sunt, sine pœna possessio restitui debet. »

Nous avons vu que M. Ihering traduit le mot « domini » par « possessoris ; » d'ailleurs la loi lui paraît absolument formelle. Un seul point nécessite une explication, c'est celui de savoir quelle est la personne dont l'erreur est visée. Ce ne peut être l'usurpateur, car Justinien n'admet pas une erreur de ce genre : Il nous le dit dans la l. 11. C. 8. 4 :

« Ridiculum etenim est dicere vel audire, quod per ignorantiam alienam rem quasi propriam occupaverit. »

Il s'agit donc de l'erreur ou de la négligence « error vel incuria » de celui qui a été dépouillé. Cette erreur, cette négligence auraient été impuissantes à fonder l'interdit ; mais elles sont une base suffisante à l'action *momentariæ possessionis :* cette action est accordée dans tous les cas où une personne perd sa possession contre sa volonté.

II.— Le cas d'infidélité de l'administrateur ou représentant. Dans l'ancien droit romain il y avait controverse sur le point de savoir à quel moment la possession était perdue par le fait du représentant qui l'exerçait[3]. Mais une fois le possesseur

---

1. Ihering, p. 111.

2. Nous allons voir de qui.

3. Voir Savigny, p. 367 s. J'aurai l'occasion de revenir sur cette obscure controverse. Je laisse de côté la perte de possession par le fait du représentant qui veut se l'approprier lui-même « Verlust an den repræsentanten, » et qui se heurtait contre la règle « nemo sibi causam possessionis mutare potest. » Voir Sav., p. 363 s.

dépouillé par l'intermédiaire de ce détenteur, la loi ne lui accordait pas l'interdit contre le tiers qui s'était mis ou avait été mis en possession. L'action *momentariæ possessionis* au contraire lui fournit cette protection nécessaire. M. Ihering voit le premier germe de cette application dans la l. 6.1. C. 8.4. Un tuteur a livré à un tiers une possession qui appartenait à son pupille : la loi dit que l'infidélité du tuteur ne doit pas nuire au pupille, et que la possession doit lui être restituée immédiatement, « illico quidem possessio ei, a quo est ablata, reddatur...» « ...id ut eosdem non atterat damno culpa temeritatis alienæ[1]. »

Déjà Dioclétien avait posé en principe que le fermier, plus généralement le détenteur pour autrui, ne pouvait, par son fait, empirer la condition du possesseur, l. 5. C. 7.32 :

« Quum nemo causam sibi possessionis mutare possit, proponasque, colonum nulla extrinsecus accedente causa ex colendi occasione ad iniquæ venditionis vitium esse prolapsum, præses provinciæ, inquisita fide veri, dominii tui jus convelli non sinet. »

Il s'agit bien de la possession, nous dit M. Ihering : c'est ce que prouvent surabondamment, et la rubrique du titre « de acquirenda et retinenda possessione, » et la mention de la règle « nemo sibi causam possessionis mutare potest. » Le mot « domini » s'explique comme le mot « dominus » de la l. 5. C. 8.4 ; et M. Ihering insiste sur la banalité d'une explication contraire : il serait naïf de constater que le détenteur ne peut pas, pas son fait, enlever au propriétaire son droit de propriété.

Justinien a réuni et généralisé ces principes dans la l. 12. C. 7.32, qui déclare que l'infidélité de tout représentant, à l'égard d'un possesseur quelconque, sera impuissante à lui porter préjudice ; en d'autres termes, lorsque ce détenteur dé-

---

1. Je ne cite pas ici l'ensemble de la loi, qui contredit trop manifestement l'explication de M. Ihering : d'ailleurs j'y reviendrai.

loyal aura abandonné ou livré la possession, le tiers usurpateur sera tenu de la restituer au possesseur dépouillé par l'action *momentariæ possessionis* :

«.... Ut sive servus, sive procurator vel colonus, vel inquilinus, vel quispiam alius, per quem licentia est nobis possidere, corporaliter nactam possessionem cujuscumque rei dereliquerit vel alii prodiderit desidia forte aut dolo, ut locus aperiatur alii eamdem possessionem detinere, nihil penitus domino præjudicii generetur, ne ex aliena malignitate alienum damnum emergat. »

III. — Les ordres illégaux de l'autorité. La l. 3. C. 3.6 suppose qu'une personne a réussi à tromper l'autorité, et a obtenu un ordre en vertu duquel elle a pu se mettre en possession d'un bien[1]. Cette prise de possession en vertu d'un ordre illégal donnera lieu à l'action *momentariæ possessionis* :

« Momentaneæ possessionis actio exerceri potest per quamcumque personam. Sub colore autem adipiscendæ possessionis obreptitia petitio alteri obesse non debet, maxime quum absque conventione personæ legitimæ initiatum jurgium videatur. Nihil autem opitulatur conventio circa minorem habita, quum id rectius circa tutorem debuerit custodiri. »

Le même principe est reproduit dans la l. 2. C. 8.5 :

« Nec imperiale responsum, quod supplicatio litigatoris obtinuit, nec interlocutio cognitoris ex quacumque parte innovare possessionis statum eo qui rem tenet, absente permittitur, quia negotiorum merita partium assertione panduntur. »

Et ce cas est compris dans la rubrique même du titre : « Si per vim *vel alio modo* absentis perturbata sit possessio. » C.8.5.

IV. — Le cas d'usurpation des biens d'un absent. Justinien déclare que ceux qui se seront mis en possession des biens

---

1. Je ne suppose pas qu'il y ait eu violence. Dans le cas de violences commises sur un ordre injuste, illégal de l'autorité, je crois que l'interdit *Unde vi* aurait été applicable, par argument d'analogie tiré de la l. 3.1. D. 4.2. Voir Ihering lui-même, p. 118, n. 122.

d'un absent, sans une sentence du juge, seront assimilés aux « prædones; » et à défaut de l'*Unde vi*, qui ne peut procéder en l'absence de violence, ils seront soumis à l'action *momentariæ possessionis*, qui durera trente ans, date de l'usurpation, c'est-à-dire sera perpétuelle, au sens que l'on doit attacher à ce mot depuis la constitution de Théodose le Jeune (l. 3. C. 7.39).

« Quum quærebatur, inter Illyricianam advocationem, quid fieri oporteret propter eos qui vacuam possessionem [1] absentium sine judiciali sententia detinuerunt, quia veteres leges nec Unde vi interdictum, nec quod vi aut clam vel aliam quamdam actionem ad recipiendam talem possessionem definiebant, violentia in ablatam possessionem minime præcedente, nisi domino tantummodo in rem actionem exercere permittentes, nos non concedentes aliquem alienas res vel possessiones per suam auctoritatem usurpare, sancimus, talem possessorem uti prædonem intelligi et generali jurisdictione ea teneri, quæ pro restituenda possessione contra hujusmodi personas veteribus declarata sunt legibus... His videlicet, quæ super recipienda possessione a nobis disposita sunt, locum habentibus, si non ex die, ex quo possessio detenta est, triginta annorum excesserunt curricula. »

Ainsi, dit M. Ihering, les Romains arrivèrent à une notion semblable à celle de l'action *spolii* du moyen âge. Toute dépossession injuste, de quelque manière qu'elle se produise, doit servir de base suffisante à l'action en restitution : cela est juste, rationnel et logique ; si la possession mérite d'être protégée, pourquoi faire des distinctions ?

57. Seulement je ne crois pas que telles aient jamais été les idées des Romains. Je suivrai, en général, dans ma réfutation l'exposé si scrupuleux de M. Bruns, dans ses Besitzklagen [2], en

---

1. Il s'agit de savoir ce que veut dire cette « vacua possessio ». J'y reviendrai.

2. P. 84 s. M. Bruns adopte une méthode rigoureusement chronologique, ce

ayant soin d'indiquer les points sur lesquels j'ai un sentiment différent du sien.

M. Bruns observe d'abord que le langage des jurisconsultes et même des empereurs ne dénote à aucune époque ces innovations dont on parle. Ulpien et Paul, le *Digeste* en un mot, nous montrent l'interdit *Uti possidetis*, l'interdit *Unde vi* dans leur forme classique. La suppression du système formulaire sous Dioclétien ne toucha pas aux conditions et aux caractères particuliers des interdits ; et les lois contemporaines de ce prince ou même postérieures à lui nous parlent d'actions données *ad exemplum interdicti*. Ainsi Dioclétien dans la l. 3. C. 8.1 :

« Interdicta autem, licet in extraordinariis judiciis proprie locum non habent, tamen ad exemplum eorum res agitur. »

Le même Dioclétien dans les lois 2 et 4. C. 8.4 :

« Vi pulsos restituendos esse interdicti exemplo. — Si de possessione vi dejectus es, eum et legis Juliæ vis privatæ reum postulare, et ad instar interdicti Unde vi convenire potes. »

Et Justinien lui-même nous dit, Inst. IV, 15.8 :

« De ordine et veteri exitu interdictorum supervacuum est hodie dicere : nam quotiens extra ordinem jus dicitur, qualia sunt hodie omnia judicia, non est necesse reddi interdictum ; sed perinde judicatur sine interdictis, atque si utilis actio ex causa interdicti reddita fuisset. »

Il est vrai que, malgré la persistance des anciennes expressions, et concurremment avec elles, nous en voyons apparaître de nouvelles. Le mot « momentum » vient souvent remplacer

qui lui permet d'examiner les périodes successives du droit romain, de réfuter à mesure les assertions de M. Ihering, et de démontrer péremptoirement qu'à aucune époque la transformation des idées ne s'est opérée comme le soutient M. Ihering. Tout en conservant cet ordre, je m'efforcerai de grouper les lois de manière à établir plus de concordance avec la division de M. Ihering. — Compar. Randa, p. 133, 134, n. 18, 19, 20 ; Sav., p. 466 s. ; Meischeider, p. 463 s.

le mot « possessio, » et le terme « actio momenti » est employé pour désigner l'action possessoire. Le *momentum*, c'est le moment, c'est-à-dire la possession du moment ; on peut aussi le traduire par l'avantage attaché à la possession, qui bientôt s'identifie avec la possession elle-même [1] ; d'où l'action *momenti*. Ces expressions se trouvent surtout dans le Code théodosien. Au Code de Justinien on trouve plutôt les termes « momentaria ou momentanea possessio, » « actio momentariæ ou momentaneæ possessionis, » ce qui peut s'entendre en deux sens également raisonnables, ou bien en traduisant le mot « momentaria possessio » par «possession avantageuse, » c'est-à-dire non vicieuse, et par suite susceptible de donner l'action possessoire, ou bien en le traduisant simplement par « la possession du moment, » par opposition à la *possessio longi temporis* exigée en matière de prescription. De toute manière, ces expressions ne touchent pas au fond du droit. Il n'y a plus à proprement parler d'interdits ; c'est pour cela qu'on emploie le mot *actio* [2], mais l'action est demeurée *ad exemplum interdicti*, et le mot *momentum* est simplement employé comme synonyme et équivalent du mot *possessio*. L'expression « momentaria possessio » est une dérivée de la première.

Voici quelques textes où se trouvent les expressions nouvelles :

La l. 1. C. 8.5 qui est de Constantin, et datée de l'année 326: « actio recuperandæ possessionis. »

La l. un. C. 6.16, de Valentinien, en 366 : «Ubi aut vis facta dicitur, aut momentaria possessio postulanda est... »

---

1. Sans vouloir établir de préférence absolue, j'ai cru trouver le deuxième sens dans la l. un C. 7.69. «.Quum de possessione et *ejus* momento causa dicatur. » (Comp. aussi la l. 2, Code théod. 9.19). Il est vrai que dans le Code théodosien, l. 1. C. théod. 11.37, le mot « ejus » ne se retrouve pas. Conf. Bruns (Besitzklagen), p. 88.

2. Et encore je retrouve le mot «interdictum» dans la Constitution 8. C. 8.4. qui est d'Arcadius et date de 395 : « Momentariæ possessionis interdictum. » L'expression est la même au Code théod., 2.1. l. 8.

La l. 8, Code théod. 2.1, qui forme aussi la l. 8. C. 8.4, et date de 395. « Momentariæ possessionis interdictum. »

La l. 4. Code théod. 4.22, d'Arcadius, 396 : « Si perturbatus possessionis status sit, ad repetendum momentum redintegrationemque fortunæ etiam servis præbeatur facultas. »

La l. 6, Code théod. 4.22, d'Honorius, 414 : Momenti actio exerceri potest per quamcumque personam. » Le Code de Justinien 3.6. l. 3 porte. « Momentaneæ possessionis actio. »

On ne peut donc rien induire des changements qui se sont opérés dans le langage. Voyons maintenant si le contenu des textes nous révèle en effet cette innovation importante d'une action possessoire générale et absolue.

M. Ihering trouve deux caractères nouveaux à l'action *momentariæ possessionis* : C'est une action populaire : la violence n'est plus requise.

C'est une action populaire. Et la preuve s'en trouve dans la l. 3. C. 3.6 : « Momentaneæ possessionis actio exerceri potest per quamcumque personam. »

Mais ici, comme d'ailleurs dans tout le cours de sa démonstration, M. Ihering a eu, qu'on nous permette de le dire, le tort d'isoler une phrase et de ne pas se rappeler assez ce principe de droit : « Incivile est nisi tota lege perspecta, una aliqua particula ejus proposita judicare vel respondere [1]. » Il s'agit ici, non pas d'une personne quelconque, mais des biens d'un absent, ce qui ressort de l'espèce posée par la loi, et d'ailleurs de ces termes « maxime quum absque conventione personæ legitimæ initiatum jurgium videatur. » Le texte doit donc être restreint aux biens d'absents, et son explication rentre dans le paragraphe qui y sera consacré. Sans vouloir anticiper sur cette explication, je ferai observer que la loi dit simplement que, dans l'hypothèse prévue, on n'admettra pas

---

1. L. 24. D. 1.3.

l'exception tirée de ce que le demandeur n'est pas une personne autorisée à intenter l'action possessoire selon les règles strictes du droit. De toute façon, on ne peut pas ériger cette décision en formule générale.

La violence n'est plus requise. Cela se voit, dit-on, déjà dans la rubrique de C. 8.5. « Si pér vim vel *alio modo* absentis perturbata sit possessio. » Ici encore, il s'agit des biens d'absents, par suite, d'une disposition particulière. Je renvoie donc l'explication de cette rubrique à l'exposé des réformes opérées pour les biens d'absents. — Je renvoie au paragraphe où je traiterai de l'erreur la l. 5. C. 8.4, qui parle de l'*error ou incuria domini*, et j'espère en donner, d'après M. Bruns, une explication très satisfaisante. Quant à la l. un. C. 6.16, qui dit : « Ubi *aut* vis facta dicitur, *aut* momentaria possessio postulanda est, » au lieu d'y voir deux hypothèses différentes, n'est-il pas plus naturel de remarquer, avec M. Bruns [1], qu'il n'y a là qu'une seule hypothèse : la « vis facta » indique le fondement de l'action ; la « momentaria possessio postulanda » indique son objet ; et la loi veut simplement dire que le juge compétent sera le juge du lieu où a été commise la violence qui autorise l'action possessoire.

Reste la l. 8. C. 8.4. « Momentariæ possessionis interdictum quod non semper ad vim publicam pertinet vel privatam, mox audiri, interdum etiam sine inscriptione meretur. » N'en déplaise à M. Ihering, il y a des cas où l'*Unde vi* est donné, sans qu'il y ait lieu en même temps à une accusation *ex lege Julia*, ne fût-ce que le cas où il est donné « in id quod ad aliquem pervenit. » Il n'est donc pas nécessaire d'imaginer une nouvelle áction, puisque la loi Julia n'est pas la compagne inséparable de l'*Unde vi* [2].

Ainsi les textes généraux invoqués par M. Ihering ne nous

1. P. 98.
2. Sav., p. 468 ; Bruns (Besitzklagen), p. 99, 100.

fournissent guère de preuve certaine ; examinons les textes qu'il invoque dans les hypothèses spéciales.

I. — Le cas de l'erreur. — Je vais expliquer à cette occasion la l. 5. C. 8.4 [1]. Cette loi est un texte tronqué, dont l'ensemble s'appliquait aux opérations des *agrimensores*, et qui est rapportée dans le Code théodosien au titre *Finium regundorum* en ces termes. L. 1. Code théod. 2.26 :

« Si quis super invasis sui juris locis prior detulerit querimoniam, quia finalis cohæret de proprietate controversiæ, prius super possessione quæstio finiatur, et tunc agrimensor ire præcipiatur ad loca, ut patefacta veritate hujusmodi litigium terminetur. »

Ainsi voici l'espèce bien posée. Il s'agit d'une discussion sur les limites d'un bien ; et non seulement la propriété, mais même la possession est douteuse. Or il était de règle paraît-il, que les *agrimensores* ne pussent procéder à leurs opérations, qu'en présence d'une possession certaine [2]. La loi continue :

« Agrimensor dirigatur ad loca : ut, si fidelis inspectio, tenentis locum esse, probaverit, petitor victus abscedat ; at si controversia ejus claruerit, qui primo judiciis detulerit causam, ut invasor ille pœna teneatur edicti, si tamen vi ea loca eumdem invasisse constiterit ; nam si per errorem aut incuriam domini loca [3] ab aliis possessa sunt, ipsis solis cedere debent. »

Il s'agit donc d'une action *finium regundorum*, et non d'une action possessoire ; ce qu'indique d'ailleurs le mot « domini » qui avait bien frappé M. de Savigny. Seulement M. de Savigny avait cru à une revendication. Les mots « invadere, invasor, possessa » s'expliquent tout naturellement par le débat pos-

---

1. Bruns (Besitzklagen), p. 93 s.

2. « Sicut lex ait : Nisi de possessionis statu quæstio fuerit terminata, non licet mensori preire ad loca. » C'est un fragment d'Aggenus Urbicus, cité par M. Bruns (Besitzklagen), p. 94.

3. Le Code théodosien porte « loca data, » ce qui est un témoignage de plus, car il paraît que c'était là le terme technique employé par les *agrimensores*.

sessoire qui a précédé l'action en bornage ; et la place de la loi dans le titre « Unde vi » n'est qu'un contresens, peut-être involontaire, des commissaires de Justinien.

II. — Le cas d'infidélité d'un administrateur ou représentant. — Cette hypothèse comprend l'explication des l. 6. 1.C. 8.4, et lois 5 et 12. C. 7.32. Je me débarrasse d'abord de la l. 5. C. 7.32 qui, d'après M. Ihering, contiendrait, dès l'époque de Dioclétien, une défense contre les agissements du détenteur pour autrui. Mais cette loi dit M. Bruns [1], s'applique à l'usucapion, non pas à l'action possessoire. C'est en effet en matière d'usucapion qu'on avait surtout occasion d'invoquer la formule citée ici « nemo sibi causam possessionis mutare potest. » La l. 5. C. 7.32 suppose un détenteur qui essaie de prescrire contre son titre à l'aide d'une vente simulée avec un tiers, et déclare que la règle « nemo sibi causam possessionis mutare potest » s'y oppose, à défaut d'un titre sérieux et nouveau qui opère interversion de possession « nulla extrinsecus accedente causa ; » et qu'ainsi ce détenteur ne pourra nuire au droit du propriétaire :

« Quum nemo causam sibi possessionis mutare possit, proponasque, colonum nulla extrinsecus accedente causa ex colendi occasione ad iniquæ venditionis vitium esse prolapsum, præses provinciæ, inquisita fide veri, dominii tui jus convelli non sinet. »

M. Ihering ne peut pas rendre compte d'une manière satisfaisante de ces mots « *dominii* tui *jus* convelli non sinet. » Il s'agit évidemment du droit de propriété, non de la possession ; et l'on voit que la l. 5. C. 7.32, ainsi expliquée, est loin d'être une naïveté banale, mais présente une application très-intéressante des principes de l'usucapion.

Je passe à la l. 6.1. C. 8.4. D'après M. Ihering, cette loi nous présenterait un tuteur infidèle, qui a livré à un tiers une pos-

____
1. Besitzklagen, p. 14.

session revenant à son pupille, et déclarerait que cette infidélité donne naissance à l'action *momentariæ possessionis*. Mais cette explication ne résiste pas à la simple lecture de la loi. Dans son pr., elle nous montre un plaideur qui a obtenu un rescrit du prince ou une sentence du juge, et au lieu d'agir régulièrement et par les voies juridiques, se met violemment en possession. La loi décide qu'il sera puni par la perte de son procès, c'est-à-dire de son droit :

« Meminerint cuncti, sive vulgato rescripto mansuetudinis nostræ, sive sententia cujuslibet judicis utantur in causis, conveniendos dominos locorum esse, aut, si forte defuerint, actores eorum ad insinuandas sententias, procuratoresque esse quærendos ne inde injuriarum nascatur occasio, unde jura nascuntur. Quodsi præcepta nostra implere neglexerint, omni negotio, de quo jurgare cœperant, privabuntur. »

Cette loi se rapporte donc à la prohibition des violences, comme, à tout prendre, la l. 5 qui la précède, et comme la fameuse l. 7 de Valentinien, qui pose le principe général [1]. Le par. 1. de la l. 6 en fait l'application au pupille. Il suppose qu'un tuteur envahit par violence la possession d'un bien revenant au pupille : l'application rigoureuse et logique de la loi aurait pour effet de priver désormais le pupille de cette possession et de tout moyen juridique de la recouvrer « ut pupillis vel adultis jurgandi copia et fructus adimatur. » Dans un intérêt de protection pour les mineurs, la loi leur conserve leur droit, l'action en justice ; mais il faut que l'on restitue immédiatement la possession à celui à qui elle a été enlevée par violence « sed illico quidem possessio ei, *a quo ablata* est redda-

---

1. L. 7. C. 8. 4. « Si quis in tantam furoris pervenerit audaciam ut possessionem rerum apud fiscum vel apud homines quoslibet constitutarum, ante eventum judicialis arbitrii violenter invaserit, dominus quidem constitutus possessionem, quam abstulit, restituat possessori et dominium ejusdem rei amittat. Sin vero alienarum rerum possessionem invasit, non solum eam possidentibus reddat, verum etiam æstimationem earumdem rerum restituere compellatur. »

tur [1] ; » de plus les tuteurs ou curateurs seront punis de la déportation et de la confiscation de leurs biens. La loi fait d'ailleurs observer que ces tuteurs, qui auront commis de telles violences entraînant la perte de possession pour leurs pupilles, auront le plus souvent colludé avec les tiers, pour porter préjudice à ceux dont les intérêts leur étaient confiés. L'infidélité du tuteur, dont il est ici question, loin de fonder une action possessoire nouvelle au profit du pupille, conduisait logiquement à la suppression de l'action existante en sa faveur :

L. 6.1. C. 8.4 : « Sin autem, habito plerumque colludio, curatores vel tutores minorum his rem debitam ea occasione pervadant ut pupillis vel adultis jurgandi copia et fructus adimatur, his eatenus subvenimus, ut eosdem non atterat damno culpa temeritatis alienæ, sed illico quidem possessio ei, a quo est ablata, reddatur, curatores autem vel tutores æterna deportatione punitos bonorum quoque publicatio persequatur. »

L'explication que je viens de donner de la l. 6.1. C. 8.4, sape par la base la généralisation que Justinien en aurait faite dans la l. 12. C. 7.32, dans laquelle il dit que si un détenteur a abandonné la possession d'un bien de manière à en faciliter l'accès à un usurpateur, « si possessionem cujuscumque rei dereliquerit vel alii prodiderit, desidia forte vel dolo, ut locus aperiatur alii eamdem possessionem detinere, » dans ce cas « nihil penitus domino præjudicii generetur ; » ce que M. Ihering traduit ainsi : « l'infidélité du détenteur, qui a abandonné la possession ou en a fait tradition à un tiers, donne contre ce tiers l'action *momentariæ possessionis.* »

Le droit romain distinguait suivant que l'on possédait un bien par soi-même, ou par l'intermédiaire d'un tiers. Pour les immeubles que l'on possédait soi-même, on en conservait la

---

1. Il est difficile de concevoir comment M. Ihering est arrivé à rapporter au mineur, ces mots « ei a quo ablata est ; » ils désignent évidemment le tiers à qui le tuteur a enlevé violemment la possession.

possession *animo solo* [1] ; l'usurpation d'un tiers ne vous dépouillait que lorsque vous en aviez connaissance. Pour les immeubles que vous possédiez par l'intermédiaire d'autrui, les Sabiniens disaient que la possession était perdue dès la fuite ou l'abandon du détenteur ; les Proculiens la maintenaient jusqu'à l'occupation effective d'un tiers ; mais, à tort ou à raison, à tort selon moi, il semble bien qu'on n'ait jamais exigé de la part du possesseur la connaissance de l'usurpation. Cependant, en raison, la conservation de la possession *animo solo* aurait dû être régie dans les deux cas par les mêmes règles [2]. Papinien nous dit, dans la l. 44.2. D. 41.2 :

« Quum de amittenda possessione quæratur, multum interesse dicam per nosmet ipsos an per alios possideremus; nam ejus quidem, quod corpore nostro teneremus, possessionem amitti vel animo, vel etiam corpore, si modo eo animo inde digressi fuissemus, ne possideremus; ejus vero quod servi, vel etiam coloni corpore possidetur, non aliter amitti possessionem, quam si eam alius ingressus fuisset, eamque amitti nobis quoque ignorantibus. »

On voit que Papinien a adopté l'opinion proculienne, qui devait triompher définitivement ; mais l'opinion sabinienne nous est attestée par un texte d'Africain et un autre de Pomponius. Pomponius dit, l. 31. D. 41.2 :

« Si colonus non deserendæ possessionis causa exiisset de fundo et eo rediisset, eumdem locatorem possidere placet. »

Par argument *e contrario* [3], si le fermier avait quitté le fonds « deserendæ possessionis causa, » la possession aurait cessé. Africain dans la l. 40. D. 41.2.

« Quo (scil. colono) mortuo non statim dicendum, eam

---

1. Je pense qu'il n'en a pas toujours été ainsi ; mais c'est la théorie du droit classique.

2. Comp. Bruns (Besitzklagen), p. 113 s. ; Sav., p. 367 s.

3. M. de Savigny, p. 369, n. 3, cherche à nier l'argument *e contrario*, sous prétexte que nous ne connaissons pas l'ensemble de la loi.

(scil. possessionem), interpellari, sed tunc demum, quum dominus possessionem adipisci neglexerit. *Al udi*[1] existimandum ait, si colonus sponte possessione discesserit; sed hæc ita esse vera, si nemo extraneus eam rem interim possederit, sed semper in hereditate coloni manserit. »

Justinien a voulu abolir définitivement cette opinion des Sabiniens : « Ex *libris Sabinianis* quæstionem in divinas nostri numinis aures relatam *tollentes*... » Et il décide simplement que l'abandon de la chose fait par le détenteur négligent ou infidèle, ne pourra porter préjudice au possesseur, c'est-à-dire qu'il ne fera pas cesser la possession :

«..... Definimus ut, sive servus, sive procurator, vel colonus, vel inquilinus, vel quispiam alius, per quem licentia est nobis possidere, corporaliter nactam possessionem cujuscumque rei dereliquerit vel alii prodiderit, desidia forte vel dolo, ut locus aperiatur alii eamdem possessionem detinere, nihil penitus domino præjudicii generetur, ne ex aliena malignitate alienum damnum emergat.

Il s'agit donc du simple abandon fait par le détenteur, abandon qui définitivement sera impuissant à interrompre la prescription. M. Ihering veut voir dans ces mots « vel alii prodiderit » une deuxième hypothèse, le cas où ce détenteur infidèle aurait *livré* la possession à un tiers. Mais il ne peut être question d'une véritable tradition de possession, au sens technique du mot, puisque le détenteur n'a pas la possession. Les expressions de Justinien, c'est un éloge qu'elles ne méritent pas toujours, sont par hasard singulièrement bien choisies : il ne dit pas « tradiderit, » mais « prodiderit, » qui a un sens plus

_____

1. M. de Savigny, p. 369, 370, met « idem » au lieu de « aliud. » — Mais la fin de la phrase nous montre bien que la conservation de la possession n'est admise que dans le cas de l'hérédité, c'est-à-dire du décès du fermier. Bruns (Besitzklagen), p. 116; Rudorff sur Sav., p. 686. Les basiliques portent ἕτερον; et d'ailleurs il me semble difficile d'étendre une décision qui nous paraît présentée (dans le commencement) comme de pure utilité « propter utilitatem receptum est. »

vague et plus large, et il en détermine la portée par ces mots qui suivent « prodiderit..... ut locus aperiatur alii eamdem possessionem detinere. » Le détenteur laisse la place à un tiers : c'est tout ce qu'il peut faire. Le mot « prodiderit » ne signifie donc guère autre chose que « dereliquerit », et les Basiliques n'emploient qu'un seul mot pour les deux cas « ἀποστῃ. »

Justinien ajoute : « ..... sed et *ipse* (scil detentor), si liberæ conditionis est, competentibus actionibus subjugetur, omni jactura ab eo restituenda domino rei vel ei, circa quem negligenter vel dolose versatus est. »

Le détenteur devra réparer envers le possesseur le dommage qu'il lui a causé par sa négligence ou son dol. Il n'y a pas le moindre soupçon d'une action possessoire nouvelle [1]; mais simplement une action en dommages et intérêts.

III. — Les ordres illégaux de l'autorité. Je ne m'attarderai pas à ce paragraphe. D'abord l'ordre illégal a toujours été impuissant à légitimer une violence, et je crois, par argument *a pari* tiré de la l. 3.1. D.4.2, que l'*Unde vi* était fondé dans ce cas. Mais il ne pouvait avoir lieu à défaut de violences commises. Les deux lois invoquées par M. Ihering n'ont pas étendu l'action possessoire à ces hypothèses : elles statuent dans l'espèce spéciale de biens d'absents. La l. 3. C. 3.6 dit que si une personne a obtenu d'agir au nom de l'absent, le défendeur ne pourra pas objecter qu'elle n'a eu cette autorisation qu'à l'aide de manœuvres frauduleuses. Cette « exceptio obreptitiæ petitionis, » si elle était accueillie, ne servirait pas à fonder l'ac-

---

1. M. de Savigny, qui a cherché à nier l'existence d'une controverse sur la portée de l'abandon fait par le détenteur, allègue que, dans la l. 12. pr. C. 7.32, Justinien a eu en vue le maintien de la possession jusqu'à la connaissance de l'usurpation, comme dans les biens qu'on possède soi même. Cette idée, très raisonnable, ne me semble néanmoins pas avoir été celle de Justinien. D'abord je ne la trouve pas dans le texte, et puis elle rendrait bien inutiles les protections spéciales accordées aux biens possédés par des absents, notamment la l. 11. C. 8.4, qui est contemporaine de la l. 12. pr. C. 7.32.

tion possessoire, mais bien à la paralyser[1]. Dans un intérêt de
protection pour les absents la loi déclare cette exception non
recevable. Quant à la l. 2. C. 8.5, elle est une simple application de la règle que, hors le cas de contumace, on ne peut pas
prendre de décisions de fond contre un absent, mais seulement des mesures conservatoires[2]. Peu importe qu'on ait obtenu un rescrit du prince; on ne peut pas passer outre. Ainsi
ce texte, loin de créer l'action possessoire, la refuse par faveur
pour l'absent.

« Nec imperiale responsum, quod supplicatio litigatoris obtinuit, nec interlocutio ex quacumque parte innovare possessionis statum eo, qui rem tenet, absente permittitur, quia
negotiorum merita partium assertione panduntur.

IV. — J'arrive enfin au cas d'usurpation des biens d'un
absent, et j'observe immédiatement que la possession de
l'absent est l'objet de précautions et de faveurs particulières.
Elle se conserve *animo solo*, jusqu'à la connaissance de
l'occupation, lorsqu'il s'agit d'un bien qu'on possédait soi-
même, et tout au moins jusqu'à l'usurpation, pour les biens
qu'on possédait par autrui. Justinien, dans la l. 11. C. 8. 4,
que je vais expliquer tout à l'heure, a certainement encore
élargi la protection dans ce dernier cas. Elle existe, non
seulement pour une violence proprement dite, mais à l'égard
de toute usurpation, et c'est ce que dit la rubrique de
C. 8. 5. « Si per vim vel *alio modo* absentis perturbata sit
possessio. » Les dispositions favorables à l'absent ont été développées et élargies, je le reconnais; mais il n'y a pas non
plus ici, même pour cette hypothèse particulière, création d'une
action nouvelle.

Je viens d'expliquer la l. 2. C. 8. 5, à propos des ordres illégaux de l'autorité. J'ai aussi eu occasion d'indiquer l'interpré-

---

1. Bruns (Besitzklagen), p. 105.
2. Voir notamment C. 7.43.

tation de la l. 3. C. 3. 6. Je la complète rapidement. Il y est question d'un absent dont les biens ont été usurpés, et dans l'espèce par un mineur. L'absent n'ayant pas laissé de représentant légitime, c'est une personne quelconque qui a obtenu l'autorisation d'agir contre le mineur. Ce mineur cherche à exciper 1° de sa minorité ; 2° de la circonstance que le demandeur n'est pas le possesseur ou son représentant légitime; 3° il insinue que l'autorisation n'a été obtenue que par un subterfuge, une surprise « exceptio obreptionis. » La loi décide que, par faveur pour l'absent, les trois exceptions seront rejetées :

« Momentariæ possessionis actio exerceri potest per quamcumque personam : Sub colore autem adipiscendæ possessionis obreptitia petitio alteri obesse non debet, maxime quum *absque conventione personæ legitimæ* initiatum jurgium videatur. Nihil autem opitulatur conventio circa minorem habita, quum id rectius circa curatorem debuerit custodiri. »

La seule innovation, c'est l'autorisation donnée à toute personne d'agir pour l'absent. Cette règle était déjà contenue dans une constitution de Constantin, l. 1. C. 8. 5. Cette loi, qui est longue, enchevêtrée de détails et de considérations, se réfère au cas où l'absent possédait par autrui, « possessio ablata est quam propinquus, vel parens, vel proximus, vel amicus, vel colonus, vel libertus, seu servus quolibet titulo retinebat. » Nous savons que, dans ce cas, la possession était perdue dès l'occupation par un tiers [1]. Constantin déclare que le détenteur, fût-il esclave, pourra agir valablement pour le possesseur absent, et même il affranchit l'action de la limitation de durée que les lois lui assignent :

« Sed post elapsa quoque spatia recuperandæ possessionis

______

[1]. Cette loi nous montre bien que Constantin n'exige pas, pour la perte de la possession, que l'absent ait connu l'usurpation. Autrement, il n'aurait pas eu besoin de ces dispositions de protection. Je fais la même observation sur la l. 11. C. 8.4.

legibus præstituta litigium eis inferentibus largiri convenit, ut eos momentariæ perinde possessioni sine ulla cunctatione restituant, ac si reversus dominus litigasset. »

Et comme ces représentants, ces esclaves peuvent être négligents ou peu fidèles, la loi accorde l'action au possesseur lui-même, à quelque époque qu'il revienne [1] :

« Cui (scil. domino vel possessori) tamen quolibet tempore reverso, actionem recuperandæ possessionis indulgemus quia fieri potest, ut restitutio, propter servulos infideles, vel negligentes propinquos, vel parentes, vel proximos, vel amicos, vel colonos, vel libertos interea differatur. Absentibus enim officere non debet tempus emensum, quod recuperandæ possessioni legibus præstitutum est... »

Cette double allusion à la prescription annale de l'interdit *Unde vi*, ou plutôt de l'action qui était donnée *ad exemplum interdicti*, montre assez qu'on ne prétend pas établir une action nouvelle, mais qu'on s'en réfère, sauf les modifications indiquées, aux anciens principes. Il n'y a d'ailleurs pas lieu, ainsi que je l'ai montré depuis longtemps [1], de s'arrêter aux expressions nouvelles « actio recuperandæ possessionis, momentaria possessio [2] »

J'arrive enfin à la l. 11, C. 8. 4. Le sens général de cette loi, pour la controverse qui nous occupe, ne me paraît pas faire de difficulté. Se plaçant dans la même hypothèse que la l. 1. C. 8, 5. elle décide que l'absent aura une action perpétuelle, c'est-à-dire limitée à trente ans, contre l'usurpateur de son immeuble. C'est exactement la décision de la loi de Constantin ; seulement Justinien, pour bien marquer son indignation, juge à propos d'assimiler cet usurpateur à un *prœdo ;* il n'admet même pas qu'on puisse être de bonne foi, se tromper sur sa possession :

1. Elle sera donc perpétuelle et trentenaire, depuis la loi de Théodose II, l. 3. C. 7.39.
2. Voir p. 122.

« Ridiculum etenim est dicere vel audire, quod per ignorantiam alienam rem aliquis quasi propriam occupaverit. Omnes autem scire debent, quod suum non est, hoc ad alios modis omnibus pertinere... »

Il n'y a donc rien de nouveau dans cette loi : elle n'est que la reproduction de celle de Constantin, l. 1. C. 8. 5; et la preuve que Justinien, comme du reste Constantin, se réfère aux anciens principes, c'est qu'il dit expressément que l'usurpateur sera tenu conformément aux anciennes lois :

« Sancimus, talem possessorem uti prædonem intelligi, et generali jurisdictione *ea* teneri, quæ pro restituenda possessione contra hujusmodi personas *veteribus* declarata sunt *legibus.* »

Cette loi n'est donc pas plus concluante que les autres en faveur d'une action *momentariæ possessionis*, et elle ne présente même aucune difficulté à ce point de vue.

Mais le détail offre de vraies difficultés, et je soupçonne fort Justinien de ne pas s'être exactement rendu compte des principes qui régissaient la matière. Je m'explique. C'était une règle reconnue, et nous avons eu occasion de la signaler plus d'une fois, que la possession des immeubles se conservait « animo solo, » non seulement jusqu'à l'occupation, mais même jusqu'à la connaissance de l'occupation, pour les biens que l'on possédait soi-même. Par une conséquence naturelle et logique on retardait l'octroi de l'interdit *Unde vi* jusqu'à la dépossession, qui survenait seulement lorsque le possesseur, apprenant l'usurpation, était repoussé par l'usurpateur, ou qu'il n'osait tenter de recouvrer sa possession [1]. Mais si, jusque-là, on lui refusait l'*Unde vi*, c'est qu'il n'en avait pas besoin. Au contraire, quand il possédait par autrui, la possession, même dans l'opinion la plus favorable, celle des Proculiens, cessait dès le moment de l'occupation ; et cependant,

---

1. L. 6,1, L. 7. D. 41.2.

s'il n'y avait pas eu de violence, cette occupation ne lui donnait pas l'*Unde vi*. Eh bien, la loi 11. C. 8. 4 ne peut s'appliquer que dans la deuxième hypothèse ; dans la première, l'absent était suffisamment, que dis-je, mieux protégé en droit classique par la conservation de sa possession ; et cependant Justinien ne fait aucune distinction, et sans remarquer qu'il vient apporter un remède inutile et même moins efficace dans l'une des deux hypothèses, il expose que le droit antérieur ne donnait l'*Unde vi* ou toute autre action récupératoire que s'il y avait eu violence effective [1], que par suite les biens d'absents pouvaient être impunément usurpés, toutes les fois qu'il n'y avait pas eu violence, et qu'il a voulu mettre fin à cet état de choses. Ainsi, d'après les termes de la constitution, mais contrairement, je crois, à l'idée de Justinien, on devrait la restreindre au cas où on possède par autrui [2].

« Quum quærebatur inter Illyricianam advocationem, quid fieri oporteret propter eos, qui vacuam possessionem absentium sine judiciali sententia detinuerunt, quia veteres leges nec Unde vi interdictum nec Quod vi aut clam vel aliam quamdam actionem ad recipiendam talem possessionem definiebant, violentia in ablatam possessionem minime præcedente... »

« Qui vacuam possessionem absentium detinuerunt. » Ces deux mots « vacua possessio » ont engendré une controverse qui a duré des siècles et durera sans doute encore : je ne puis la passer absolument sous silence.

Certains auteurs [3] pensent qu'il s'agit d'une possession abandonnée en fait, mais conservée en droit. Ils peuvent, je le

---

1. Cela n'est exact que pour l'*Unde vi*.

2. C'est le cas de la loi de Constantin, l. 1. C. 8.5.

3. Ihering, p. 120 s.; Bruns (Besitzklagen), p. 120 s. (Il avait soutenu l'opinion contraire, Besitz im Mittelalter, p. 68) ; Randa, p. 133, n. 19 (mais sur un mauvais motif : il dit que la possession doit être regardée comme conservée, car on ne comprendrait pas une action possessoire sans possession. Cependant dans l'action récupératoire ou n'a pas la possession, puisqu'on cherche à la recouvrer.

reconnais, invoquer les anciens principes sur la conservation de la possession *animo solo*, quand on possédait par soi-même. M. de Savigny estime au contraire qu'il s'agit d'une possession réellement perdue [1]. J'inclinerais à penser, pour ma part, que Justinien n'a pas aperçu cette distinction, et que pour lui, « vacua possessio » voulait simplement dire la possession, par opposition à la propriété [2]. Les dimensions immenses de l'empire romain avaient nécessité l'adoption de mesures spéciales pour protéger les biens des absents. La propriété de ces biens était assurée contre l'usucapion, par une *Restitutio in integrum*, dont Justinien nous parle en termes fort inexacts au paragraphe 5 *de actionibus* Inst. IV, 6. J'imagine qu'il aura voulu donner une protection analogue à la simple possession « vacua possessio, » et que dans son intention ces mots n'avaient pas d'autre sens. Mais peu importe l'intention : la loi est là, il faut prendre parti. Je crois, d'après les termes employés que l'on doit s'attacher à l'opinion de Savigny. D'abord le texte dit expressément « ablata possessio, » et il motive le refus de l'*Unde vi* uniquement sur l'absence de violence, « violentia in ablatam possessionem minime præcedente : » or l'*Unde vi* est un interdit récupératoire, qui suppose la possession perdue. C'est le sens de la même expression dans d'autres textes, par exemple la l. 4.22. 28 l. 37.1 D. 41.3. Il est vrai que cela nous oblige à restreindre la loi au cas où l'absent possédait par autrui ; et je crois, en effet, que les termes de la loi y conduisent forcément.

Il résulte de ce qui précède qu'il n'y a pas d'*interdictum restitutorium generale* ou action *momentariæ possessionis*.

---

1. Sav., p. 468 et n. 2, 469, 470.

2. C'est en ce sens que le mot est employé dans les l. 33. et l. 34. pr. D. 41.2, où il est question d'un vendeur, qui exécute son obligation en vous livrant la possession, par opposition à la propriété que, théoriquement au moins, il n'est pas obligé de vous transmettre. « Fundi venditor, etiamsi mandaverit alicui, ut emptorem in *vacuam possessionem* induceret... » « Si me in *vacuam possessionem* fundi Corneliani miseris... »

J'ai peut-être exposé un peu longuement cette controverse assez difficile ; mais au moment de pénétrer dans le moyen âge, il fallait être sûr du terrain parcouru, savoir exactement si le droit romain avait fourni une transition pour arriver aux actions nouvelles que nous allons étudier.

DEUXIÈME PARTIE

ANCIEN DROIT

58. Nous arrivons au moyen âge. Si jamais on a été en droit d'employer ces formules consacrées, devenues des lieux communs, les ténèbres, la nuit du moyen âge, c'est bien dans la matière qui nous occupe. Jusqu'ici nous avons étudié un système de possession complexe, mais bien construit, toujours conséquent et logique, malgré quelques tentatives de détail pour l'étendre et le dénaturer. Mais la tradition s'interrompt tout à coup, et nous retombons en pleine barbarie, en plein chaos, où il faut renoncer à se guider à l'aide d'un principe juridique quelconque. Cette raison écrite, ces principes juridiques si stables, si fermes, si logiques, même un peu rigides, qui avaient été le titre d'honneur de la civilisation romaine, semblent avoir sombré avec elle. Le droit va être assujetti à l'histoire ; et ce n'est qu'en se rappelant les événements de cette époque agitée qu'on pourra se rendre compte de la confusion, des exagérations, des contradictions mêmes qu'on trouvera dans le droit, s'expliquer cette extension immense du système possessoire, ces institutions nouvelles, le *remedium spolii*, le

summariissimum, qui reposent sur des nécessités sociales, bien plus que sur des bases juridiques ; rien ne rend mieux compte de cette situation que la maxime de l'Église, érigée en règle de droit « spoliatus ante omnia restituendus : » Le droit de cette période est l'expression vivante de son histoire.

Je passerai rapidement en revue les principaux peuples de l'Europe, en étudiant plus en détail le droit canonique, le droit germanique et notre ancien droit français.

CHAPITRE PREMIER

59. Ce qui frappe tout d'abord, en étudiant le droit canonique,
c'est le développement démesuré donné à l'idée de la possession. Non pas que, dans une théorie abstraite et philosophique
la possession ne puisse être considérée comme une situation
très générale, s'appliquant à tous les droits, à tous ceux du moins
qui admettent un exercice continu ou répété, ne se consom-
ment pas par un acte unique ; — aujourd'hui encore notre
droit français reconnaît, avec raison je crois, une possession
s'appliquant à l'état des personnes ; mais il s'agit de savoir si
cette possession doit produire par elle-même des résultats pratiques, si elle doit être l'objet d'actions indépendantes et
distinctes de celles qui protègent la propriété. On a dit [1], pour
expliquer cette extension du droit canonique, que l'Eglise,
étant une abstraction, avait dû être portée à en voir autour
d'elle. Je crois que ce n'est pas là le motif qui a guidé sa con-
duite : je crois que l'Église est arrivée à cette extension exagérée de la possession par des motifs tout au contraire très
matériels et sensibles tirés des nécessités de la situation. Elle
n'a pas imaginé une possession des droits pour rendre hom-

1. Randa, p. 529.

mage à une distinction théorique, à une vérité abstraite ; mais pour donner un moyen sûr de protéger ces droits : elle n'a exagéré la théorie de la possession que pour arriver au résultat pratique, à l'action possessoire [1]. A cette époque, qui nous reporte à l'âge des civilisations primitives, la propriété, exposée aux atteintes violentes, se ramène presque au niveau de la possession ; le droit n'est plus rien, le fait est tout ; et pour maintenir au moins un peu de paix et de stabilité, tout ce que peut faire un pouvoir régulier, temporel ou spirituel, c'est d'exiger le maintien du fait accompli, le respect de la possession. L'Église, qui avait assumé une sorte de dictature morale, seule capable d'en imposer aux passions grossières et brutales du moyen âge, fut ainsi amenée, pour pouvoir appliquer la protection possessoire nécessaire à maintenir un peu de tranquillité et d'ordre, à étendre à outrance l'idée de la possession : cela peut confondre le jurisconsulte ; l'historien ne se sent pas le droit de blâmer.

On trouve, dès le quatrième siècle, des décisions de l'Église destinées à protéger ses biens contre les violences. Ces décisions ne distinguent pas toujours la propriété de la possession: c'est le fait des sociétés primitives et troublées de confondre les deux choses, d'absorber la propriété dans la possession. Cependant, déjà au cinquième siècle, on voit la quasi-possession appliquée aux droits des évêques sur leurs diocèses. C'est là d'ailleurs, quoi qu'on en ait dit, la seule extension de la *juris possessio* dans le très ancien droit canonique [2]. L'Église n'était pas encore assez forte pour imposer ses idées d'une manière générale, et, qu'on me passe l'expression, elle courait au

1. Aujourd'hui notre possession d'état ne fonde certainement pas d'action possessoire.

2. On a bien essayé de voir une allusion à la *possessio juris conjugalis*, dans le C. 1. C. 33, qu. 1, qui prononce l'excommunication contre le mari qui répudierait sa femme, sans avoir fait approuver ses motifs par l'Église. Mais il n'est ici question que d'un châtiment, et non point d'une action en restitution, fondée sur la possession.

plus pressé. Peu à peu son influence grandit, et elle arrive à son apogée aux douzième, treizième siècles de l'ère chrétienne. C'est là que nous assistons à un vrai débordement de la possession sur toutes les matières [1]. On l'applique aux droits spirituels ou temporels sur les communes, sur les couvents, sur les églises, aux offices et dignités ecclésiastiques, à l'épiscopat, à l'archidiaconat, aux bénéfices attachés à ces offices, aux charges réelles, aux redevances, à la dîme, au droit de patronage sur une église, au droit de présentation des clercs, au droit d'élection (d'un abbé), enfin au mariage [2], en un mot à toutes les matières sur lesquelles l'Église avait réussi à étendre sa juridiction. [3] Un époux spolié de son droit conjugal, par exemple une femme répudiée sous prétexte de parenté, doit être restitué avant qu'on ne passe au jugement de l'affaire.

Il n'y a pas à chercher là un principe juridique ou seulement théorique. Il n'y avait sans doute d'autre limite à cette extension que la nature des choses : la possession implique un état qui présente une certaine durée ou un certain renouvellement; mais, à part cette restriction, je pense, avec M. Bruns, que le droit canonique étendit la *juris possessio*, à toute espèce de droits, même aux obligations, du moins à celles qui ne s'éteignent pas par un payement instantané, même aux droits de famille autres que le mariage. Les canonistes adoptèrent en gé-

---

1. Ce qui favorisait l'extension de la possession, particulièrement dans les pays germaniques, était l'existence de la Gewere germanique, bien plus large que la possession Romaine. Le droit canonique étendit la possession à tout ce qui était susceptible de Gewere et même au delà. (Voir Meischeider, p. 396).

2. Il est curieux de constater que les Romains eux-mêmes avaient eu un point de vue analogue dans le mariage *per usum*. Gaius, I, 111, nous dit : « Usu in manu conveniebat quæ anno continuo nupta perseverabat ; quæ enim velut *annua possessione usucapiebatur*. » Compar. Randa, p. 519, n. 6.

3. Voir, dans les *Décrétales*, le cap. 17, *de restit. spoliat.*, II, 13 ; c. 4 *de confirmat.*, II, 30 ; c. 37, *de officio judicis delegati*, I, 29 ; c. 30, *de testibus*, II, 20 ; c. 7, *de restit. spol.*, II, 13 ; c. 24, *de electione*, I, 6 ; c. 1, *ut lite pendente*, II, 16 ; c. 19, *de restit. spoliat.*, II, 13 ; c. 13, *de restit. spoliat.*, II, 13 ; c. 4 (*fine*), *ut lite non cont.*, II, 6 ; Compar. Randa, p. 529, 530, et n. 23 ; Meischeider, p. 395 s.

néral[1] ce point de vue, et je trouve dans M. Bruns la citation d'un auteur de l'époque qui gravement refuse l'*Unde vi* dans le cas de la « possessio juris conjugalis » ou, comme l'on disait alors, « possessio conjugis ex causa matrimonii » en se fondant sur ce que l'*Unde vi* ne s'applique qu'aux immeubles[2]. Il va sans dire qu'il ne refuse pas l'action *spolii*.

60. Après avoir rapidement indiqué le développement que la possession avait pris dans le droit canonique, j'arrive aux actions possessoires, qui en sont le but et le résultat.

Le droit canonique, appliquant les textes de lois romaines, employa les interdits romains, l'*Uti possidetis et* l'*Unde vi* ; il étendit à la *possessio juris* la théorie de la dépossession, considéra que la possession d'un droit pouvait être l'objet d'atteintes arbitraires qui constituaient une dépossession violente et devaient fonder l'*Unde vi* ; par une suite naturelle de cette doctrine, la dépossession n'exigea plus une violence effective et caractérisée. Autant qu'on peut en juger, les interdits restèrent ce qu'ils étaient en droit romain ; seulement en fait ils subirent l'influence des modifications apportées dans la théorie des preuves[3].

61. Mais l'innovation du droit canonique fut ce qu'on a appelé le *remedium spolii*. — Nous avons déjà vu, à l'occasion de la prétendue action *momentariæ possessionis*, qu'on ne peut pas trouver dans le droit romain le germe de l'action *spolii*. L'exposé qui va suivre démontrera surabondamment l'exactitude de cette remarque.

On sait aujourd'hui que les Décrétales, qui servirent de base

---

1. Cependant l'extension aux obligations fut controversée, mais il est difficile de voir sur quel fondement.

2. « Illud locum habet, quotiens pro re immobili restitutio petitur, uxor autem non est res immobilis, sed potius mobilis vel se movens. » Bruns (*Besitz im Mittelalter*), p. 240.

3. Voir notamment le C. 9, *Décrétales, de prob.*, II, 19, qui énonce les conditions de l'interdit *Uti possidetis;* dans d'autres textes il n'est point nommé. Comp. Bruns (*Besitz im Mitt.*), p. 206, 243.

à cette innovation et furent insérées dans la collection Pseudo-Isidorienne, ne sont que le produit d'un esprit fertile en inventions ingénieuses. On assiste, stupéfait, au spectacle d'une innovation, dont la portée et l'exagération eussent dépassé peut-être l'omnipotence d'un empereur romain, et qui repose uniquement sur un texte imaginaire et falsifié sans pudeur!... Je me trompe... avec ce seul fondement, le *remedium spolii* ne serait pas arrivé au degré d'autorité et d'influence auquel il est parvenu : il puisait sa force, non pas dans un texte mensonger, mais dans les mœurs et les besoins du temps: il fallait à tout prix un moyen de se défendre des violences, de protéger sa possession, de la recouvrer au besoin, ce moyen fût-il anormal, extravagant, antijuridique. Voilà pourquoi le *remedium spolii* fut accueilli avec tant de faveur, pourquoi il put se développer et étendre son influence dans toute l'Europe, jusqu'au jour où il dut reculer, céder devant le progrès de la civilisation, devant une situation plus paisible dans laquelle il n'avait plus de raison d'être. Ce n'était pas un système vraiment juridique ; son origine législative était mensongère; mais sa base historique resta solide, tant qu'elle répondit à de réelles nécessités.

L'auteur de la collection Pseudo-Isidorienne emprunta à diverses sources les textes qui lui servirent à composer le *remedium spolii*. Ce moyen nouveau est contenu dans une décrétale fameuse, le *canon Redintegranda*, le *c. 3, Causa 3.quest. 1* ainsi conçu.

« Redintegranda sunt omnia exspoliatis vel ejectis episcopis præsentialiter ordinatione pontificum, et in eo loco, unde abcesserant, funditus revocanda, quacumque conditione temporis, aut captivitate, aut dolo, aut violentia malorum [1], aut per *quascumque injustas causas*, res ecclesiæ, vel proprias, id est

---

1. D'autres lectures donnent « violentia majorum, » « virtute majorum. » La lecture énoncée au texte me paraît préférable. Compar. Sav., p. 510, n. 2.

substantias suas perdidisse noscuntur, *ante* accusationem aut regularem ad synodum vocationem eorum... »

Les sources indiquées par l'auteur de la fausse décrétale se rapportent à deux conciles, l'un de 364 tenu à Lampsacus, l'autre à Rome en 501, et à deux passages du Bréviaire d'Alaric qui d'ailleurs traitaient de la *Restitutio in integrum*. Quant aux prétendues décisions des conciles, elles se réduisaient à de simples vœux, émis dans des espèces toutes particulières, et qui du reste n'avaient pas été pris en considération. Il s'agissait d'évêques privés de leurs sièges par un concile arien de Constantinople, et de l'affaire du pape Symmachus, également destitué sous le coup d'accusations graves. Les conciles avaient émis le vœu qu'avant de juger les évêques ou le pape, ils fussent au préalable remis en possession de leurs sièges. Ce sont ces simples déclarations que l'auteur de la collection Pseudo-Isidorienne transforma en règles générales, en décisions formelles des conciles.

Cependant il ne faudrait pas s'exagérer la portée de cette innovation[1] ; elle se réduisait en somme à une hypothèse assez restreinte, le cas où un évêque, accusé au criminel, était dépouillé de son siège épiscopal. Elle lui accordait dans ce cas une exception, qu'on a appelée l'exception *spolii*, et qui lui permettait de se dérober à tout jugement, avant d'avoir obtenu au préalable un plein et entier rétablissement. L'idée est celle-ci : il faut protéger la possession contre toute violence, même contre celle qui affecte des apparences juridiques : il eût été trop facile de dépouiller un ecclésiastique, si pour cela il avait suffi de lancer contre lui une accusation criminelle. Un jugement aurait sans doute pu prononcer l'acquittement de l'évêque incriminé, et ordonner la restitution ; mais cette restitution

______

1. M. de Savigny, p. 513, va jusqu'à dire qu'il n'y a pas d'innovation, puisqu'on se réfère à des textes antérieurs. Seulement, comme ces textes n'existent pas, il y a bien en réalité innovation.

aurait été bien chanceuse : « mieux vaut tenir que courir » —
surtout en moyen âge. D'ailleurs cette exception *spolii* pouvait peut-être se convertir en action au profit de l'évèque dépossédé.

J'ai dit que l'exception *spolii* supposait 1° un évèque ou plus
généralement un ecclésiastique, victime de la violence, 2° une
accusation criminelle. La preuve s'en trouve dans les textes,
qui mentionnent toujours ces conditions [1]; et cela est bien conforme à ce que nous savons des progrès de l'influence de
l'Église, qui ne réussit d'abord à étendre sa juridiction que sur
les personnes ecclésiastiques et sur certaines matières, notamment les matières criminelles. Cependant le *remedium spolii*
ne suppose pas nécessairement que l'auteur de la violence ait
été, lui aussi, un ecclésiastique; ce peut être un laïque, et
dans ce cas l'Église use contre lui de ses moyens indirects,
mais si puissants, de contrainte, je veux parler surtout de
l'excommunication. C'est ce que dit en termes exprès le
pape Sixte II, dans une lettre adressée aux évèques d'Espagne.

« Fratres quos timore *terreno* damnastis, scitote a nobis esse
restitutos..... si non vultis, vos et principes vestri, a membris
ecclesiæ separari præcipimus [2] ».

Mais le *remedium spolii* ne s'appliquait pas encore dans
les affaires civiles, ni au profit de laïques, victimes de violences.

Le *remedium spolii* est un moyen possessoire. Malgré certaines expressions employées « episcopus, » « substantias
suas, » il est reconnu, d'après l'ensemble des textes, que c'est
une action possessoire, subjectivement aussi bien qu'objectivement, c'est-à-dire qu'il suffit d'être en possession du siège
épiscopal (notamment qu'on n'a pas besoin d'apporter la preuve

---

1. Voir les C. 1, 2, 3, C. 3, qu. 1.
2. Cité par M. Bruns (*Besitz im Mitt.*), p. 148.

de l'institution canonique), et qu'on l'exerce pour les biens dont on est simplement possesseur[1]. Le remède n'aurait d'ailleurs pas atteint son but, si l'on avait exigé des preuves du droit. Mais la possession est nécessaire ; la simple détention ne suffirait pas, et ce n'est qu'accessoirement, comme dans l'ancien *Unde vi*, que l'on obtient la restitution des choses dont on était simplement détenteur[2].

Même réduite à ces proportions, l'innovation est considérable. La restitution est accordée, non plus seulement dans le cas de violence, mais dans tous les cas de dépossession injuste « aut per quascumque injustas causas. » Elle s'étend aux meubles aussi bien qu'aux immeubles ; elle peut être demandée contre tout détenteur, et sans qu'on puisse opposer de prescription (argument tiré de ces mots « quacumque conditione temporis »); on ne peut pas davantage exciper de la possession vicieuse de celui qui invoque le *remedium spolii*[3] « spoliatus ante omnia restituendus, » la dépossession dans tous les cas, est une excuse même contre les crimes. Quel signe des temps !

62. A partir du douzième siècle le *remedium spolii* prit un développement extraordinaire. La cause, peut-être irréfléchie et involontaire, s'en trouve dans le décret de Gratien. Gratien reproduisit les textes des décrétales qui traitaient du *remedium spolii*, mais prétendit y mettre un ordre méthodique et, dans ce but, imagina de séparer ceux qui traitaient de l'exception sous sa forme normale et ordinaire, et ceux qui la montraient

---

1. La question avait cependant souffert quelque difficulté. Voir ce que dit Gratien sur le C. 6, C. 3. qu. 1. ; ce passage est en somme favorable à l'opinion que je représente. Elle ressort également d'autres textes, par ex. le C. 24, *Decretales de elect.*, I, 6, qui nous dit qu'il suffit d'être en possession du droit d'électeur, et qu'il n'est pas nécessaire de prouver son droit. Elle résulte enfin des expressions générales employées « redintegranda sunt omnia, etc. »

2. L. 1,33. D. 43.16, *De vi et vi armata*. Seulement comme on doit restituer tout « cuncta, omnia » (le droit romain disait « quæque ibi habuit »), la restitution comprend accessoirement les choses dont on était simplement détenteur.

3. Randa. p. 246, n. 31.

employée sous forme d'action. De la sorte il réduisit l'exception *spolii* à n'être plus qu'un moyen de procédure, une exception dilatoire pour intenter l'action ; et, en isolant les passages relatifs à l'action, il leur donna une portée générale et absolue. C'est ainsi que le fameux passage « Redintegranda sunt omnia exspoliatis » était isolé, et séparé de la fin qui en restreignait le but et la portée..... « ante accusationem vel regularem ad synodum vocationem eorum. » Dès lors il n'est plus question de l'ancienne hypothèse des évêques destitués, plus de relation entre le *remedium spolii* et l'accusation criminelle ; peu importe qu'il s'agisse d'un laïque ou d'un ecclésiastique, d'une affaire criminelle ou simplement civile : « Redintegranda sunt omnia exspoliatis. » C'est du moins ainsi que l'interprétèrent la théorie et la pratique canoniques, notamment la glose sur le Décret. Gratien lui-même semble bien avoir eu l'intention de conserver l'ancien point de vue de l'exception *spolii* restreinte à l'hypothèse d'un évêque, peut-être en l'étendant aux affaires civiles. — Cette nouvelle action *spolii* embrassait à elle seule les anciens interdits romains, et elle aurait assurément pu les remplacer ; cependant on continua à appliquer les interdits, réservant l'action *spolii* comme *ultimum præsidium*. Ainsi que le dit un auteur « quando omnia deficiunt, non cessat remedium ex can. Red. competens pro qualibet non juridica jurisdictione[1]. »

63. L'action *spolii* se développe avec ce caractère général au douzième et au treizième siècles, et on commence à l'accorder au simple détenteur. Cependant elle rencontre de redoutables adversaires. Le pape Innocent III s'éleva contre cette application de l'action, qui permettait d'atteindre un détenteur, même de bonne foi, et il alla jusqu'à méconnaître l'autorité de la fameuse fausse décrétale *Redintegranda*. Cela ressort d'une manière évidente, d'une décrétale également célèbre

---

1. Bruns (*Besitz im Mitt.*), p. 244.

d'Innocent III, le canon « Sæpe, » c. 18. décrétales *de restit. spoliat.* II, 13.

« Sæpe contingit quod spoliatus per spoliatorem in alium re translata, dum adversus *possessorem non subvenitur per resti-tutionis beneficium spoliato*, commodo possessionis amisso propter difficultatem probationum juris proprietatis amittat effectum. Unde non obstante juris civilis rigore sancimus, ut si quis de cetero *scienter* rem talem receperit, cum spoliatori quasi succedat in vitium..... contra possessorem hujusmodi spoliato per restitutionis beneficium succurratur [1]. »

Ainsi le pape Innocent III, se rapprochant des principes ro-mains[2], déclare que, d'après le droit strict, la restitution ne peut être exigée que de l'auteur de la violence et non pas de ses ayants cause à titre singulier, fussent-ils de mauvaise foi ; le pape décide que l'ayant cause de mauvaise foi sera tenu comme l'auteur de la violence. On ne pouvait reconnaître plus ouver-tement que le tiers détenteur de bonne foi était à l'abri de toute poursuite ; cependant le canon *Red.* disait le contraire. Aussi la conciliation des deux textes gêna-t-elle considérable-ment les commentateurs canonistes postérieurs. Les uns imagi-nèrent de dire que le canon « Sæpe » était simplement super-flu, inutile ; d'autres insinuèrent qu'il était fait pour les laïques, le canon *Red.* se limitant aux ecclésiastiques[3]. Pourquoi ne pas avouer la contradiction, surtout quand elle a un motif, on doit le reconnaître, aussi légitime et aussi sérieux ?

Le pape Innocent IV fut également un adversaire déclaré de l'exception *spolii*, qu'il regardait comme un embarras et la source de chicanes ; et il fit insérer dans le concile de Lyon de 1245 les résolutions suivantes [4] :

---

1. Le canon fut inséré dans les décisions du concile de Latran, en 1215.
2. L. 3.10. D. 43.17.
3. Le résultat fut que la responsabilité du tiers détenteur de bonne foi devint l'objet de controverses.
4. Voir le cap. 1. Sexte, de *restit. spoliat.*, II, 5.

« In civilibus negotiis spoliationis objectu, quæ ab alio quam ab actore facta proponitur, judex procedere non proponat.

« Illum spoliatum intelligi in hoc casu, cum criminaliter accusatur, qui tota sua substantia vel majore parte ipsius se per violentiam destitutum affirmat.

« Si spoliatus de spoliatione contra suum accusatorem excipiat, ei tempus a judice debet indulgeri, infra quod restitutionem imploret ; quod si infra tempus indultum non petierit, deinceps potest accusari. »

Ainsi l'exception était ramenée à son point de départ : on ne l'accordait que dans une instance criminelle. Quant à l'action *spolii*, ce qu'on appelait la *condictio ex can*. Red. le même Innocent IV l'avait purement et simplement niée [1] :

« In rebus ecclesiasticis dixerunt quidam contra quemlibet agi posse conditione ex c. Red. ; sed nos hoc non dicimus, et intelligimus hoc caput Red. et alia quæ pro eo facere videntur quod omnia sunt spoliatis restituenda, non condictione ex canone, sed interdicto Unde vi, vel aliis competentibus actionibus, puta si dolo contraxit, actione de dolo, si metu, q. metus c., et sic de aliis. »

64. Mais ces efforts étaient prématurés. La pratique était lancée; et le *remedium spolii*, la *condictio ex canone Red*. répondait encore à des besoins trop réels, à une nécessité trop pressante de prohiber les violences, pour céder même devant l'autorité papale. Le quatorzième et le quinzième siècles nous montrent l'apogée du *remedium spolii*. Son développement est si exagéré qu'il ne supporte plus aucun examen juridique, et que l'on peut prévoir la décadence.

D'abord on accorde expressément l'action *spolii* au simple détenteur. L'extension aux meubles n'avait, je crois, jamais été niée ; mais elle est à présent formellement reconnue. Mais

---

1. Bruns (*Besitz im Mitt.*), p. 223. Voir au reste le cap. 1. Sexte II, 5, *De restit. spoliat.*

c'est surtout sur la notion de la violence que se sont produites les plus grandes innovations.

La violence caractérisée, proprement dite, n'est plus nécessaire, et cela est naturel dans une doctrine qui applique aux droits la théorie de la dépossession. Le plus souvent la *dejectio violenta* d'une *possessio juris* ne se conçoit pas, et dans tous les cas la violence est inutile : tout acte qui s'oppose au renouvellement de l'exercice d'un droit, constitue une dépossession. C'est ainsi que nous voyons mentionner comme cas de dépossession tout refus d'acquitter un devoir ou une prestation (due périodiquement), par exemple le refus de l'archevêque de Cambridge d'accorder à l'archevêque d'York le droit qui appartenait à ce dernier dans toute l'Angleterre, de faire porter devant lui une croix sur son passage [1] ; dépossession, le cas d'omission d'un électeur pour élire l'abbé ; dépossession, le cas où le mari répudie sa femme, celui où la femme quitte son mari. Et ce qu'il y avait de plus bizarre, c'est que cet acte constituant la dépossession ne devait pas nécessairement émaner du débiteur de la redevance ou du droit. Il pouvait émaner d'un tiers, et c'était alors contre le tiers que l'action était accordée. J'en vais donner un exemple bien frappant. Les conventions ne peuvent produire d'effets qu'entre les parties. Jamais les Romains n'eussent admis qu'on pût s'en prendre à un autre qu'au débiteur de l'obligation, au cas où elle ne serait pas exécutée : c'eût été contraire à toute notion juridique. Le droit canonique admit cependant que, dans l'hypothèse d'une redevance ayant le caractère personnel, non seulement le refus du débiteur d'acquitter la redevance, mais encore tout acte d'un tiers qui aurait empêché ce débiteur de l'acquitter, constituerait une dépossession et donnerait ouverture à l'action *spolii* contre ce tiers. Voici à ce sujet quelques passages empruntés aux décrétales :

1. C. 1. Décrétales; *ut lite pendente*, II. 16.

« Te proponente quæstionem adversus Hospitalarios, quod decimas de laboribus rusticorum suorum non permitterent tibi solvi..., igitur decimas, quæ per Hospitalarios detinentur, petiisti [1].

« Suggestum est nobis, quod fratres de U. decimas vobis auferre conantur [2]. »

« Ad decimas quas canonici s. N. se asserunt infra parochiam B. clerici possedisse aliquandiu, et eis per eumdem clericum spoliatos fuisse, nequaquam debent restitui [3]. »

Le trouble ou la dépossession consiste dans l'opposition du tiers au payement de la redevance. On est allé plus loin, et on a considéré comme une spoliation la simple tentative de s'attribuer le bénéfice d'une redevance, sans empêcher d'ailleurs le débiteur de payer une deuxième fois à son créancier [4]. »

Enfin, et ici l'innovation n'est plus seulement bizarre et antijuridique, mais dépasse véritablement les limites de la justice et de la raison, on arriva à présumer l'iniquité de la dépossession, c'est-à-dire à présumer la violence. Nous trouvons la règle ainsi énoncée dans un texte du quatorzième siècle.

« Et sic sentit apertissime, quod non incombat actori onus probandi, se injuste perdidisse possessionem, sed *præsumitur quod injuste amiserit* eo ipso quod non probatur contrarium. »

Il suffisait d'établir qu'on avait eu la possession et qu'on ne l'avait plus, pour faire présumer qu'on en avait été privé injustement. La preuve de votre spoliation se faisait indirec-

---

1. C. 31. Décrétales, de *decimis*, III, 30.

2. C. 9. Décret. *de decimis*, III, 30; comp. le C. 19. Décrétales, *de restitut. spoliat.* II. 13.

3. C. 2. Sexte, *de restit. spol.* II, 5.

4. Le simple « auferre » est, d'une manière générale, présenté comme une spoliation, C. 9. Décret. III, 30 *de decimis* ; de même le C. 2. Sexte, *de restit. spol.* II, 5 donne l'action contre le curé de la paroisse, sans distinguer suivant le parti que prendront les habitants. On considérait que le premier payement libérait les débiteurs. Il y a dans tout cela, sous l'influence des idées chrétiennes, une confusion indéniable de la morale et du droit. Le canon « Sæpe » en offre un exemple caractéristique.

tement, par la preuve de votre possession ancienne, et de la possession actuelle de votre adversaire. De là vient que, dans le *remedium spolii*, au rebours de nos actions actuelles et de celles du droit romain, on dit que la possession ancienne « antiquior possessio » vaut mieux que la possession nouvelle « possessio nova [1] ». Un auteur de l'époque dit :

« Remedium C. Red., in quo satis est, probare de antiquiore possessione agentis, et possessionem postea ad conventum pervenisse, nisi probetur quod possessor antiquior juste possessionem amiserit. »

Peu importe que le possesseur ait un titre ou non ; sa seule ressource sera de prouver que la dépossession a eu lieu *ex justa causa* ; « actorem juste possessionem amisisse » ou « sponte a possessione cecidisse [2]. »

Enfin les exceptions au *remedium spolii* étaient fort controversées : on allait jusqu'à penser que le *can. Red.* excluait même la prescription de trente ans « quacumque conditione temporis. »

Le *remedium spolii*, malgré son extension exagérée et antijuridique, s'implanta néanmoins assez solidement en Allemagne. Combattu aux dix-septième et dix-huitième siècles, il ne commença à céder réellement dans la pratique que depuis l'ouvrage de M. de Savigny et ce n'est pas un des moindres titres de gloire de cet auteur. En France, il se heurta contre la résistance de l'épiscopat et, ainsi que nous aurons occasion de le constater, il n'eut qu'une influence bien plus restreinte et surtout plus passagère [3].»

65. Il me reste, pour compléter cet exposé du droit canonique,

---

1. C'est ce que notre ancien droit rendait ainsi : «Les anciens exploits valent mieux que les nouveaux. »

2. Bruns (*Besitz im Mitt.*). p. 230, 231 ; Meischeider, p. 166, 167.

3. Comp. sur tous ces points M. Bruns, *das Recht des Besitzes im Mittelalter* ; Sav., p. 509 s. ; Meischeider, p. 145 s., p. 166 s.; Bruns (*Besitzklagen*), p. 213 s. ; Alauzet (*Histoire de la possession*), p. 201 s.; Randa, p. 144, 145 et n. 43.

à dire quelques mots du *summariissimum*, qui, je me hâte
de le dire, n'est pas à proprement parler une institution canonique. L'idée générale et toute naturelle qu'on peut se faire du
summariissimum, d'après son nom même, et c'est l'idée que
nous expose M. de Savigny[1], est que la crainte des violences a
fait imaginer une instance encore plus simple et plus rapide
que l'action possessoire, afin d'ôter tout prétexte aux abus de
la force : cette instance aurait rendu à l'action possessoire le
même service que l'action possessoire à la revendication.
Cependant il n'est pas bien certain que le droit canonique,
dans lequel on ne trouve d'ailleurs, que quelques témoignages obscurs et plutôt précurseurs du *summariissimum*,
l'ait envisagé à ce point de vue. Un texte du temps le présente
comme : « Nuda et mera manutentio ac defensio in possessione vel quasi, donec plenius fuit cognitum.... ut lite pendente, qui vere sit in possessione, minime turbetur[2]. » Il est
bien question de la nécessité d'éviter les violences, « timor
armorum ; » il semble bien que ce soit une décision simplement provisoire pour assurer la paix pendant la durée du
procès. Mais on n'a aucune certitude à ce sujet ; et, sans
vouloir me jeter dans des recherches de curiosité pure, je
rappellerai simplement l'opinion de M. Bruns[3]. D'après lui,
le *summariissimum* apparaît, moins comme une préparation
sommaire et provisoire à l'*ordinarium*, que comme un procès
destiné à remplacer l'*ordinarium*, que les parties ne veulent
point intenter[4]. Ce serait donc une instance extraordinaire, se
substituant à l'action possessoire ordinaire, et sans doute
plus simple, imaginée pour ôter aux parties tout prétexte de
s'en remettre à la force, plutôt que d'employer les voies
judiciaires.

1. P. 522 s.
2. Meischeider, p. 142 s.
3. Besitz im Mitt., p. 232 s., notamment p. 236.
4. Ce serait une hypothèse analogue à celle prévue par Gaius IV, 170.

CHAPITRE II

DROIT GERMANIQUE

66. Les auteurs que j'ai pu consulter sont d'accord que l'ancien droit germanique n'a pas connu l'action possessoire ; non pas sans doute qu'on pût impunément troubler un possesseur, mais la loi ne le protégeait qu'en considération de la propriété qui souffrait de cette atteinte : en d'autres termes le droit germanique n'a pas songé à protéger la possession pour elle-même [1], et cela par la raison très simple qu'il n'a pas véritablement connu la possession. La Gewere germanique n'était pas la possession [2]. Le miroir de Saxe la définit : « le fait de pouvoir jouir d'un bien à son gré, » le fait de l'avoir : « In nut und in Gelde; c'est-à-dire : « In Nützung und in Gelde. » Elle comprenait deux degrés bien distincts : 1° la simple détention d'une chose qui, pour les meubles, constituait ce qu'on appelait la simple Gewere : « ledigliche, heb-

---

1. Randa, p. 34 et n. 9, p. 147, p. 533 ; Bruns (*Besitz im Mitt.*), p. 305 ; Alauzet (*Histoire de la possession*), 77 s., p. 82 ; Meischeider, p. 180.

2. Je n'ai pas la prétention de donner un exposé irréprochable de cette institution encore obscure pour les jurisconsultes allemands eux-mêmes. Je crois cependant que les quelques idées que je vais émettre, et qui sont en général le résumé des opinions d'auteurs très considérables (voir n. 1) offrent, sinon une certitude absolue, tout au moins une grande vraissemblance.

bende Gewere, » et donnait l'action , qu'on me passe le mot, détentoire ; 2° dans le cas d'immeubles pour lesquels la simple détention ne suffisait pas, la possession appuyée d'un motif juridique , d'un juste titre : « rechte Gewere [1] ; » dans ce cas l'action était bien fondée sur la posssssion, mais sur la *justa possessio,* ce qui la transformait radicalement, en faisait une action pétitoire.

Voilà la notion générale de la Gewere. Le droit germanique a connu les deux extrêmes ; il ne s'est pas arrêté à ce degré intermédiaire, qui a de plus que la détention l'élément intentionnel, la volonté de considérer la chose comme sienne, sans que cependant cette volonté repose sur un motif juridique, sur une base légitime, comme dans la *justa possessio.* Moins philosophique que le droit romain, il n'a pas dégagé, isolé cet élément volontaire, pour en faire l'objet d'une protection spéciale : il a sans doute pensé que la possession légitime méritait seule d'être protégée, à cause de son rapport avec la propriété ; et que, si on voulait se placer au point de vue du maintien de l'ordre et de la tranquillité, il fallait étendre la protection même au simple détenteur. Seulement la simple détention ne suffit pas pour les immeubles qui ont une valeur considérable, et dont l'acquisition ou la transmission ne passe pas inaperçue, mais laisse des traces qu'on peut invoquer plus tard pour en prouver la légitimité.

Cette législation ne me paraît pas avoir été celle de l'époque primitive : elle accuse un certain degré de civilisation et aussi de complication, et je serais porté à croire, qu'à l'origine, les coutumes germaniques traitèrent de la même manière les meu-

---

1. Dans certains cas, la simple détention, basée aussi sur un motif juridique et légitime, donne l'action possessoire, même pour les immeubles ; mais le simple administrateur pour autrui ne l'a pas. Bruns (*Bezitzklagen*), p. 228. Je ne puis entrer dans ces détails qui compliqueraient outre mesure et obscurciraient la matière ; mais j'invoque ces faits à l'appui de la conjecture que je vais présenter.

bles et les immeubles ; qu'elles protégèrent dans tous les cas, — c'est la conjecture qui me paraît la plus vraisemblable, la plus conforme à l'esprit germanique, — la détention appuyée sur un motif juridique qui la justifie. Plus tard, sans doute sous l'influence des idées qui établirent de si grandes différences entre la valeur relative des meubles et des immeubles, on devînt plus exigeant pour les immeubles, afin d'être sûr qu'ils resteraient aux mains des *possesseurs légitimes*, et à l'inverse, mais par une raison semblable, on se contenta de la simple détention pour les meubles. Quoi qu'il en soit de cette conjecture, l'action accordée au détenteur de meuble ne peut être qualifiée de possessoire ; l'action accordée au possesseur légitime d'un immeuble est, je le montrerai, une vraie action pétitoire. Les deux actions admettent les exceptions pétitoires et notamment l'exception *justi dominii*.

67. D'après ce que je viens de dire, on voit que la Gewere ne se confond pas du tout avec la possession du droit romain, elle est tantôt plus étroite et tantôt plus étendue. Pour les meubles elle se confond avec la détention ; pour les immeubles, avec la propriété ou, plus exactement avec la *justa possessio*, qui en tenait lieu aux yeux des Germains[1]. Le droit canonique, dans sa ferveur à protéger la possession, sut tirer parti de la Gewere germanique : il étendit la possession à tous les cas où existait la Gewere, et l'on vit alors se produire une pénétration réciproque des deux systèmes, la possession romaine et la Gewere germanique, chaque institution s'adjoignant les extensions de l'autre. C'est ainsi qu'à l'exemple de la *quasi possessio*, on arriva à étendre la Gewere aux droits[2]. La Gewere avait pour objet direct et immédiat la chose même ; on ne connaissait que la « Gewere an der Sache, » comme autrefois les Ro-

---

1. M. Bruns (*Besitz im Mitt.*), p. 285, reconnaît expressement qu'il n'y avait qu'une action réelle, laquelle était pétitoire. Le droit réel invoqué était la propriété, plus exactement la possession légitime.

2. Meischeider, p. 396 s. ; Randa, p. 534 ; Bruns (*Besitz im Mitt.*), p. 338.

mains la seule « possessio rei » : on ne connaissait pas de
« Gewere am Rechte » indépendante et distincte. Mais la
Gewere an der Sache comprenait en elle tous les droits qu'une
personne possédait sur la chose soumise à la Gewere ; et ainsi
le droit faisait aussi l'objet d'une Gewere, mais non pas d'une
Gewere séparée : on avait la Gewere am Rechte, parce qu'on
avait la Gewere de la chose objet du droit. Par exemple le
droit d'un évêque sur une communauté, le droit d'un seigneur
sur un village étaient compris dans la Gewere de l'évêque sur
la communauté, du seigneur sur le village. Le droit canonique, imbu des idées romaines, distingua le droit de la chose
qui en faisait l'objet et, par analogie de la *possessio juris*,
reconnut l'existence d'une Gewere am Rechte indépendante
de la Gewere an der Sache, et en fin de compte l'assimila à la
possessio juris. Ce procédé lui fut même très utile pour arriver
à étendre démesurément la possession des droits. L'ancienne
Gewere avait un domaine très vaste ; le droit canonique isola
la Gewere am Rechte partout où elle était unie à la Gewere an
der Sache, et assimila les deux Gewere à la *possessio rei* et à
la *possessio juris*[1]. Mais la Gewere des droits n'eut pas un
caractère différent de la Gewere appliquée aux choses, et n'en-
gendra pas davantage d'action véritablement possessoire.

68. Nous avons d'ailleurs une preuve péremptoire que le droit
germanique a ignoré le système de la protection de la possession proprement dite, et que les plus anciennes coutumes se
sont toujours placées au point de vue du droit et non pas du
fait : cette preuve se tire de la manière dont on traitait les
violences. Dans un système, qui veut respecter les manifestations de volonté accomplies paisiblement et avec les apparences
légitimes, c'est-à-dire dans le système possessoire, aussi bien
que dans le système qui va jusqu'à protéger la simple déten-

---

1. Bruns (*Besitz im Mitt.*), p. 340 ; Meischeider, p. 395 s. Ce n'est pas à
dire cependant que la Gewere des droits et la quasi-possession se soient absolument confondues : voir Randa, p. 534 et n. 29.

tion, pour empêcher toute atteinte à l'ordre public et à la tranquillité, on ne se borne pas à réprimer et punir les actes de violence, on les considère comme non avenus et de nul effet ; leurs conséquences sont anéanties, la possession qui a été ainsi acquise est vicieuse et doit être restituée. Tout système possessoire repose en pratique sur l'interdiction de se faire justice à soi-même. Eh bien, dans l'ancien droit germanique, un propriétaire, qui se fait justice à lui-même, n'est pas tenu de restituer la chose qu'il a enlevée et, s'il prouve sa propriété, il n'est pas même tenu de payer l'amende qu'entraîne la violence. La violence est régie ainsi.

1° Elle est punie d'une amende, mais n'entraîne jamais par elle-même l'obligation de restituer.

2° Elle laisse subsister la preuve de la propriété, de laquelle dépend la sentence du juge ; et si l'auteur de la violence prouve qu'il était propriétaire, il est déchargé même de l'amende.

Ce sont là les principes généraux et qui montrent bien le caractère pétitoire de l'action employée, puisque la décision dépend de considérations de fond. On lit dans la loi salique[1] :

« Si quis animal suum perdiderit, debet achramire[2]. Si noluerit, et violenter, quod se agnoscere dicit, tulisse convincitur 1200 denar. culpabilis judicetur. »

Dans la loi des Burgondes : « Quicumque caballum quasi agnitum pro suo tulerit, et suum esse non potuerit probare, caballi *alterius*[3] amissione damnetur[4]. »

Dans une loi Lombarde du huitième siècle : » Si quis sua auctoritate terram alienam sine publico jussu guiffaverit, dicendo quod sua debeat esse, et postea non potuerit probare quod sua sit, componat cum sex solidis[5]. »

---

1. Loi salique, 3e texte, ch. XXXVII. 1-3. Pardessus, p. 93.
2. Le mot « achramire » signifie *vindicare*.
3. Ainsi on ne le condamne pas à la restitution de la chose même, mais à une amende égale, et seulement pour le cas où il ne peut pas prouver sa propriété.
4. Loi des Burgondes, t. XIX, 2.
5. Loi de Liutprand, l. 6. ch. XCV.

Dans un Capitulaire de 819 (Louis le Débonnaire) : « Invasor rerum interpellatus, aut easdem res quærenti reddat, aut eas si potest juxta legem se defendendo sibi vindicet[1]. »

On trouve même deux textes, l'un de la loi des Burgondes, l'autre des Graegas Islandais [2] qui autorisent formellement, dans certains cas, l'emploi de la force pour se faire justice à soi-même.

Cependant il n'en serait pas de même si la violence dégénérait en brigandages, et, dans ce cas, les textes imposent l'obligation de restituer. Enfin on trouve l'obligation de restituer, même au cas de simple violence, dans une loi norwégienne de 1279 :

« Engi madr scal fyrir audrom taka — Enn sa er fyrir audrom tekr, tha scal hann that aptr færa, — ok sæki sitt at laugom sidann. » Ce que M. Bruns traduit ainsi : « Kein Mann soll fort (einem) andern (etwas) nehmen. — Wenn so Jemand fort (einem) andern (etwas) nimmt, da soll er das *zuruckgeben* — und fordern (das) seinige *nach* (*den*) *Gesetzen* dann. » En français : On ne doit rien prendre à autrui. Si quelqu'un prend quelque chose à autrui, il doit le lui restituer et réclamer ensuite son bien conformément aux lois.

Seulement cette loi est de la fin du treizième siècle, et il est permis de conjecturer qu'elle a subi l'influence notamment du droit canonique : elle n'infirme donc pas la théorie générale sur la violence.

D'ailleurs on comprend qu'avec la procédure très rapide, en général la procédure par serment, en usage dans les pays germaniques, le procès ne pouvant jamais traîner en longueur, on sentît bien moins la nécessité d'une instance provisoire, destinée précisément à empêcher les violences en attendant la solution de la question pétitoire.

---

1. *Capitulare tertium*, 819. ch. ix. Comp. dans la loi bavaroise, t. X, ch. ii, 1. ; t. . ch. xvi, 1.2.
2. Bruns (Besitz im Mitt.), p. 298.

Le résultat est donc que l'ancien droit germanique n'a pas connu d'action basée sur la seule possession, et qu'il n'a même pas traité avec défaveur la prétention de se faire justice à soi-même par la force. Il n'a protégé la possession que lorsqu'elle était fondée sur un motif légitime, et en considération de la propriété avec laquelle elle venait se confondre. C'est là une doctrine juridique fort acceptable et dont les traits généraux ont persisté dans le droit moderne de l'Allemagne.

69. Je vais maintenant en m'appuyant sur les textes, montrer que l'action germanique en restitution d'un bien est une action pétitoire et non pas possessoire. Les deux caractères d'une action possessoire, comme le remarque M. Bruns [1], sont : 1° que le demandeur invoque uniquement sa possession et non pas un droit ; 2° que le défendeur n'est pas admis à opposer des exceptions pétitoires. Cependant cette deuxième condition est moins essentielle que la première, et une action pourrait demeurer possessoire, tout en admettant des exceptions pétitoires [2] ; seulement elle se rapprocherait un peu des actions pétitoires. Or dans l'action que nous allons examiner, le demandeur et le défendeur invoquent tous les deux des droits [3] ; les mêmes expressions sont employées pour tous les deux : ils doivent tous deux « vindicare, » dans la loi Salique « achra-

---

1. Bruns (Besitz im Mitt.), p. 286.

2. J'en vois un exemple dans la l. 3.7 fin, D. 43.17, où il est dit que le propriétaire du sol aura l'*Uti possidetis* contre le superficiaire ; mais celui-ci se verra protégé par le préteur « secundum legem locationis, » ce qui signifie très probablement qu'il pourra opposer son contrat à titre d'exception.

3. M. Bruns (Besitz im Mitt.), p. 286 s., attribue, à mon avis, trop d'importance au fait que l'exception du défendeur est positive, et non pas simplement négative comme dans les actions contractuelles. Mais c'est un caractère commun à toutes les actions réelles, que le défendeur ne peut pas se borner à nier le droit du demandeur : il faut qu'il affirme de son côté un droit qui lui soit propre. C'est ce que disent les Inst. IV, 6.2 « ei qui possidet, non est actio prodita per quam *neget* rem actoris esse. » La circonstance que l'exception est positive ne suffirait donc pas pour lui ôter le caractère possessoire ; mais elle est fondée sur un droit : elle est donc pétitoire. — Même observation à l'occasion du serment.

mire, » dans la loi Anglo-Saxonne « agnian [1] ; » et lorsqu'on arrive aux moyens de preuve, le serment du demandeur, aussi bien que celui du défendeur, doivent contenir la mention du droit. Il est dit dans la loi Salique [2] :

« Si quis bovem aut caballum per furtum perdiderit, et eum consecutus fuerit usque in tres noctes, debet *achramire*. Si vero jam tribus noctibus exactis invenerit, ille apud quem inveniuntur, ipse liceat achramire. »

Dans une loi de Canut : « And gif he gewitnesse hæbbe, agnite hit, odde agife tham, the hit age, » c'est-à-dire en allemand [3] : « Unde wenn er (der Beklagte) Zeugniss hat, eigne (er) es, oder gebe (es) dem, der es eignet. » En français : « Le défendeur, qui a des preuves, doit revendiquer, sinon rendre la chose à celui qui la revendique. »

La même expression se retrouve à l'occasion du serment à prêter. Il est dit dans une loi de Westrogothie :

« Tha skal hin svaeriæ, at thænni gripær var fra mær stolen, ok jak a ok thu ikki. » En allemand : « Da soll er schwören, dass diese greifbare (Sache) war von mir gestohlen, und ich habe (sie zu eigen), und du nicht, » c'est-à-dire : « Il devra jurer et dire : cette chose m'a été volée, et c'est à moi de la revendiquer, et non à toi. »

Et dans une autre loi de Westrogothie, il est dit : « Svaeriæ, at jak födde han (thrael) hemae i husum ok hæskæp, thær dithi ok drak miolk af mothor spina, thaer war i klaethum vafthær ok i vaggu lagther ; thy a jak han ok thu iki. » En allemand : « Schwören, dass ich aufzog ihn (den Sclaven) daheim in Haus und Familie ; (dass er) dort sog und trank Milch von Mutter Brust, dort war in Kleider gehüllt und in Wiegen gelegen, darum habe ich ihn (zu eigen), und du nicht, » c'est-à-dire : « Le défendeur devra jurer que l'esclave a été élevé dans

1. C'est la même racine que le mot allemand « eigen. »
2. Loi Sal., 3e texte, ch. xxxvii, 1-3, Pardessus, p. 93.
3. Je donne la traduction allemande comme curiosité philologique.

sa maison et sa famille, qu'il y a été nourri du lait maternel, qu'il y a été habillé et mis au berceau. »

Ainsi les textes ne se bornent pas à nous dire qu'il faut pouvoir invoquer un droit : ils énoncent les conditions que le droit invoqué doit réunir ; cette loi nous donne un exemple des faits requis pour prouver le droit. J'en trouve un autre exemple, plus général dans une loi d'Ostrogothie [1].

« Aer that kuiki, tha skal han thaet vita, at han hema födde ok thaer dithi miolk ok mothur spina ; aen thæt æru klathe, t. s. h. t. v. at han laet skapa ok skæra, ok han atte nyt ok onoït ; æn thæt ær suærth, t. s. h. t. v, at han læt skyggia ok skalpa, ok han atte nyt ok onöt ; æn that æru hus, t. s. h. t. v, at han læt af stamme hugga ok gæra... etc. » En allemand : « Ist das Vieh, da soll er das beweisen, das er (es) daheim aufzog, und (es) dort sog Milch und Mutter Brust ; wenn das sind Kleider, d. s. e. d. b., das er (sie) liess schaffen und schneiden und hatte si neu und ungenutz ; wenn das ist Schwerdt, d. s. e. d. b., dass er (es) liess glaetten und einscheiden, und hatte es neu und ungenutzt, wenn das ist Haus, d. s. e. d. b., dass er es lies von Stäemmen hauen und bauen, u. s. w. »

Cette loi nous donne, pour les animaux, pour les habits, pour les armes, pour les maisons, les conditions générales que doit réunir le droit que l'on invoque. Ce droit est tantôt un droit originaire, comme l'occupation, c'est-à-dire le butin, pour des choses enlevées à l'ennemi, la fabrication pour les armes ou les habits, l'élevage pour les animaux, etc. ; tantôt un droit dérivé, la transmission. Quand on invoque un droit originaire, il suffit de prouver que les conditions exigées se trouvent réunies en votre personne ; il n'est pas nécessaire de remonter plus haut. Pour les droits dérivés, il faut mettre à part la transmission héréditaire, la succession. Quoique l'on

---

1. Bruns (Besitz im Mitt.), p. 293. Comp. la loi des Bavarois, t. XVI, ch. 1.2.

ne soit pas tout à fait d'accord sur les conditions exigées dans ce cas, il paraît bien probable que la preuve de la propriété de votre auteur n'était pas requise. Il n'en est pas de même des autres moyens dérivés, et toutes les fois qu'on invoque une transmission, on n'a pas par soi-même une *vindicatio* indépendante ; il faut appeler son auteur à son secours, et lui-même, s'il n'a eu la chose que par transmission, devra à son tour appeler son auteur ; et on sera obligé de remonter ainsi jusqu'à ce qu'on trouve un droit originaire et indépendant. Ces recherches indéfinies pouvaient présenter de grands inconvénients et, pour y couper court, le droit scandinave décidait que celui qui aurait possédé trois ans un immeuble aurait réalisé en sa personne une condition suffisante pour revendiquer cet immeuble. C'est ce qu'exprima une loi d'Ostrogothie « Thaen sum laghahaefthat havaer, hemule sik sialft ; » en allemand : « Der, welcher ersessen hat, were sich selbst, » c'est-à-dire : « Celui qui a cette possession peut se défendre par lui-même, sans l'aide de son auteur, contre toute revendication de la chose. » Cette possession de trois ans était appelée « laghahaeft[1], » et présentait de grandes analogies avec ce qui fut plus tard la Gewere juridique « die rechte Gewere » du droit germanique, et aussi avec la saisine possessoire de notre droit français.

70. A part ce dernier cas, où l'action est bien fondée sur la possession, mais qui est tout spécial, on voit donc que l'action en restitution a toujours le caractère pétitoire, et cela, qu'il s'agisse d'immeubles ou de meubles. Les textes que j'ai cités et qui exigent la preuve d'un droit pour triompher dans l'instance, parlent aussi bien des meubles que des immeubles. J'en pourrais citer d'autres, spécialement relatifs aux meubles. Par exemple, on lit dans un texte[2] :

---

1. De « lagh » loi, et « haeft » possession.
2. Bruns (Besitz im Mitt.), p. 314. Voir les autres textes cités l. c. et dans les Besitzklagen, p. 232. Comp. notamment le miroir de Saxe, l. II, art. 36.

« Wirt ein pfert geanvanget mit Rechte, jener, der das pfert geanvanget, der spricht also; her richter, ich han das pfert gekauft vor frommen leuten auf dem freyen markte umb mein rein gut; dyser hat das pfert geanvanget, » c'est-à-dire : « Pour avoir le droit de réclamer un cheval, il faut pouvoir s'exprimer ainsi (c'est-à-dire faire la preuve de ce qui suit) : Monsieur le juge, j'ai acheté ce cheval en présence de gens honnêtes, sur un marché libre, et de mon argent. » Et la loi ajoute « celui qui peut dire cela réclame à bon droit le cheval. »

Ainsi l'action est pétitoire pour les meubles, comme pour les immeubles. Cette action prend le nom d'« anevang. » Seulement, en prenant les faits tels que je viens de les exposer d'après M. Bruns[1], il faut reconnaître que cela n'est pas bien en harmonie avec la notion que j'ai présentée au début de la Gewere des meubles. Pour les meubles, ai-je dit, la Gewere se confond avec la détention, et il n'est même pas nécessaire que cette détention soit fondée sur un motif juridique. Mais il semble bien que cette Gewere n'engendre l'action possessoire, l'anevang, que si le détenteur peut invoquer un titre à l'appui de sa détention; et même en admettant que l'anevang soit accordée à tout détenteur, elle ne lui est accordée que sous la réserve du droit de propriété que pourrait faire son adversaire. M. Bruns, qui se rallie à cette dernière opinion, cependant bien peu d'accord avec les textes qu'il a cités, observe que l'intervention de l'exception *justi dominii* explique et justifie l'octroi de l'anevang à tous les détenteurs. Cette admission de l'exception de propriété, remarquons-le, ne revient pas à exiger un motif légitime de détention; non, le simple détenteur aura l'action contre une personne qui n'aura pas plus de droit que lui, et en ce sens l'action sera « détentoire », si je puis m'exprimer ainsi. Mais elle est aussi, au moins virtuelle-

---

1. J'ai suivi l'opinion de M. Bruns dans son dernier ouvrage, les Besitz-klagen, p. 228 s.

ment pétitoire, puisque la faculté d'invoquer un titre est toujours réservée.

Il n'en est pas moins vrai qu'il y a dans le système une *inelegantia juris*. Pour ma part, et j'ai déjà laissé entrevoir cette conjecture, j'incline à penser qu'à l'origine le droit germanique protégeait les détenteurs d'immeubles et de meubles indistinctement, lorsqu'ils pouvaient invoquer un motif légitime à l'appui de leur détention. Pour les immeubles, choses d'un grand prix, on devint plus difficile, et on exigea la possession toujours accompagnée d'un fondement juridique; pour les meubles, au contraire, de valeur médiocre aux yeux des nations germaniques « mobilium vilis possessio, » on arriva à se contenter de la détention[1], sauf toujours l'admission des preuves tirées du fond du droit. Mais la protection de la *détention légitime* me paraît avoir été le trait caractéristique du système germanique, et ce caractère s'est perpétué jusqu'à nos jours.

Le résultat définitif et le résumé de cette étude sont que le droit germanique n'a pas connu l'action possessoire. Cependant le possesseur, et sans doute le détenteur, avaient un avantage, qui nous est signalé par des formules un peu vagues, telles que celles-ci :

Dans une loi Anglo-Saxonne : « Agnune bith ner thaem, the haeft, thonne thaem, the afterspraecht » ; en allemand : « Eignung ist näher dem, der besitzt, als dem der entspricht »; c'est-à-dire : « La propriété (littéralement l'appropriation) est plus près de celui qui possède que de celui qui revendique. » « Mieux vaut tenir que courir, » aurait dit Loysel.

---

1. Je prends toujours les faits tels que les présente M. Bruns (Besitzklagen), p. 228 s. : mais il est possible que de nouvelles recherches conduisent à penser qu'on a toujours exigé la détention justifiée : remarquons que l'admission de l'exception de propriété aboutissait à peu près à ce résultat. D'ailleurs M. Bruns lui-même confesse l'obscurité qui plane encore sur cette action. (Dans ses Besitzklagen, p. 230 s., il semble la restreindre au cas de vol ou de spoliation équipollente à vol.)

Et ailleurs : « De in geweren het, is neger to beholdene wen jemande of to winnende[1]. »

Et voici en quoi la situation du possesseur est plus avantageuse ; sa possession lui donne le droit de faire la preuve le premier. En effet, au rebours des idées romaines et de nos idées modernes, la preuve constitue un droit et non pas un fardeau[2], et dès lors celui qui a la priorité du droit à la preuve a l'avantage sur son adversaire ; il a l'avantage de celui qui tire le premier dans un duel.

71. Je viens d'exposer à grands traits le droit germanique dans sa pureté primitive. Mais le droit romain, remis en honneur surtout depuis les glossateurs, le droit canonique firent pénétrer dans le droit germanique la notion de l'action possessoire. Nous en avons déjà trouvé une trace dans une loi norvégienne de 1279 ; les miroirs de Saxe et de Souabe en fourniraient encore d'autres exemples[3], et l'on trouve l'action possessoire formellement exprimée dans une convention faite par Rodolphe de Habsbourg, pour les pays bavarois. Cette loi date de 1281 et est conçue en ces termes :

« Swa ain man den andern ansprichet, er hab in sines guts entwert mit gewalt àn reht, mag de chlager daz bringen mit zwein der nahsten und besten in der pfarre, daz er in entwert hat m. g. a. r., den sol man in sin gewer als lang setzen als ez im auzen gewezen und sol de schuldige 5 ph. geben dem rihter. »

C'est-à-dire : « Celui qui accuse un autre de l'avoir dépouillé

---

1. Je pense que la traduction allemande est celle-ci : « Wer in gewere ist, ist näher zu behalten, als jemand zu gewinnen », c'est-à-dire que l'on doit maintenir celui qui a la gewere, plutôt que de faire triompher un autre qui revendiquerait. — Voir Bruns (Besitz im Mitt.), p. 287, p. 306. Le miroir de Saxe, l. II, art. 36, 3, s'exprime en termes à peu près identiques. Il dit : « He mut it mit meremerechte behalden jene die it in geweren hevet... denne jene de't anegevanget hevet. » Ce que je traduis ainsi en allemand : « Er (le juge) muss mit mehr Recht denjenigen behalten welcher in « Gewere » ist... als denjenigen welcher « anegewanget » hat. »

2. Bruns (Besitz in Mitt.), p. 288, n. 1.

3. Bruns (Besitz im Mitt.), p. 324 s.

de son bien avec violence et injustice, doit amener deux de
ses voisins, parmi les plus considérés de la paroisse, et déclarer qu'il a été dépouillé de son bien avec violence et injustice;
on doit alors *le réintégrer dans sa gewere*, et le coupable paiera
une amende au juge. »

A partir du quatorzième siècle, le droit germanique se modifie sous l'action des influences étrangères, et l'ancien droit,
la pratique nouvelle, le droit romain, le droit canonique composent un mélange dans lequel il n'est pas aisé de se retrouver. On admet les interdits romains, l'action *spolii*, le *summariissimum*[1]. Cependant dès le seizième siècle, et surtout aux
dix-septième et dix-huitième siècles, le *remedium spolii* rencontre de nombreux adversaires, qui suivent l'impulsion donnée en Espagne et en France. Après de longs efforts, on arrive
à faire prévaloir le canon *Sæpe* sur le canon *Redintegranda*,
c'est-à-dire à limiter la responsabilité des tiers aux tiers
détenteurs de mauvaise foi. Au dix-huitième siècle, la présomption de spoliation s'évanouit complètement. Mais l'action
est encore octroyée au simple détenteur, et il faudra toute
l'autorité de Savigny pour restreindre son application dans la
pratique. Le détenteur est qualifié « Inhaber » et cette expression s'applique plus spécialement à celui qui tient la chose
purement et simplement pour autrui. C'est l'acheminement
vers le droit allemand moderne, qui qualifie de possesseur
imparfait le détenteur qui a *l'animus rem sibi habendi*. Cet
« Inhaber » a droit à être protégé contre la violence, et une
ordonnance de Frédéric II, en 1781, lui accorde tout à la fois
le *summariissimum* et le *remedium spolii*[2].

A travers ce chaos on retrouve toujours l'idée de la protection du détenteur légitime, c'est-à-dire de celui qui a un motif
juridique à l'appui de sa détention; et au dix-septième, au

---

1. Je traiterai du *summariissimum* à propos du droit italien qui l'a imaginé.
2. Bruns (Besitz im Mitt.), p. 437 s.

dix-huitième siècle, on lui attribue la qualité de possesseur. Cette observation est importante à faire ; elle caractérise encore aujourd'hui le droit allemand : c'est ce détenteur qui, se transformant un peu, est devenu le possesseur imparfait du droit allemand actuel.

CHAPITRE III

DES MOYENS POSSESSOIRES EN ITALIE

ET EN ESPAGNE.

SECTION PREMIÈRE

LE DROIT ITALIEN

72. Je vais maintenant suivre les destinées du droit romain
en Italie. Il était nécessaire d'indiquer auparavant les deux
sources nouvelles, la législation canonique et la législation
germanique : la première surtout eut une influence considérable sur le droit italien. L'influence du droit germanique sur
le système possessoire fut très restreinte, et cela se conçoit
aisément si l'on se rappelle qu'il était parti d'un point de vue
tout différent. Il n'eut réellement d'influence que pour la possession des droits ; la *Gewere am Rechte,* assimilée par le
droit canonique à la *possessio juris,* servit à étendre considérablement le domaine de la possession des droits, mais encore
cette extension fut-elle l'œuvre directe du droit canonique.

Je ne parlerai pas des compilations barbares qui s'établirent
en Italie, en Gaule et en Espagne après la chute de l'empire
d'Occident. Le Bréviaire d'Alaric est de 506, le Code de Théo-
doric de 500, la loi des Burgondes de 502, 519, et par consé-

quent les trois Codes sont antérieurs à ceux de Justinien. On
sait qu'ils renferment des extraits du Code théodosien.

Je ne m'appesantirai pas non plus sur le droit bysantin postérieur à Justinien. C'est toujours le droit romain, seulement
en pleine décadence et en pleine confusion. Déjà les Basiliques[1]
ne se rendent plus compte du vrai caractère des interdits.
L'*Uti possidetis* reste bien un interdit possessoire, qu'on
applique d'ailleurs indistinctement dans le cas de possession ou
quasi-possession, l'*Unde vi* prend le caractère d'une vraie
action *ex delicto* : il est joint le plus souvent à la loi *Julia de
vi*, quelquefois à l'action *metus*, à l'action *vi bonorum raptorum*.

Les glossateurs se maintinrent assez bien, autant qu'il était
en leur pouvoir, dans les limites du droit romain. Je n'examinerai pas cette controverse fameuse sur la nature de la possession et plus spécialement de l'*animus possidendi*, controverse qui a rempli le moyen âge et même les temps modernes.
Pour la possession des droits, on lit chez un auteur du
douzième siècle : « Incorporalia proprie possideri non possunt
sed quasi possessio ex juris civilis interpretatione in his recepta
est. » Et c'est aussi le point de vue d'Azon et de Placentin[2].

Seulement on prévoit que l'Église, qui avait tant contribué
à la conservation du droit romain, dut bientôt faire prévaloir
ses idées : cela ne tarda pas en effet à se produire, et, à partir
du quatorzième siècle, les jurisconsultes italiens adoptent,
absolument et sans réserve, cette extension que ne justifiait
que trop la situation troublée de l'Italie pendant toute cette
époque. On étend la possession à tous les droits qui en sont
susceptibles, aux droits publics ou privés, aux droits pécuniaires et aux droits de famille, aux droits honorifiques, au
droit « qu'a un évêque de faire tenir son cheval par un comte

----

1. Bruns (Besitz im Mitt.), p. 94-95.
2. Bruns (Besitz im Mitt.), p. 1?0.

dans une procession [1], » etc. Il n'y avait de difficulté que pour les obligations ; et encore la pratique semble-t-elle avoir admis la quasi-possession même dans ce cas, surtout depuis l'introduction du *remedium spolii*.

73. La même marche se reproduisit pour les actions possessoires. A l'époque des glossateurs on trouve les actions romaines, l'interdit *Uti possidetis*, l'interdit *Unde vi*, sans parler des *condictiones possessionis*. Ainsi on mentionne l'*Uti possidetis*, non seulement comme préalable à la revendication, mais comme le moyen de réprimer les troubles portés à la possession. On lit dans un texte de l'époque [2] :

« Sive in judicio, cum de proprietate litigatur, adversarius possessionis controversiam faciat, sive extra judicium faciat, quominus liberam possessionem relinquat, veluti possidentem ædificare vel alias uti prohibeat. »

On ne donne d'ailleurs l'*Uti possidetis* qu'au possesseur, et au possesseur actuel.

L'*Unde vi* n'est aussi accordé qu'au possesseur et seulement dans le cas de dépossession violente : il n'est accordé que contre le spoliateur et ses complices, et se prescrit par un an. Il est intéressant de remarquer que les glossateurs repoussaient par avance cette présomption de spoliation qu'on établit plus tard pour le *remedium spolii* : il paraît qu'une première tentative avait déjà été faite en ce sens à cette époque :

« Reprobatur quorumdam advocatorum opinio, in qua fuit etiam Pillius, quod si aliquando probo, me possedisse rem, quæ ad te pervenit, præsumitur, me possidere et a te violentiam mihi illatam, nisi probes qualiter possideas sine vitio [3]. »

Mais petit à petit les actions du droit canonique s'introduisirent en Italie. On trouve déjà chez les glossateurs l'idée que

<hr>

1. Bruns (Besitz in Mitt.), p. 277.
2. Bruns (Besitz im Mitt.), p. 115.
8. Bruns (Besitz im Mitt.), p. 118.

l'office discrétionnaire du juge lui permet de reconnaître un moyen de défense, une action en restitution au profit du simple détenteur. L'interdit *Uti possidetis* finit par être accordé même au possesseur dépouillé, en vertu de la théorie qui lui laissait la *possessio civilis*. Puis on s'efforce d'élargir l'*Unde_vi*. On cherche à établir la responsabilité du tiers détenteur, d'abord dans le cas d'insolvabilité de l'auteur de la violence, puis dans tous les cas. Enfin au quatorzième siècle la *condictio ex can. Red.* envahit les Romanistes italiens. Sans doute elle ne fut pas admise sans résistance, surtout à cause du canon Sæpe ; on sortit de difficulté en déclarant que le canon Sæpe était simplement inutile. Cependant le *remedium spolii* rencontra ici aussi des adversaires ; et les jurisconsultes italiens s'efforcèrent de le restreindre aux ecclésiastiques, et surtout cherchèrent à repousser la présomption de violence.

74. Enfin c'est en Italie que se développa le *summariissimum*. Nous avons déjà vu l'idée générale de cette institution. Les instances possessoires avaient perdu de leur rapidité ; on n'était que trop disposé à chercher dans la force un moyen sûr et prompt de trancher toute contestation, à se faire justice à soi-même : le *summariissimum*, par une décision hâtive, provisoire, devait prévenir ce recours à la violence et rendre à l'*ordinarium* c'est-à-dire à l'instance possessoire ordinaire le service que celle-ci rendait aux instances pétitoires [1].

Cette idée est exacte dans ses grandes lignes et nous rend immédiatement compte, et de l'utilité, et du but du *summariissimum*. Cependant les premières traces de cette institution, qu'on découvre au douzième siècle dans les décrétales des papes, ne nous apparaissent pas avec ce caractère ; et nous avons vu que, d'après M. Bruns, l'institution encore informe que nous révèle le droit canonique, aurait été une instance

---

1. Sav., p. 523, 524.

possessoire, sans doute plus élémentaire, destinée, non pas à préparer l'*ordinarium*, mais à le remplacer dans le cas où les parties n'auraient pas voulu l'intenter, et que des violences étaient à craindre. Mais le quatorzième siècle vit apparaître en Italie un *summariissimum* d'un nouveau caractère. L'ancien *summariissimum* substituait à l'*ordinarium* une instance également définitive ; et, comme il était forcément d'une nature plus élémentaire, il pouvait aboutir à un résultat injuste et cependant définitif quant à la possession ; d'autre part la durée de l'*ordinarium* s'était accrue, et l'expérience avait prouvé que l'on refusait de s'y soumettre ; la crainte des violences était donc plus pressante que jamais. On imagina alors une nouvelle instance dans laquelle le juge, après une instruction préalable et sommaire, devait rechercher si l'une des parties n'avait pas au moins quelques preuves à l'appui de sa possession réelle, et s'il lui en trouvait, il lui attribuait la possession par une sentence provisoire : ce fut le nouveau *summariissimum*. Ce *summariissimum* devait précéder soit l'*ordinarium*, soit même l'ancien *summariissimum*, et comme il remplissait le même but que ce dernier, sans avoir comme lui l'inconvénient d'une solution définitive et précipitée, il arriva naturellement à le rendre inutile et à le faire tomber en désuétude. Le nouveau *summariissimum* devint alors un préalable de l'*ordinarium* ; on l'employa toutes les fois qu'il y avait « periculum ou timor armorum, » toutes les fois aussi que les parties s'y soumettaient de bonne grâce ; on le considéra même comme rentrant dans l'office du juge, qui devait y avoir recours toutes les fois qu'il l'estimerait nécessaire. On invoquait à l'appui de ce principe une décision de loi romaine, la l. 13.3 D. 7.1.

« Cur enim ad arma et rixam procedere patiatur Prætor, quos potest jurisdictione sua componere ? »

Ainsi le *summariissimum* avait pour base non pas tant la crainte des violences, que l'office du juge. Voici, d'après un auteur du quinzième siècle, Paul de Castro, les différences entre le *summariissimum* et l'*Uti possidetis* ou *ordinarium*[1].

« 1. Illa (La sentence sur l'*ordinarium*) est definitiva; ista est interlocutoria.

2. Illa offert perpetuum præjudicium quousque cognitum sit de proprietate, ista durat quousque lis durat super proprietate vel possessione.

3. Illa expeditur jure actionis vel interdicti, ista vero judicis officio.

4. In illa principaliter agitur de possessione, et in consequentiam venit, ne possessor turbetur; in ista vero principaliter agitur, ne quis turbetur, secundario venit an possideat ille, qui petit ne turbetur.

5. In illa requiritur causæ cognitio plenaria, in ista sufficit summaria, quia non de tanto præjudicio agitur. »

Ce *summariissimum* répondait à des besoins trop réels pour ne pas être rapidement adopté par la pratique. Il le fut en effet, dès le quinzième siècle, même avant d'avoir été accepté par la théorie; mais elle ne tarda pas à l'admettre aussi, et dans toute son extension. Un auteur du dix-septième siècle dit : « Neque requeritur timor scandali seu rixæ. »

Le *summariissimum* était accordé à tout possesseur, aussi bien au « possessor juris » qu'au « possessor corporis, » c'était un moyen semblable à l'*Uti possidetis*, exigeant les mêmes conditions et la même preuve. En principe il était refusé au détenteur, comme tel, car c'était un moyen possessoire; cependant il pouvait lui être octroyé en vertu de l'*officium judicis*: le juge avait, à ce point de vue, un pouvoir discrétionnaire.

Ce *summariissimum* réalisa ainsi le but recherché, empêcher les violences pendant la durée de l'instance possessoire, de même que l'*ordinarium* avait pour objet de les empêcher pendant le procès pétitoire. Il fut en réalité un incident de procédure, préalable à l'*ordinarium*, et arriva à en faire partie

____

1. Bruns (Besitz im Mitt.), p. 267.

intégrante. Quelquefois, il est vrai, on essaya d'en faire une instance possessoire séparée, un *judicium separatum ;* mais, même alors, il fut toujours qualifié de « judicium accessorium. »

75. Son utilité dans l'interdit *Uti possidetis* le fit étendre aux actions *recuperandæ possessionis,* et même aux actions pétitoires. Sans doute sa signification primitive s'altéra un peu dans ce cas : ce ne fut plus un moyen de fixer la possession douteuse, puisque dans une action récupératoire la possession actuelle n'est pas douteuse, et que, dans les actions pétitoires, elle n'est qu'accessoirement en jeu ; mais ce fut un moyen de prévenir les violences, grâce à une décision provisoire rendue après un examen sommaire ; ce fut, pour appeler les choses par leur nom, une sorte de jugement interlocutoire, dont l'application se conçoit dans toute espèce d'affaires.

Ce *summariissimum,* incident de procédure préalable à l'*ordinarium,* se propagea dans toute l'Europe ; il passa en Allemagne, en Espagne, et nous trouverons son analogue dans notre ancien droit français sous le nom de récréance. L'Espagne l'admit dans sa teneur générale, sans le restreindre au cas où il y aurait *timor armorum ;* les attaques dont il fut l'objet de la part de quelques jurisconsultes restèrent infructueuses : on le trouve dans la pratique et dans les écrits du dix-septième siècle et il a persisté jusqu'à nos jours [1].

En Allemagne [2] le *summariissimum* fut reçu dès le seizième siècle ; et la doctrine s'ingénia d'abord à lui chercher une base juridique. S'étant aperçue qu'on ne pouvait trouver son origine dans le droit romain, elle s'efforça de lui en découvrir une germanique, mais en vain ; alors elle essaya de restreindre son application, de la limiter au cas où les violences étaient à craindre ; puis n'obtenant aucun succès dans la pratique, elle se rejeta dans un extrême contraire, et préten-

1. Bruns (Besitz im Mitt.), p. 349, 350.
2. Bruns (Besitz im Mitt.), p. 375, p. 397 s. ; Meischeider, p. 161 s.

dit en faire une instance possessoire distincte, une action dans laquelle on se serait fondé sur la possession actuelle, « possessio nova, » tandis que la possession ancienne et le titre faisaient triompher dans l'*ordinarium* [1]. La pratique s'émut peu des controverses et des variations de la doctrine : elle adopta le *summariissimum*, tel qu'il existait en Italie et dans toute sa généralité ; mais ce ne fut toujours qu'un préalable de l'*ordinarium* et il ne le remplaça point. D'ailleurs on lui appliqua les mêmes règles, et entre autres on admit l'exception *vitiosæ possessionis*, toutes les fois du moins qu'elle ne pouvait donner lieu à une contestation sérieuse, entraînant des longueurs. On finit par l'accorder au simple détenteur.

De nos jours le *summariissimum* existe encore en Allemagne [2]. Il est accordé à tout « Inhaber » c'est-à-dire à tout détenteur, et le simple détenteur, c'est-à-dire celui qui n'a même pas l'*animus rem sibi habendi*, semble bien pouvoir en user ; au moins il n'est exclu par aucun texte exprès.

SECTION II

LE DROIT ESPAGNOL [3]

70. J'ai peu de chose à dire du droit espagnol. La *lex Romana Wisigothorum* ou Bréviaire d'Alaric resta en vigueur environ jusqu'au treizième siècle, c'est-à-dire jusqu'à la renaissance du droit romain. A cette époque on fit un recueil nouveau, appelé les « Siete Partidas, » recueil qui contient beaucoup de droit romain, et pour le surplus le droit romain restauré comblait les lacunes. C'est ainsi que les jurisconsultes espagnols reconnurent

---

1. Ce n'était rigoureusement vrai que du *remedium spolii,* depuis l'admission de la présomption de spoliation.
2. Bruns (Besitz im Mitt.), p. 438.
3. Bruns (Besitz im Mitt.), p. 343 s.

la validité et l'autorité des décisions romaines sur la possession ; seulement le droit romain ne leur arrivait guère que transformé et défiguré. On admit presque sans restriction la théorie italienne et canonique sur la possession des droits : elle ne faisait doute que pour les obligations purement personnelles. Les actions possessoires pratiquées en Italie s'introduisirent aussi en Espagne : *condictiones, interdits, summariissimum*, et le *remedium spolii*. Mais le *remedium spolii* y fut pour la première fois attaqué avec acharnement : c'est là un point intéressant à noter. Un jurisconsulte du seizième siècle, Sarmiento de Mendoza, dit :

« Tria sunt judicia a doctoribus nostris ex mala legum et canonum interpretatione adinventa quæ lites plurimas et injustissimas excitant, non sine maximo reipublicæ detrimento. »

Et le *remedium spolii* est un des trois moyens visés :

« Invenerunt doctores quoddam remedium ad omnes justos possessores spoliandos et inquietandos, quod remedium ex can. Red. appellant. »

Cependant le *remedium spolii* subsistait encore au dix-septième siècle dans la pratique et même dans la doctrine ; mais en butte à de nombreuses controverses, et rejeté par bien des auteurs dans le cas où on prétendait l'employer contre un tiers possesseur de bonne foi.

CHAPITRE IV

ANCIEN DROIT FRANÇAIS

77. Les systèmes législatifs ont tous leur originalité. Les Romains avaient protégé la possession pour elle-même et indépendamment de la propriété ; l'Église avait aussi entrepris de protéger la possession pour elle-même, mais au moyen âge, la possession, c'était pour ainsi dire la propriété ; le droit germanique n'avait pas conçu l'idée de la possession proprement dite et n'avait songé à la protéger que par faveur pour la propriété. Le droit français se dégagea de bonne heure de ses origines germaniques, et établit un système de protection véritablement possessoire ; il n'alla cependant pas aussi loin que le droit romain [1], ni que le droit canonique, qui avaient protégé toute possession : la possession ne parut assez respectable à ses yeux qu'après avoir duré un certain temps, l'an et jour, et ainsi le droit français chercha dans la durée la garantie que le droit germanique avait trouvée dans le titre. Seulement l'intervention d'un titre changeait le caractère de la possession et en faisait un droit , elle modifiait l'action et la rendait pétitoire : la durée n'a pas le même effet : ce n'est pas un élément étran-

---

1. Nous verrons que, de nos jours, le droit autrichien est le seul qui protège la possession dans les termes du droit romain.

ger, c'est une qualité ajoutée à la possession, mais qui n en altère pas la nature : on n'exige aucune condition de bonne foi, de juste titre, en un mot aucune condition de fond à l'appui de cette possession : elle est protégée pour elle-même et indépendamment de la propriété. On peut donc dire que notre ancien droit — et l'observation s'applique à notre droit moderne — a connu l'action possessoire; seulement il n'a voulu protéger que la possession durable, la *saisine*, pour l'appeler par son nom, et non pas la possession instantanée.

78. Cependant le tout ancien droit français nous apparaît avec un caractère un peu différent, ou plutôt ses premiers pas semblent avoir été indécis, hésitants, mal assurés, jusqu'à ce qu'il ait trouvé sa voie. Je ne parlerai pas d'un texte de la loi salique, dans lequel on a prétendu chercher l'origine de nos actions possessoires. C'est un texte inscrit sous la rubrique « de eo qui villam alienam occupaverit, vel si duodecim mensibus eam tenuerit, » ou « de migrantibus. » C'est une erreur manifeste que de vouloir appliquer ce texte à la complainte : il s'agit d'un étranger qui vient s'établir dans un bourg, une communauté d'habitants (villa), et après un séjour paisible d'une année y acquiert le droit de bourgeoisie [1].

C'est la Normandie qui paraît avoir été le berceau de nos actions possessoires, et cette circonstance coïnciderait bien avec les témoignages historiques et légendaires, qui veulent que cette province ait connu la première l'ordre et la tranquillité qui résultent d'une bonne police et de l'obéissance aux lois. Les actions possessoires ne peuvent prendre pied là où les violences sont tolérées et elles sont la conséquence et le complément naturel de leur interdiction.

La première action possessoire aurait été ce que l'on a appelé la clameur de haro « ha Rollo ! » Toute personne dépos-

---

1. Alauzet (Histoire de la possession), p. 7.8 ; Lemarignier (Thèse de doctorat), p. 30 s.

sédée par un crime pouvait pousser la clameur de haro. Elle était restreinte au cas de dépossession criminelle ; mais c'est que dans les premiers temps le crime s'alliait tellement à la violence qu'on ne pouvait guère concevoir l'une sans l'autre. Ce n'est que plus tard que l'on conçut l'idée d'une dépossession indépendante d'un crime, et alors on voit apparaître les « actions de dessaisine. » Le Grand coutumier du pays et duché de Normandie, qui est un recueil de décisions depuis Rollon jusqu'à la réunion du duché à la France, porte :

« Et pour ce doit savoir que si aucun met un autre hors de la possession de son fief à force, il appartient à la justice à enquérir de ce dedans l'an que la force a été faite, et doit faire rendre la possession à celui qui en a été dépouillé. »

La même idée se retrouve dans les lois Anglo-Normandes et par exemple dans ce texte[1] :

« Nous volons que toute gent plus use jugement que force. »

L'interdiction des violences tendrait à prouver que cette action est une vraie action possessoire et qu'elle n'exige aucune condition tirée du fond du droit. Ce principe peut même s'appuyer sur des textes, comme celui-ci :

« Là où deux sount, que *nul droit* ne ount, plus de droit ad le desseisi que le disseisour. »

Cependant d'autres textes émettent le principe contraire et jettent une certaine obscurité sur la matière. On lit dans le Myrror of Justice[2].

« Si ascun moy eject de mon tenement dont jeo aye peaceablement seisin per discent de heritage ou autre *loyal title* de possession... »

Et dans Britton : « Soit examine par nos Justices, comment

<hr>

1. Britton, cité par Bruns (Besitz im Mitt.), p. 355. — Il ne faut pas s'étonner de voir invoquer ici des lois anglaises. D'Aguesseau a dit (œuvres, t. VI, p. 27) : « On peut citer sans crainte une loi d'Angleterre pour prouver une ancienne coutume de France. »

2. Bruns (Besitz im Mitt.), p. 355.

le pleintife y out fraunk tenement et par quel *title*. Car en nulle demaunde ne suffit à soulement demaunder, si le demaundaunt ne monstre par quel *droit*. Title de fraunk tenement puit len aver par succession, jugement, dowarie, etc... »

Cette action en dessaisine «recognitio de nova disseisina, » était à la fois une action *retinendæ et recuperandæ possessionis*. Le mot dessaisine avait deux significations, la première embrassant le trouble et la dépossession, la deuxième, plus stricte et technique, ne comprenant que la dépossession, «car il est proprement disseisi, que à tort est engetté de ascun tenement, que il avera peisiblement tenu [1]. » Elle n'était accordée qu'au possesseur d'immeubles ; enfin, il fallait que la dessaisine fût récente « nova disseisina ; » mais on était très large sur cette condition, et longtemps il n'y eut point de délai fixé pour intenter l'action. Sous Henri VIII d'Angleterre, il s'établit une prescription de cinquante ans [2].

Cette action, qui est basée sur la saisine, dont elle porte le nom « action en dessaisine, » ne mentionne pourtant pas la nécessité de la durée d'an et jour, et en revanche fait allusion à la nécessité d'invoquer un titre à l'appui de sa possession. C'est pour cela que j'ai observé, en commençant, que les débuts de l'action possessoire étaient empreints d'une incertitude, d'une indécision dues probablement à l'influence du droit germanique, dont on ne s'était pas encore bien dégagé. Nous allons voir maintenant l'action possessoire fondée uniquement sur la saisine, sans l'intervention d'aucun élément étranger à la possession : c'est la saisine qui fait l'originalité de notre système possessoire ; le droit français connaît la possession, mais en principe ne protège que la saisine.

---

1. Britton, ch. XLII.

2. Ce point de vue est resté celui du droit anglais. Comp. Meischeider, p. 181 s. ; Randa, p. 14, n. 13 *b*. Seulement ces deux auteurs ne sont pas d'accord : d'après M. Randa, l'action moderne serait tout à fait pétitoire ; M. Meischeider est moins affirmatif.

79. Qu'est-ce donc que la saisine? Je viens d'indiquer ses différences d'avec la Gewere germanique ; la Gewere participait de la nature des droits, à cause du titre qui était invoqué pour lui servir de fondement ; la saisine, c'est la possession pure de tout alliage étranger, seulement c'est la possession pendant l'an et jour. Le livre de justice et plet dit [1] :

« Nos apelons veraie sesine, quant aucun remaint sesi an et jor à la vue et à la seue de celui qui demander peut, et ne veaut demander et se test. »

Et le Grand coutumier de Charles VI (II, 21) : « Jaçoit que le droit de possession et saisine n'aient point différence expresse, toutefois par coutume ils ont telle différence que possession se peut acquérir par occuper seulement, et par icelle possession continuée la saisine est acquise par an et jour. »

Quoiqu'il y ait une différence très grande entre les deux, je suis pourtant intimement persuadé — cela peut paraître paradoxal — que la saisine a puisé son origine dans la Gewere. La même idée a présidé aux deux institutions : on se défie de la seule possession, et comme on veut néanmoins la protéger, on cherche à prendre des garanties, des précautions pour éviter de faire tourner contre la propriété une institution qui est faite en sa faveur. Le droit germanique a adopté une solution radicale ; il a exigé le titre, et du même coup il a sapé par la base le système possessoire et en a fait un système pétitoire. Rappelons-nous pourtant que les pays scandinaves avaient connu une sorte de saisine appelée « laghahaeft, » c'est-à-dire possession légale : c'était la simple possession, débarrassée de l'exigence du titre, mais prolongée pendant trois ans. La saisine française est parente de la laghahaeft ; et l'incertitude, la confusion qui règnent au commencement de notre histoire juridique, cette exigence du titre que nous retrouvons dans la législation normande, moins affirmative cependant que la lé-

1. Klimrath, II, p. 356.

gislation germanique, me semblent bien indiquer une période de transition, qui cherche à se dégager de la nécessité du titre et à se rapprocher de la simple possession [1].

La règle d'an et jour, elle aussi, a, je crois, sa source dans les coutumes germaniques. Reportons-nous au temps où les Germains ne connaissaient pas la propriété individuelle appliquée à la terre, et faisaient ces partages annuels dont nous parle Tacite. Une jouissance de durée inférieure ou égale à l'année avait le caractère d'une concession provisoire et précaire ; et par suite, lorsqu'on vint plus tard à reconnaître la propriété territoriale individuelle, il parut tout naturel de ne considérer comme possession sérieuse et définitive que celle dont la durée aurait dépassé l'année, c'est-à-dire la possession d'an et jour. Notons en passant que cette origine économique nous rend très bien compte de la généralité de la règle d'an et jour au moyen âge.

Il ressort de ces explications, que je rejette l'opinion de certains auteurs qui attribuent à la saisine une origine féodale [2]. On a fait remarquer que l'expression saisine vient de saisir, qui est le même mot que « vestire, vestitura, » et signifie une *missio in possessionem* féodale. On a invoqué des textes rattachant la saisine au droit féodal. Ainsi un vieux texte dit : • « Aucun ne peut être propriétaire, s'il n'est ensaisiné réellement et de fait par le seigneur d'icelle propriété, ou par les gens dudit seigneur sous qui elle est [3]. »

Peu à peu, dit-on, la souffrance du seigneur, d'abord simple délai pour obtenir l'investiture, venant à se prolonger au delà de l'année, finit par faire présumer cette investiture et en quelque sorte la remplacer : ainsi le délai devint suffisant à

---

1. Je ne pense pas que l'on m'objecte que la durée est équipollente à titre. L'objection ne me semblerait sérieuse, que s'il s'agissait d'une durée suffisante pour opérer prescription.

2. Alauzet, p. 84, p. 116 s. ; Belime, *Traité de la possession*, p. 215 s.

3. Coutumes tenues toutes notoires et jugées au Châtelet de Paris, art. 72, cité par Belime, p. 219.

donner la complainte. Laurrière nous dit, sur l'art. 96 de la Coutume de Paris :

« Pour former la complainte il faut avoir la saisine, et pour avoir la saisine, il faut avoir possédé pendant l'an et jour, à moins qu'on n'ait été ensaisiné par le seigneur dont la chose contentieuse est mouvante, car la saisine donnée par le seigneur *vaut* celle qui est acquise par l'an et jour. »

Et dans le même sens Loysel, l. 5, t. IV r. 9. : « Jouissance de dix ans vaut saisine. »

Mais il ne suffit pas d'appeler à son aide l'étymologie, ni même de citer des passages plus ou moins décisifs parlant de la saisine en matière de droit féodal. Celui de Laurrière notamment, qui nous apprend que le droit féodal avait assimilé l'investiture seigneuriale à la saisine d'an et jour, me paraît plutôt conclure en ma faveur : la saisine ne vient donc pas de l'investiture, puisqu'au contraire c'est l'investiture qu'on assimile à la saisine. D'ailleurs je ne nie pas du tout l'existence de la saisine dans le droit féodal ; je sais bien qu'on l'appliqua, particulièrement en matière de succession ; ce que je conteste, c'est que son origine se trouve dans le droit féodal : elle existait antérieurement, et fut simplement étendue à des cas nouveaux, dans des vues d'utilité qui n'ont rien de mystérieux.

80. C'est là la vraie saisine, celle qui est le fondement de la complainte. Mais on trouve dans certains textes, et entre autres dans l'art. 98 de la Coutume de Paris, et dans la rubrique de ce titre l'expression de « simple saisine, » qu'il faut expliquer, et dont je vais rapidement faire la théorie, afin de débarrasser l'étude des actions possessoires.

Et en effet l'action de simple saisine n'est pas une action possessoire, mais une action pétitoire ; seulement elle a pour but de recouvrer la possession, comme les *condictiones possessionis* du droit romain. Cette action fut imaginée au quatorzième siècle par Simon de Bucy, premier président au Parlement de

Paris (mort en 1358). Celui qui avait possédé une chose pendant dix ans ou *majore parte decem annorum* pouvait intenter cette action. La plus longue possession triomphait, et en cas de possessions d'égale durée, la plus ancienne ; aussi disait-on : « En simple saisine, les anciens exploits valent mieux que les nouveaux ; en complainte de saisine et nouvelleté, les nouveaux ou modernes[1]. Au seizième siècle, elle fut restreinte aux rentes et voici ce qu'en dit la Coutume de Paris, sous la rubrique « De la complainte en cas de saisine et de nouvelleté et de simple saisine. »

Art. 98 : « Quand aucun a jouy et possédé aucune rente, et icelle prinse et perçue sur aucun héritage, paravant et depuis dix ans, et par la plus grande partie d'iceluy temps, s'il est troublé et empesché en la possession et jouyssance d'icelle, il peut intenter et poursuivre le cas de simple saisine personnelle contre celuy ou ceux qui ainsi l'ont troublé, et requérir estre remis en la possession en laquelle il estoit, paravant ladite cessation. »

Dumoulin commente l'article en ces termes : « Complainte et saisine en cas de nouvelleté compète pour héritage et droit réel : la simple saisine est plutôt une action personnelle pour la jouissance d'une rente que l'on a cessé de payer ; et n'est pas beaucoup usitée pour le présent, attendu qu'elle ne se forme que pour le seul possessoire (?) et non pour le pétitoire, n'y ayant point de titre de part ni d'autre. »

La fin de ce passage semblerait bien indiquer que l'action est réellement possessoire ; mais on ne comprendrait pas alors cette exigence d'une prolongation de possession pendant dix ans, alors que la saisine d'an et jour donne la complainte. Cette absence de titre a fait illusion aux yeux de Dumoulin, qui ne s'est pas suffisamment aperçu qu'il y avait dans la durée de dix ans une sorte de prescription remplaçant le titre. Au

____
1. Loysel, V, 1, IV, r. 26.

reste il revient ailleurs lui-même sur ces expressions et nous apprend que cette action de simple saisine peut être intentée après que la complainte a été vidée, et qu'elle est presque semblable à la *condictio triticaria*, par laquelle on redemandait la possession[1]. On doit donc en conclure que c'est une action pétitoire[2].

Au reste cette action tomba bientôt en désuétude; il n'en est pas question dans l'ordonnance de 1667.

81. Je laisse donc cette action qui n'a de la saisine que le nom, pour passer aux actions véritablement possessoires. A première vue elles semblent être au nombre de quatre, la complainte, la réintégrande, la récréance, la dénonciation de nouvel œuvre; mais la dénonciation de nouvel œuvre ne fut que le résultat d'interprétations erronées du droit romain, et n'eut d'ailleurs qu'une existence éphémère; la récréance ne fut pas une action séparée. On peut même mettre en doute le point de savoir si la réintégrande constitue une action distincte, en sorte que je suis ramené à la complainte, dont je vais m'occuper tout d'abord.

Les premières traces de la complainte datent du treizième siècle. Il en est question dans un acte de Robert III, comte de Dreux, en date de l'année 1230; on en retrouve la mention, avec la distinction très nette entre la possession et la propriété[3], dans les assises de Jerusalem, dans les Olim et notamment dans une enquête de 1266, enfin dans les établissements de Saint-Louis[4]. Ce fut Beaumanoir qui en traita le premier avec détails[5] :

« Après ce que nous avons parlé de plusors meffès et des

---

1. Dumoulin, sur la Coutume de Paris (éd. 1709), t. I, p. 169, 170.
2. Alauzet, p. 106, 107; Lemarignier (Thèse), p. 37, 38.
3. Cette distinction avait déjà été faite auparavant : ainsi on la trouve dans un Capitulaire de 819.
4. Voir, sur tous ces points, Dumoulin sur la Coutume de Paris, t. I, p. 162 ; Bruns (Besitz im Mitt.), p. 358 et n. 4 ; Alauzet, p. 122 s.
5. Coutumes de Beauvoisis, ch. XXXII, 1-3.

cas de crimes et d'autres et de la vengeance qui appartient à çascun meffet, il est bon que nous parlons en cest capitre d'autres manières de meffès sor les quix li rois a establi novelle voie de justicier et novelle vengeance contre cix qui les font. »

Remarquons d'abord que Beaumanoir invoque une ordonnance royale récente : cette ordonnance, qui pourrait être de Philippe le Hardi, ne nous est pas parvenue, mais ainsi que le fait remarquer M. Alauzet, il ne faut jamais oublier que Beaumanoir est un juriste, un de ces hommes dévoués à la royauté et qui l'aidèrent si puissamment dans sa lutte contre la féodalité : il est naturellement disposé à rapporter à l'autorité royale toutes les institutions utiles qu'il rencontre. Il continue en ces termes :

« Et cil meffet de quoi nos volons traitier, sunt devisé en trois manières, c'est à savoir : force, novele dessaisine et nouvel tourble. — Novelle dessaisine si est, s'aucuns emporte le coze de lequelle j'aurai esté en saisine an et jor pesivlement ; — force, si on le m'oste à grant plenté de gent ou à armes. — Nouviaux tourbles si est, se j'ai esté en saisine an et jor pesivlement, et on le m'empecque, si que je ne puis pas goir en autele manière, comme je fesoie devant, tout soit ce que çil, qui m'empecque, n'emporte pas le coze. »

Ainsi Beaumanoir distingue trois cas, ou plutôt deux, le simple trouble et la dessaisine ou dépossession ; cette dépossession elle-même peut être faite par simples violences, ou à l'aide de gens armés : c'est à peu près la distinction romaine de la *vis quottidiana* et de la *vis armata*. Pour les deux cas Beaumanoir dit qu'on aura l'action, si on a « esté en saisine an et jor pesivlement. » D'où la question de savoir si, au temps de Beaumanoir, on ne connaissait qu'une seule action, la complainte, basée sur la saisine d'an et jour, ou si on n'admettait pas aussi la réintégrande accordée au possesseur, même non annal, lorsqu'il a été non seulement troublé, mais dépouillé de sa chose. Remarquons que cette dérogation aux principes se comprendrait très bien, la dépossession étant un fait plus grave que le simple trouble.

On doit convenir que le passage que je viens de citer, ne fait aucune distinction, et M. Alauzet en conclut que la réintégrande n'était pas donnée au possesseur non annal; elle n'était, comme le dira plus tard Pothier, qu'une branche de la complainte qui prenait ce nom de réintégrande au cas de dépossession.

Je ne puis cependant pas me ranger à cette opinion. D'abord à Beaumanoir on peut opposer Beaumanoir lui-même. Il dit en effet un peu plus bas :

« En aucun cas me puis-je bien plaindre de novele dessaisine, tout soit ce que je n'aie pas esté en saisine de le coze dont je me plains, *an et jor;* si comme sè je suis en seizine d'un queval ou d'une autre beste ou de denier ou de meuble quel qu'il soit... »

Ce passage semble bien accorder l'action en dessaisine, en d'autres termes la réintégrande à un possesseur non annal, et l'on trouverait encore d'autres passages analogues. M. Alauzet conteste néanmoins cette interprétation, et fait remarquer que les textes qu'on invoque mentionnent toujours des meubles : la distinction n'existe donc pas entre la complainte et la réintégrande, mais entre les meubles et les immeubles. Il n'y a qu'une seule action et qui suppose toujours la saisine; seulement la saisine des immeubles est d'an et jour, celle des meubles se réduit à la possession[1]; et je pourrais même ajouter, c'est ainsi qu'en droit germanique la Gewere des immeubles exigeait la possession légitime, celle des meubles se confondait avec la détention; c'est toujours la suite de la même idée « mobilium vilis possessio. »

Cette objection ne laisse pas que d'être très spécieuse : je ne la crois cependant pas décisive. Je m'appuie moins sur le

---

1. Alauzet, p. 145, p. 154, 155.

texte même de Beaumanoir, qui n'est après tout qu'un commentateur et non un législateur, que sur des raisons générales, des considérations historiques. La réintégrande, ainsi que son nom même l'indique, vient du canon *redintegranda*, et a sans doute été importée en France sous l'empire des mêmes nécessités qui l'avaient fait adopter par les autres pays, et sous le patronage tout-puissant de l'Église. Les violences n'étaient pas moins redoutables en France qu'ailleurs et, s'il avait fallu attendre un an pour avoir droit à une protection contre ces incursions si fréquentes au moyen âge, la situation eût été véritablement bien triste. Tant qu'il n'y a qu'un simple trouble, le possesseur a moins besoin de secours ; d'ailleurs il paraît bien qu'il a la force pour lui, puisqu'il a pu se maintenir ; mais la dépossession appelle un remède immédiat, sinon il ne saurait être efficace. Sans doute encore le clergé français résistera plus tard aux extensions injustes et exagérées du *remedium spolii* ; mais au douzième, au treizième siècle il n'était encore accordé qu'au possesseur, et son principe, introduit par l'Église, avait bien dû pénétrer dans nos anciennes coutumes françaises. — D'ailleurs Beaumanoir lui-même, en traitant de l'action en dessaisine, reproduit presque la formule du droit canonique :

« Et par cil jugement pot on veoir, que de quelque coze je soie en saisine, et que la saisine soit bone ou malvèse, et de quelque tans que ce soit, soit grans ou petis, qui m'oste de cele saisine sans jugement ou sans justice, je doie estre *resaisis avant tout œuvre*, se je le requiers. » « Je dois être ressaisi avant tout œuvre, *spoliatus ante omnia restituendus.* »

Cujas, il est vrai, prétendit chercher dans le droit romain l'origine de la réintégrande, et la fonder sur son fameux *interdictum generale*. On lit dans ses Obs. (XIX, 16.1.20) sur le titre C. *Unde vi* :

« Generale interdictum restitutorium *momentariæ* possessionis quod hodie beneficium reintegrandæ possessionis appellamus. »

Je remarque que, même en admettant le point de vue de Cujas, on n'en peut tirer aucune preuve défavorable à ma doctrine; bien au contraire, puisqu'il regarde la réintégrande comme fondée sur la possession *instantanée*, partant non annale, « momentaria possessio; » mais son opinion ne se généralisa pas, et la plupart des auteurs des quinzième et seizième siècles voient dans la réintégrande la fille du *remedium spolii*. L'un d'eux dit expressément :

« Frequentissimus est illius constitutionis (can. Red.) in foro etiam laico usus. »

Et un autre : « Recuperandæ possessionis gratia « redintegration ou redintegrande » ex lege pontificia apud Gallos tralatitia est condictio, sive vi, metu, dolo, sive alia injusta causa despoliati simus rebus nostris vel *mobilibus.* »

Et je serais bien tenté d'expliquer par ce caractère de la *condictio ex can. Red.*, ce passage de Beaumanoir, qui nous parle des meubles comme objets d'actions possessoires. Il me paraît bien douteux que la complainte ait jamais existé pour les meubles particuliers; de toute façon elle n'aurait eu qu'une existence éphémère, puisque nous la voyons restreinte à l'époque du Grand coutumier, c'est-à-dire à la fin du quatorzième, commencement du quinzième siècle, aux universalités de meubles; tandis que le *remedium spolii*, et par suite la réintégrande, au moins au début[1] s'appliquaient à tous les objets, meubles ou immeubles.

Argou considère aussi la réintégrande comme introduite par le droit canonique. Instit. au droit Fr. t. II, chap. IX :

« Il est certain, et dans le droit et dans nos mœurs, que dès le

____

1. Je crois que plus tard, mais sans pouvoir préciser aucune date, la réintégrande ne s'appliqua plus aux meubles particuliers. Cela me semble résulter forcément du rapprochement de cette action avec la complainte : elles suivent en général les mêmes règles.

moment qu'un homme a été chassé par force et par violence, il cesse de posséder. Mais il a une action qu'on appelle réintégrande, laquelle il peut intenter dans l'an et jour pour être rétabli dans sa possession; action si favorable que, quand ce serait le véritable propriétaire qui aurait commis la violence et qui justifierait sa propriété sur le champ, on ne l'écoute point jusqu'à ce qu'il soit rétabli. C'est ce que disent les *canonistes : spoliatus ante omnia restituendus*. »

Et Imbert (dans sa pratique judiciaire, chap. xvii) : « Mais n'est point nécessaire que le demandeur prouve possession *d'an et jour* avant la spoliation, ainsi seulement qu'il était *possesseur* au temps de la spoliation. »

Pothier lui-même, parlant de la réintégrande, rappelle la maxime canonique « spoliatus ante omnia restituendus [1]. »

Si la réintégrande nous vient du droit canonique, comme le droit canonique protège la simple possession et ignore la saisine la conclusion naturelle est que le possesseur même non annal doit avoir la réintégrande. On me dira peut-être : prenez garde, votre système conduit plus loin que vous ne l'imaginez; et si la réintégrande vient du *remedium spolii*, il faut logiquement la donner au détenteur, car on lui accordait le *remedium spolii;* et c'est là en effet le raisonnement qui guide notre jurisprudence actuelle. Il me reste donc, pour compléter ma démonstration, à prouver que cette déduction serait exagérée, que notre ancien droit n'a pas été jusqu'au bout dans l'imitation du droit canonique, et que tout en faisant des concessions sur l'annalité, il a toujours maintenu la nécessité de la possession véritable.

Il est exact qu'à partir du quatorzième siècle environ le *remedium spolii* fut étendu au détenteur; mais c'est également un point reconnu que notre ancien droit français fut de tous le plus réfractaire aux exagérations du droit canonique [2], et bien qu'on

1. Poss. n° 123.
2. Meischeider, p. 153 ; Bruns (Besitz im Mitt., p. 371, 372).

ne puisse nier qu'il ne s'en soit insinué dans notre ancienne France, elles ne s'y implantèrent pas d'une façon durable. C'est ainsi qu'on rejeta la fameuse présomption de violence; et de même la concession de la réintégrande au simple détenteur ne fut jamais reçue comme doctrine générale. La meilleure preuve se tire des textes qui la rapprochent de la complainte. La distinction faite par Beaumanoir entre le trouble et la dépossession ne se retrouve en effet pas dans tous les textes : souvent on regarde la dépossession comme un genre de trouble et l'on passe sous silence l'action en réintégrande. Cette confusion avait le grand avantage de permettre de plaider sans fournir caution. Toute personne plaidant en dessaisine, devait fournir caution. Or la violence était réputée priver de la saisine : on plaidait donc en dessaisine, si l'on intentait la réintégrande et par suite on était obligé de donner caution, ce qui n'était point nécessaire en prenant la voie de la complainte. Dans un but purement pratique, le premier président au Parlement de Paris, Simon de Bucy, permit d'agir en réintégrande sans caution ; et l'on en conclut immédiatement que le plaideur ne devait plus alors être réputé dessaisi, mais seulement troublé avec violence. C'est ce que nous dit Loysel, l. V, t. IV, r. 11. « En cas de nouvelleté se faut bien garder de dire qu'on ait été spolié, mais simplement déjeté ou troublé de sa possession par force. » Seulement cette assimilation de procédure ne doit pas nous induire en erreur et, par une exagération inverse, nous faire croire à l'assimilation des deux actions : il faut la restreindre au but pour lequel elle avait été établie.

On alla même jusqu'à faire abstraction de la dépossession et, grâce aux idées nouvelles introduites par les glossateurs sur la possession, on arriva à considérer la personne dépouillée comme ayant gardé la possession : elle avait bien perdu la *possessio naturalis*, mais il lui restait la *possessio civilis*. Cela permit d'accorder la complainte à ceux-là mêmes qui étaient dépossédés, pourvu qu'ils n'eussent pas commis l'imprudence d'en convenir ; autrement ils auraient perdu également la possession *civilis*. C'est ce que dit le style du Parlement :

« Conquerens in casu novitatis cavere debet, ne dicat se spoliatum, quia in tali casu non posset agere hoc interdicto, quia hoc interdictum nunquam competit, nisi illi, qui se dicit possidere ut l. 1.2. D. U. P. »

Et le Grand coutumier, II, 21 : « Il ne pourrait pas intenter la nouvelleté, s'il ne possédait, ou contendait posséder. »

Et Loysel, que je viens déjà de citer : « En cas de nouvelleté se faut bien garder de dire qu'on ait été spolié, mais simplement déjeté ou troublé de sa possession par force. »

La grande ordonnance de Villers-Cotterets, août 1539, art. 61 et 62 distingue bien la réintégrande de la complainte, mais les range toutes deux dans les actions possessoires. Au contraire la coutume de Paris, absorbant la réintégrande dans la complainte, ne la mentionne pas expressément.

Article 96. Quand le possesseur d'aucun héritage ou droit réel réputé immeuble est troublé et empesché en sa possession et jouissance, il peut et luy loist soy complaindre et intenter poursuite en cas de saisine et nouvelleté[1] dedans l'an et jour du trouble a luy faict et donné audit héritage ou droit réel contre celui qui l'a troublé. »

Remarquons sur ce texte qu'il ne mentionne pas expressément la nécessité d'une possession annale, même pour intenter la complainte ; la même remarque s'appliquerait à l'ordonnance de 1667 et au commentaire de Pothier. C'est ce qui a permis à un orateur de dire dans les travaux préparatoires du Code : « Le Code ajoute, ce que la jurisprudence seule avait établi, que celui qui forme l'action possessoire doit être en possession depuis un an au moins[2]. » Je ne crois cependant pas que ce reproche puisse être adressé à bon droit ni à la coutume, ni à

---

1. C'est-à-dire innovation.
2. Rapport du tribun Faure au Corps législatif. Locré, t. XXI, p. 558.

l'ordonnance : en disant que la complainte est formée « en cas de *saisine* et nouvelleté, » elles indiquaient suffisamment par là qu'il fallait avoir non seulement la possession, mais encore la saisine.

Enfin les auteurs qui parlent de la réintégrande, comme Argou, Imbert[1], tout en supprimant l'annalité, exigent toujours la possession. Je crois ces preuves suffisantes à démontrer que dans notre ancien droit et à l'exemple du droit canonique à son principe, la réintégrande n'était accordée qu'au possesseur, mais au possesseur non annal.

83. L'article 96 de la coutume de Paris nous dit que la complainte ne s'appliquait qu'aux immeubles ou universalités de meubles. L'article 97 le repète d'une manière encore plus formelle.

« Aucun n'est recevable de soy complaindre et intenter le cas de nouvelleté pour chose mobiliaire particulière : mais bien pour université de meubles, comme en succession mobiliaire. »

D'ailleurs le Grand coutumier nous apprend que la règle existait depuis bien longtemps. L. 2, ch. xxi :

« Jaçoit que l'on die que pour meubles l'on ne puisse pas intenter le cas de nouvelleté, toutefois si fait bien en deux cas : 1° en cas d'une succession universelle, 2° si tu prends en ma justice un pourceau ou aucun meuble en justiciant, tu me troubles en ma justice, à raison de quoy l'action de nouvelleté me compète, mais si je me fonde seulement *super re mobili*, *non competeret interdictum Uti Possidetis*. [2] »

Dumoulin[3] nous apprend que certains auteurs avaient voulu

---

1. Voir p. 193. Je n'invoque pas Pothier, parce que Pothier me paraît un peu confondre la réintégrande avec la complainte ; mais cela même démontre à la dernière évidence qu'il exigeait la possession pour intenter la réintégrande. — Comp. Alauzet, p. 260 s. ; Belime (Traité de la possession), p, 401, 402.

2. On voit que le deuxième cas est rapporté à tort comme exemple d'application de la complainte aux meubles, puisque l'action est fondé sur le trouble causé au droit de justice lequel était réputé immeuble, art. 95, Cout. Paris.

3. Dumoulin, sur l'art. 97 de la Cout. Paris.

étendre la complainte au cas de meubles précieux, mais que cette opinion n'avait point prévalu.

Je m'appuie sur ces textes pour penser qu'il n'y a jamais eu de complainte pour les meubles, et que l'action dont nous parle Beaumanoir en cas de dépossession n'est autre que le *remedium spolii*, encore imparfaitement transformé en réintégrande, et qui s'appliquait indistinctement aux meubles et aux immeubles. Il serait difficile de concevoir l'existence d'une action possessoire appliquée aux meubles, dans une législation qui refusait même le droit de suivre les meubles par l'action pétitoire, et par la maxime « en fait de meubles possession vaut titre, » avait établi une fin de non-recevoir à l'encontre de la revendication elle même. D'ailleurs, après Beaumanoir, on ne trouve plus aucune trace d'action possessoire appliquée aux meubles particuliers ; mais l'application aux universalités de meubles, mentionnée par la coutume, se retrouve dans l'ordonnance de 1667.

84. J'arrive à l'ordonnance de 1667, dont le titre 18 est consacré aux actions possessoires.

Article 1. « Si aucun est troublé en la possession et jouissance d'un héritage, ou droit réel, ou universalité de meubles qu'il possédait publiquement, sans violence, à autre titre que de fermier ou possesseur précaire, peut, dans l'année du trouble, former complainte en cas de saisine et nouvelleté contre celui qui lui a fait le trouble. »

Article 2. « Celui qui aura été dépossédé par violence ou voie de fait pourra demander la réintégrande par action civile et ordinaire, ou extraordinairement par action criminelle ; et s'il a choisi l'une de ces deux actions, il ne pourra se servir de l'autre, si ce n'est qu'en prononçant sur l'extraordinaire on lui eût réservé l'action civile. »

D'après Pothier,[1] ces deux actions n'en auraient formé en

---

1. Poss, n° 84.

réalité qu'une : « Notre droit français donne aussi au possesseur, quel qu'il soit, pour l'un et pour l'autre cas une action qu'on appelle complainte. Lorsque le possesseur l'intente pour le cas où il est troublé dans sa possession, elle s'appelle complainte en cas de saisine et nouvelleté. Lorsqu'il l'intente pour le cas auquel il a été dépossédé par violence, elle s'appelle complainte pour force et dessaisine, autrement action de réintégrande. »

Cette assimilation des deux actions est, je crois, inexacte. Et ce n'est malheureusement pas le seul reproche à adresser à notre illustre jurisconsulte. Il ne mentionne pas expressément la nécessité de la possession annale pour avoir droit à la complainte, et cette omission n'est que la conséquence d'un tort bien autrement grave : Pothier n'a pas suffisamment distingué la possession de la saisine[1]. D'ailleurs dans les détails, il est plus exact et, selon son habitude, d'une clarté parfaite. Voici les définitions qu'il donne de la complainte et de la réintégrande[2].

N° 85. « On peut définir (scil. la complainte), une action possessoire que le possesseur d'un héritage ou d'un droit réel ou d'une universalité de meubles, a contre celui qui le trouble dans sa possession, aux fins qu'il y soit maintenu et qu'il soit fait défense à celui qui l'y trouble, de l'y troubler. »

N° 106. « On appelle action de réintégrande l'action de complainte, lorsqu'elle se donne pour le cas de force et de dessaisine, c'est-à-dire dans lequel le possesseur n'est pas seulement troublé, mais a été entièrement dépossédé par violence. — On peut la définir, une action que celui qui a été dépossédé par

---

1. Poss, n° 76, n° 85, n° 102. — M. Belime affirme que Dumoulin n'avait pas confondu la saisine et cite un passage de Dumoulin sur l'art. 94 de la coutume de Paris, où il aurait dit « possessio quæritur momento, sed saisina per an et jour. » A la vérification, je dois dire que je n'ai pas trouvé le passage cité. — La confusion faite par Pothier s'est reproduite de nos jours.

2. Poss, n° 95 s., n° 115, où Pothier interprète très exactement la l. 1.10. D. 43.16.

violence de quelque héritage, a contre celui qui l'en a dépossédé, pour être rétabli dans sa possession... »

Ces deux actions avaient certaines règles communes, d'autres propres à chacune d'elles. Les règles communes étaient :

1° Elles ne sont accordées qu'au possesseur proprement dit, et non pas au simple détenteur. Mais peu importent d'ailleurs les vices de votre possession, pourvu que vous n'ayez pas pour adversaire celui-là même envers qui votre possession est vicieuse. Pothier nous dit même, n° 96, que la première rédaction de la coutume d'Orléans, en 1509, mentionnait la nécessité de posséder *nec vi nec clam nec precario ab adversario*, « lesquels termes furent retranchés comme superflus et devant être suffisamment sous-entendus. »

2° Les deux actions ne sont données qu'en matière immobilière ou pour universalité de meubles [1].

3° Elles doivent être intentées dans l'année du trouble ou de la dépossession, autrement comme la saisine s'acquiert en jouissant par an et jour sans trouble, c'est l'adversaire qui aurait acquis la saisine. [2] Mais si l'on admet, comme Pothier, que la possession ne doit pas être vicieuse à l'égard de l'adversaire, il sera logique de décider que jamais on ne pourra acquérir la saisine à l'égard de celui qu'on a troublé ou dépouillé, parce qu'à son égard on a une possession vicieuse. Cela me paraît la conséquence nécessaire de la règle ; aujourd'hui il est certain qu'on ne tient compte pour la saisine, que de la possession qui réunit les conditions de l'art 2229 C. C.

4° Les exceptions pétitoires sont exclues des deux actions. Pothier nous dit, au n° 101 : « Le possesseur peut intenter la complainte, même contre le propriétaire de l'héritage qui le troublerait dans la possession qu'il en a ; et ce propriétaire ne

---

1. Poss, nᵒˢ 93, 94, n° 108.

2. Et non pas la possession, comme le dit inexactement Pothier ; la possession s'acquiert immédiatement.

sera reçu ni à justifier, ni même à alléguer son droit de propriété. » Et, au n° 123, il fait la même observation pour la réintégrande.

Au reste, l'article 3, t. XVIII de l'ordonnance de 1667 indiquait très bien les seules exceptions reçues en cette matière :

« Si le défendeur en complainte dénie la possession du demandeur, ou de l'avoir troublé, ou qu'il articule possession contraire, le juge appointera les parties à informer. »

Et l'art. 5 rappelait l'interdiction de joindre le pétitoire et le possessoire.

5° Enfin, ces deux actions jouissaient de ce que Pothier appelle deux prérogatives, d'abord d'être portées directement devant les juges royaux, ensuite d'être exécutoires nonobstant appel, en donnant caution. Ces deux prérogatives étaient anciennes. On trouve l'exclusion des juridictions ecclésiastiques déjà dans une ordonnance de Louis X de l'an 1315 (art. 12 et 22), qui peut-être ne fait elle-même que rappeler une décision antérieure ; la même prohibition est reproduite dans l'art. 49 de l'ordonnance de Villers-Cotterets, d'août 1539. Quant aux justices seigneuriales laïques, elles étaient bien compétentes en principe ; mais les parties pouvaient porter l'action possessoire directement devant les tribunaux royaux, sans que les justices seigneuriales eussent le droit de la revendiquer.

En ce qui concerne l'exécution provisoire, l'art. 7 t. XVIII de l'ordonnance de 1667 dit :

« Les jugements rendus par nos juges sur les demandes en complainte et réintégrande seront exécutés par provision, en baillant caution. »

86. Je passe aux caractères distinctifs de chacune des deux actions.

D'abord, la complainte est intentée dans le cas de trouble, la réintégrande, dans le cas de dépossession. La complainte, bien que Pothier ne relève pas cette exigence, requiert la possession annale, la saisine; la réintégrande, à mon avis, se contente de la simple possession. Enfin, la réintégrande a un caractère plus prononcé d'action *ex maleficio*, et les violences peuvent avoir été telles qu'elles autorisent une poursuite au criminel. L'art. 2 de l'ordonnance de 1667 (t. XVIII) disait qu'après avoir choisi l'une des deux actions, on ne pouvait se servir de l'autre, à moins que dans le jugement sur l'action extraordinaire on ne lui eût réservé l'action civile.

S'il y a eu plusieurs coauteurs de la violence, Pothier nous dit, au n° 120, que l'action peut être intentée « solidairement » contre eux. D'après nos principes actuels, l'action civile intentée en vertu des art. 1 et 3 code I. C., dans le cas de violences constituant un délit tombant sous le coup de la loi pénale, est régie par les principes de l'art. 55 C. pr., et dans l'opinion qui n'admet qu'une seule espèce de solidarité, elle s'appliquera ici. Que s'il s'agissait d'un simple délit civil, l'action pourrait être intentée *in solidum* contre chacun des coauteurs : l'obligation ne serait plus solidaire, mais *in solidum*. Cela résulte de la nature des choses; chacun est responsable de tout le dommage, et le tort de l'un n'excuse pas celui de l'autre : « nec qui peccavit ex eo relevari debet, quod peccati consortem habuit : multitudo peccantium non exonerat, sed potius aggravat [1]. »

87. J'arrive à la récréance. Ce n'était pas, ai-je dit, une action possessoire, mais seulement un incident de procédure faisant partie de l'instance en complainte et, pour tout dire en un mot, l'équivalent du *summariissimum* que nous avons étudié dans le droit italien. Quand le procès possessoire menaçait de traîner en longueur et, nous disent les anciens auteurs, que les délais avaient des inconvénients, sans doute celui de lasser la patience des parties déjà trop disposées à recourir aux armes, on

____

1. Pothier, obligations n° 357.

avait imaginé d'abord de séquestrer la possession, pour la mettre à l'abri des atteintes violentes.

Ce procédé est prévu dans une ordonnance de 1347 et dans le Grand coutumier; mais il avait le défaut de ne satisfaire aucune des parties, et nous trouvons dans une ordonnance d'avril 1453, art. 74, la mention de la récréance, pour remplacer le séquestre. La récréance existait déjà auparavant dans notre droit, et on en découvre des traces dès le treizième siècle. Les établissements de Saint-Louis en parlent et semblent même la regarder comme un moyen d'application générale et non pas restreinte à l'action possessoire. Nous avons eu occasion de constater le même point de vue pour le *summariissimum*. Au quatorzième siècle, le style du Parlement nous donne les détails suivants sur les conditions de la récréance :

« In curia fit recredentia rei positæ ad manum regiam illi, qui habet jus commune, vel promptiores probationes, vel ostendit titulum, vel summarie fundat in promptu intentum suum; et post fit inquesta super possessione.. »

La récréance fut ainsi une partie de la complainte, qui comprenait en quelque sorte trois degrés, le séquestre, la récréance et la pleine maintenue, ce qui, dans notre procédure actuelle, représenterait assez bien le jugement préparatoire, le jugement interlocutoire et le jugement définitif. Il paraît même qu'à l'exemple du *summariissimum*, on essaya d'ériger la récréance en instance possessoire distincte et séparée, si bien que l'art. 59 de l'ordonnance de Villers-Cotterets, août 1539, dut l'interdire expressément :

« Nous défendons à tous nos juges de faire deux instances séparées sur la récréance et maintenue des matières possessoires ; ains voulons être conduicts par un seul procez et moyen, comme il est contenu ès anciennes ordonnances de nos prédécesseurs sur ce faictes. »

Sans aller aussi loin, Pothier enseigne que le juge du possessoire, à défaut d'éléments d'appréciation suffisants, pourra renvoyer les parties au pétitoire et terminer l'instance par la récréance ou même le séquestre [1] :

« Lorsque les enquêtes sont contraires, de manière que le juge ne puisse connaître laquelle des parties qui se disputent la possession de l'héritage a cette possession ; le juge, en ce cas, sans rien statuer sur la possession, ordonne que les parties instruiront au pétitoire ; et l'héritage sera déclaré appartenir à celle des parties qui, sur l'instance au pétitoire, aura le mieux établi son droit de propriété.

« Quelquefois le juge ordonne que la possession sera séquestrée pendant le procès sur le pétitoire.

« Quelquefois le juge accorde la récréance à l'une des parties, c'est-à-dire une *possession provisionnelle* pendant le procès au pétitoire. Cette récréance n'a d'autre effet que de donner à la partie à qui elle a été accordée, le droit de jouir de l'héritage contentieux pendant le procès au pétitoire, à la charge d'en rendre compte à l'autre partie, dans le cas auquel elle obtiendrait au pétitoire ; mais elle n'a pas l'effet qu'a la sentence de pleine maintenue de déclarer possesseur celui qui l'a obtenue et de le faire présumer propriétaire sans qu'il ait besoin de prouver son droit de propriété, tant que l'autre partie n'aura pas pleinement justifié le sien. Au contraire, la sentence de simple récréance laisse la possession *in incerto* et ne déclare point possesseur celui qui l'a obtenue et ne le dispense pas, par conséquent, d'établir sur l'instance au pétitoire, le droit de propriété qu'il prétend avoir de l'héritage contentieux. »

Pothier nous dit ainsi que le juge du possessoire qui avait prononcé la récréance, était dessaisi : ce n'était pas l'opinion unanime, et Jousse était de l'avis contraire. D'après lui, la récréance n'était « que la possession provisionnelle qui s'adjuge pendant le procès à celui qui a le droit le plus apparent,

1. Poss, nº 105.

jusqu'à ce qu'on soit en état de prononcer sur la pleine maintenue [1]. »

L'ordonnance de 1667 ne mentionne pas la récréance. Le commentaire de Pothier nous montre qu'elle n'était pourtant pas abolie ni même tombée en désuétude ; et je crois qu'aujourd'hui encore elle pourrait être prononcée, dans certains cas, de préférence au séquestre, comme l'est en Allemagne le *summariissimum*. Je reviendrai sur ce point.

88. Il me reste à dire quelques mots de la dénonciation de nouvel œuvre. En droit romain, ce n'était pas une action possessoire, ni même une action : elle ne consistait que dans une défense de passer outre faite par la partie elle-même, sans l'intervention du magistrat, à celui qui par des ouvrages, soit construction, soit démolition, soit excavation, menaçait de lui nuire : l. 1, pr. 1.2.7.9. D. 39.1. On allait ensuite devant le magistrat pour décider si la dénonciation devait être levée. Peu importait que les travaux fussent faits sur le terrain du voisin ou sur le vôtre ; seulement en agissant par la dénonciation de nouvel œuvre, vous rendiez votre adversaire possesseur. C'est là peut-être le trait le plus caractéristique de la *novi operis nuntiatio*, et il démontre que ce n'était pas un moyen possessoire, mais bien pétitoire, puisque le seul fait de l'intenter mettait la possession hors de cause. C'est ce que nous disent expressément les l. 6.1. et l. 5.10. D. 39.1. Cette dernière loi fut mal comprise des glossateurs qui crurent y trouver une action possessoire nouvelle et lui façonnèrent des traits particuliers. Il fallait que les travaux fussent faits sur le terrain d'autrui : faits sur le vôtre, ils vous donnaient la complainte, ce qui suffisait. L'intervention du juge était nécessaire et il avait un pouvoir discrétionnaire pour ordonner la suspension des travaux. Il fallait agir pendant l'exécution des travaux ; si l'on attendait qu'ils fussent terminés, on était réduit à

____

1. Nous retrouverons dans le droit actuel français la question posée par Pothier.

intenter l'action pétitoire. La dénonciation de nouvel œuvre
ne rendait pas l'adversaire possesseur[1].

Cependant il semble bien que cette action, justement qualifiée d'emprunt dénaturé du droit romain, n'ait pas duré
longtemps dans notre ancien droit. Un vieil auteur nous dit :
« L'usage d'aujourd'hui n'a fait différence d'iceluy (l'interdit
quod vi aut clam) et de la complainte... Vrai est que l'on y a
voulu pratiquer une action nommée dénonciation de nouvel
œuvre, qui n'est pas diverse du cas de nouvelleté nommé
complainte[2]...

La dénonciation de nouvel œuvre n'est pas mentionnée
dans les monuments législatifs les plus importants, et son nom
n'apparaît ni dans l'ordonnance de Villers-Cotterets, ni dans
la grande ordonnance de 1667 : elle semblait justement
oubliée, lorsque l'art. 6 de la loi du 25 mai 1838 est venu la
tirer de l'oubli et la remettre dans le champ de la controverse.

89. Cette étude rapide de notre ancien droit français nous a
révélé sa puissante originalité. Sans doute il a subi l'influence
des doctrines étrangères, et pour ma part je pense qu'il a em-
prunté la saisine à la Gewere germanique, la réintégrande au
droit canonique et la récréance au *summariissimum* italien ;
mais tout en recevant les idées étrangères, il exerçait sur elles
son action propre ; il se les assimila, leur communiqua son
propre génie, les transforma et en fit un système empreint
d'unité. Il est cependant une théorie que notre ancien droit
accepta d'une manière toute passive, la théorie de la possession
des droits. On adopta en France l'extension exagérée de la
possession des droits : c'est qu'en France, comme partout
ailleurs, on sentit la nécessité d'étendre la sphère des matières
susceptibles d'être protégées par les actions possessoires[3].

---

1. Comp. Alauzet, p. 242 s. ; Lemarignier (Thèse), p. 41 s. ; Belime, p. 212 s.,
p. 381 s. ; Troplong, *Prescription* 1, p. 499 s.
2. Voir Belime, p. 383.
3. Bruns (Besitz im Mitt.), p. 275, p. 372, 373.

Mais ici les conquêtes de la Révolution et en particulier l'abolition des droits féodaux, dans la nuit du 4 août 1789, simplifièrent considérablement la tâche : grâce à elle, le jurisconsulte français n'est plus obligé de se demander si un droit de banalité est ou non susceptible de possession.

90. J'ai ainsi terminé l'étude de l'ancien droit. Je n'ai rien à dire du droit intermédiaire, sinon que la loi du 24 août 1790, t. III, art. 10, attribua aux juges de paix la connaissance des actions possessoires jusqu'à 50 livres en premier et dernier ressort. J'arrive aux travaux préparatoires du Code de procédure civile, donc au droit actuel.

TROISIÈME PARTIE

DROIT ACTUEL

---

91. « Du reste les dispositions de ce titre n'ont rien de contraire à celles de l'ordonnance de 1667... Nous n'avons pas aspiré à la vaine gloire de faire du nouveau. »

Ces paroles de l'exposé des motifs de M. Treilhard[1] doivent être placées en tête de l'étude de notre droit français actuel. Elle nous indiquent l'idée générale de la loi, l'intention bien arrêtée de nos législateurs de ne point innover en matière possessoire, et, en nous avertissant de nous reporter au droit existant lors de la confection du Code de procédure, nous donnent la solution de plusieurs difficultés.

Nos législateurs, par une imitation malheureuse de l'ordonnance de 1667, avaient eu le tort de ne point insérer dans le Code civil les dispositions de fond relatives aux actions possessoires[2]. Le conseil d'État avait même poussé, je puis dire, la

---

1. Locré, t. XXI, p. 520.
2. La Cour de Caen avait demandé une place, dans le Code civil, aux actions possessoires.

négligence au point de les passer sous silence dans le Code de procédure. La section de législation du Tribunat, à propos de l'art. 3, C. pr., réclama, dès le début, l'insertion de dispositions relatives à ces actions :

« La section de législation du Tribunat émet le vœu qu'il soit tracé des règles spéciales sur la complainte et la réintégrande, à l'exemple de ce qui avait été fait lors de l'ordonnance de 1667. » Et lors de la relute : « La section persiste à demander qu'il y ait un titre sur la réintégrande. Il est indispensable d'expliquer quelle est la nature de la possession, qui seule peut donner lieu à l'action ; si le pétitoire peut être cumulé avec le possessoire, si on peut recourir au possessoire, après avoir commencé par le pétitoire [1]. »

C'est alors qu'on introduisit le titre IV dont l'article capital est l'art. 23, C. pr., ainsi conçu :

« Les actions possessoires ne seront recevables qu'autant qu'elles auront été formées, dans l'année du trouble, par ceux qui, depuis une année au moins, étaient en possession paisible par eux ou les leurs, à titre non précaire. »

C'est à cette occasion que M. Treilhard ajoutait, dans l'exposé des motifs : « Au reste les dispositions de ce titre n'ont rien de contraire à celles de l'ordonnance de 1667, et n'*offrent rien qui puisse être susceptible du doute le plus léger*. » Confiance bien malheureuse chez des législateurs ! Enfin la loi du 25 mai 1838 sur la compétence des juges de paix, contînt un article 6 dont la trop remarquable concision vint remettre en question les points qui semblaient réglés, raviver les controverses anciennes :

Art. 6 « Les juges de paix connaissent en outre à charge d'appel : 1°... des dénonciations de nouvel œuvre, complaintes, actions en réintégrande et *autres* actions possessoires fondées sur des faits également commis dans l'année. »

____

1. Locré, t. XXI, p. 378.

92. Je rechercherai dans un premier chapitre quelles personnes peuvent intenter l'action, et j'examinerai les conditions
que doit réunir la possession pour être protégée par l'action
possessoire, ce que l'on a appelé la capacité réelle nécessaire
pour intenter l'action; j'y joindrai un exposé sommaire de ce
qu'on a appelé la capacité personnelle, c'est-à-dire la capacité
nécessaire pour introduire en justice une action de ce genre.
Dans un deuxième chapitre, je passerai en revue les choses
qui peuvent être l'objet de la complainte; dans un troisième,
j'étudierai le trouble qui donne ouverture à l'action; dans un
quatrième, j'exposerai les règles de procédure; et enfin dans
un cinquième chapitre je rechercherai quels sont les effets de
l'action possessoire.

CHAPITRE PREMIER

QUELLES PERSONNES PEUVENT INTENTER L'ACTION POSSESSOIRE

SECTION PREMIÈRE

DE LA POSSESSION REQUISE POUR INTENTER L'ACTION

ARTICLE PREMIER

De l'action possessoire ordinaire, ou complainte.

93. L'action possessoire, comme son nom l'indique, est accordée à celui qui a la possession. La possession requise est la même que la possession pour prescrire : elle doit réunir les mêmes caractères, sauf une durée moins longue, et, à l'inverse, ces caractères suffisent. A Rome, à côté de la simple *possessio ad interdicta*, on distinguait la *possessio ad usucapionem*, qui exigeait la *bona fides* et la *justa causa ;* notre droit français connaît bien encore une possession légitime, soutenue de juste titre et de bonne foi et servant de fondement à la prescription privilégiée de dix à vingt ans; mais on a admis une prescription de trente ans qui ne requiert que la possession ordinaire. On a très justement observé que la simple possession avait, dans notre droit, comme trois degrés de force, suivant sa durée. La possession instantanée n'est qu'un simple fait, d'influence

considérable dans la pratique, mais assez indifférent en droit ; la possession annale constitue une présomption de propriété ; et au bout de trente ans, cette présomption, qui était une simple présomption de l'homme, est devenue une présomption légale irréfragable, *juris et de jure*. Mais la base de cette présomption, c'est toujours la possession pure et simple : la durée qui vient s'y ajouter ne saurait changer sa nature[1], et ainsi il est exact de dire que notre droit français a des actions véritablement possessoires.

Au reste, s'il s'élevait un doute sur ce point, il disparaîtrait bientôt en présence des travaux préparatoires. Le tribun Faure, notamment, disait dans son rapport au Corps législatif : « Le Code ajoute, ce que la jurisprudence seule avait établi, que celui qui forme cette action doit être en possession depuis un an au moins. La possession doit avoir été, durant cet intervalle, continue, non interrompue, paisible, publique, non équivoque et à titre de propriétaire. Quant aux règles qui concernent la possession, c'est *au Code civil qu'il faut se référer*[2]. »

La chose est d'ailleurs bien naturelle, d'autant plus que l'art. 23 C. pr. n'énumère que deux qualités de la possession, insuffisantes de l'aveu de tout le monde : il est donc tout simple de suppléer à cette lacune à l'aide du Code civil : tout le monde le reconnaît[3]. »

94. Je vais donc rapidement passer en revue les caractères exigés pour la possession dans l'art. 2229 C. C. ainsi conçu :

« Pour pouvoir prescrire, il faut une possession continue et

---

1. Pour la possession de trente ans, qui opère prescription, on peut soutenir que la durée équivaut à un titre : elle le remplace. Mais le même raisonnement n'irait plus pour l'annalité, de sorte que ma conclusion est rigoureusement vraie dans la mesure qui me suffit, c'est-à-dire pour l'action possessoire.

2. Locré, t. XXI, p. 558, 559.

3. Voir entre autres un arrêt C. Cass., 6 juin 1853. D. 1853, I, 150, et une note sous l'arrêt de la Ch. requêtes, 28 janvier 1879. S., 1880, I, 25, n. 1. Le même arrêt décide que le jugement qui accueille une complainte n'a pas besoin de viser chacune des conditions de la possession.

non interrompue, paisible, publique, non équivoque, et à titre de propriétaire[1]. »

I. La possession doit être *continue*. La loi ajoute « et non interrompue : » ces deux expressions rendent deux caractères différents. On a bien essayé de les confondre, au moins objectivement, et de réduire ainsi leur différence : le vice de discontinuité serait le fait du possesseur lui-même, l'interruption, le fait d'un tiers. Ce système n'a point prévalu ; la discontinuité tout en affectant la possession d'un vice, la laisse subsister ; l'interruption la supprime totalement[2], et un auteur classique a pu dire que la discontinuité n'était qu'une maladie de la possession, que l'interruption en était la mort.

La continuité de la possession est la régularité que met le possesseur dans l'exercice de cette possession. Ce n'est point une continuité au sens vulgaire du mot, c'est-à-dire une jouissance persistante et de tous les instants : elle doit s'entendre *secundum subjectam materiam*, et il suffit d'avoir pu l'exercer toutes les fois qu'on en a eu besoin. Pour être continu, un droit de vue n'exige pas que vous soyez toujours à la fenêtre ; un droit de passage, que vous soyez toujours par voies et par chemins. La Cour de cassation, par arrêt du 4 janvier 1875[3] a jugé que « la continuité devant s'entendre *secundum subjectam materiam*, il suffisait que les faits de passage eussent correspondu aux nécessités de l'exploitation, bien qu'ils n'eussent été renouvelés qu'à de certains intervalles et sans périodicité

---

1. On consultera avec intérêt la thèse de M. Lescur, aujourd'hui agrégé (t. IX de l'année 1878). — On voit que je ne ramène pas les conditions de l'article 2229 C. C., à la formule analogue du droit romain « nec vi nec clam nec precario ab adversario. » D'abord, elle ne fait naturellement pas mention des conditions « continue et non interrompue, » puis elle a, à mes yeux, le grave inconvénient de nous voiler le changement qui s'est opéré dans les actions possessoires : elles ne sont plus des actions *ex delicto*, mais des actions réelles ; je reviendrai sur ce point.

2. Laurent, *Principes de droit civil*, t. XXXII, n° 372.

3. S., 1877, 1, 149.

fixe. » Et de même un arrêt de Ch. req., du 9 juillet 1877[1] a reconnu la continuité de la possession d'une servitude d'enclave, qui en fait n'avait pas été exercée l'année antérieure, parce qu'on n'en avait pas eu besoin, la servitude ayant uniquement pour objet le passage des récoltes.

Ces considérations et ces exemples nous montrent que la continuité est parfaitement applicable à la possession des servitudes même discontinues[2]: ce n'est donc pas là le motif qui les rend imprescriptibles et en même temps impuissantes à servir de base à l'action possessoire. Mais on a considéré que la possession de ces servitudes était empreinte du vice de précarité, qu'elle tombait sous le coup de l'art. 2232 C. C., d'après lequel les actes de simple tolérance ne peuvent fonder ni possession ni prescription. Ces servitudes, très avantageuses pour celui qui en profite, ne sont pas, matériellement du moins, bien gênantes pour celui qui les souffre ; des voisins, désireux de conserver de bons rapports, ne se refusent guère à ces complaisances réciproques, mais il n'entre point dans leur esprit de conférer un droit qui puisse leur être un jour opposable ; et la loi a justement pensé que, pour faciliter ces ménagements mutuels, la crainte même d'une telle perspective devait être absolument écartée.

II. *Non interrompue.* — L'interruption de possession peut provenir du fait d'un tiers, ou du fait du possesseur lui-même qui cesse d'exercer sa possession. Quand elle provient du fait du possesseur lui-même, il n'est pas douteux qu'elle ne produise immédiatement son effet ; mais on n'est pas d'accord sur le point de savoir à quel moment se produit l'interruption lorsqu'elle vient du fait d'un tiers. Des auteurs très considérables[3] enseignent que l'interruption n'a lieu qu'après une année. C'est conforme, dit on, à l'article 23 C. pr., d'après lequel on ne

1. S., 1878, 1, 120.
2. Joindre un arrêt de la Ch. req., 19 juillet 1875. S., 1876, 1, 159.
3. Aubry et Rau (4e éd), t. II, p. 85 ; Rodière (Proc. civile), t. I, p. 74.

peut intenter l'action possessoire que si on a une possession
annale ; tant que l'usurpateur de votre bien n'a pas acquis
cette possession annale, il ne peut donc pas intenter l'action
possessoire contre vous ; il n'est pas véritablement possesseur,
il ne vous a pas réellement dépouillé : vous êtes resté en possession. Vous conservez la possession aussi longtemps que
votre adversaire ne l'a pas acquise, et il ne l'acquiert qu'au
bout d'un an. On invoque encore l'article 2243 C. C. « Il y a interruption naturelle, lorsque le possesseur est privé *pendant
plus d'un an*, de la jouissance de la chose, soit par l'ancien
propriétaire, soit même par un tiers. » On pourrait même évo-
quer les souvenirs romains et la l. 15. D. R. J. « Is qui actionem habet ad rem recuperandam rem ipsam habere videtur [1]. »

Je ne crois pas devoir me ranger à ce système. Il n'y a pas
identité entre l'action en recouvrement d'une chose et cette
chose elle-même ; et les lois romaines n'ont jamais prétendu
en faire une assimilation littérale et parfaite : elles disent simplement... « habere videtur, » ou « perinde haberi debet, ac
si... : » on n'a donc pas la possession par le fait seul qu'on
peut y rentrer au moyen d'une action, et le besoin même que
l'on a d'intenter une action est la meilleure preuve qu'on n'a
pas cette possession. L'article 2243 C. C. n'a rien à voir ici. Il
parle de l'interruption naturelle, de quoi ? de la prescription et
non de la possession : cela résulte du simple rapprochement de
cet article avec l'article 2242 C. C. qui le précède. Enfin l'article 23 C. pr. ne peut pas être invoqué à bon droit, car il a trait à
la saisine, non à la possession : c'est une distinction qu'il ne
faut jamais perdre de vue. Oui la saisine n'est réellement perdue que lorsqu'elle est primée par une nouvelle saisine de for-
mation plus récente ; il faut donc une année pour que l'ancienne saisine soit interrompue, ou mieux perdue ; mais la

---

1. Voir l'application du principe à la possession, l. 17 pr. D. 41.2.

possession, cette situation qui met la chose à votre disposition matérielle, a cessé depuis longtemps : elle a cessé du jour où la reproduction d'actes de volonté sur la chose est devenue impossible, et il n'y a même pas lieu d'admettre le tempérament suivi par le droit romain, qui reculait la perte de possession des immeubles jusqu'à la connaissance que le possesseur aurait eue de l'usurpation. Cette règle était nécessaire à Rome, pour empêcher l'usurpateur de se servir de l'*Uti possidetis*, qui protégeait la possession instantanée ; dans notre droit où, pendant une année encore, l'ancien possesseur l'emportera sur son usurpateur, il n'y a aucun inconvénient à appliquer purement et simplement les principes sur l'acquisition et la perte de possession [1], et de cette manière on a encore l'avantage théorique de ne point établir de différence arbitraire entre l'interruption de possession venant du fait d'un tiers, et celle qui vient du fait du possesseur lui-même : toutes deux opèrent immédiatement [2].

J'ai supposé que l'interruption venant du fait d'un tiers était une interruption naturelle, c'est-à-dire un trouble de fait, allant jusqu'à la dépossession. Le trouble de droit, par exemple la citation en justice, le commandement, peut bien interrompre la prescription ; il porte à la saisine, et même à la possession une certaine atteinte qui la gêne ou l'inquiète, et par conséquent peut fonder la complainte ; il ne va jamais jusqu'à l'interrompre, la supprimer : il ne constitue pas une dépossession [3].

III. *Paisible.* — Cette qualité soulève encore une controverse. Il est bien certain que la possession sera violente, si elle a été acquise par violence, et c'est à cette hypothèse que se

---

1. Comp. Belime, p. 78, 79.

2. Le premier système en conservant, en bien des cas, une possession fictive, ce que le moyen âge appelait la *possessio civilis*, réduit beaucoup le rôle de la réintégrande.

3. Aubry et Rau, II, p. 154, n. 24 ; Lemarignier (Thèse), p. 63.

rapporte l'article 2233 C. C. ainsi conçu : « Les actes de violence ne peuvent fonder non plus une possession capable d'opérer la prescription. — La possession utile ne commence que lorsque la violence a cessé. » Mais supposons une possession acquise sans violence, mais qui est l'objet de fréquentes attaques de la part des tiers, et que l'on ne peut conserver qu'en repoussant ces attaques par la force. On a soutenu qu'une telle possession n'était point paisible. L'article 2233 C. C. dit formellement que les actes de violence vicient la possession, et cet article serait sans utilité, s'il répétait simplement ce que dit l'article 2229 C. C. On a invoqué aussi l'article 113 de la coutume de Paris, exigeant qu'on eût possédé « franchement et *sans inquiétation :* » la possession, qui ne se conserve qu'à l'aide de moyens violents n'est certes pas « franche et sans inquiétation. »

Cependant on a peine à comprendre comment les violences malicieuses des tiers pourraient avoir cet effet de rendre votre possession vicieuse : ce serait tout à fait contraire à la grande règle que l'acte d'un tiers ne peut pas vous nuire. L'article 2233 C. C. traite plus en détail du vice de violence que l'article 2229 C. C. n'avait fait qu'énoncer : voilà tout. Enfin les expressions de la coutume de Paris ne gouvernent plus notre droit; et même nous voyons que sous l'empire de cette coutume Pothier décidait que la possession demeurait paisible dans l'hypothèse qui nous occupe :

« Enfin il n'y a de possession violente que celle qui a été acquise par violence. Si ayant acquis sans violence la possession d'une chose, j'ai employé la force contre celui qui est venu m'y troubler, ma possession n'est pas pour cela une possession violente : Qui per vim possessionem suam retinuerit, Labeo ait non vi possidere, l. 1.28, ff. de vi et vi armata[1]. »

IV. *Publique.* — La possession doit s'être manifestée au su et au vu de tous ceux qui l'ont voulu voir ou savoir. Cette

---

1. Poss., n° 21. En ce sens, Aubry et Rau, II, p. 97, n. 23.

condition ne fait aucune difficulté. On s'est demandé seulement si, pour qualifier la possession de publique ou de clandestine, il fallait s'en tenir rigoureusement à l'origine de la possession; comme le faisait le droit romain (l. 40. 2. D. 41.2) ou si l'on ne devait pas plutôt appliquer l'art. 2233 C. C. 2ᵉ, qui décide que la possession redevient paisible après la cessation des actes de violence. Je crois, par analogie de cet article, que la possession cessant d'être cachée, peut servir de base à l'action possessoire et à la prescription. A l'inverse, doit-on considérer comme clandestine une possession publique à l'origine et qui vient ensuite à devenir secrète? Je suis très porté à la déclarer clandestine à partir de ce moment, surtout si on a usé de précautions extraordinaires pour la cacher; et je n'admettrais que dans des limites très étroites le tempérament proposé par MM. Aubry et Rau [1], d'après lequel la possession ne deviendrait pas clandestine « lorsque la nature particulière de la chose possédée ne comportait pas une jouissance publique. »

V. *Non équivoque.* — Ce caractère, dit-on, s'applique à tous les autres dont il n'est que la confirmation. On peut cependant objecter que les vices ne se présument pas, la violence aussi peu que la précarité ou que la clandestinité, que par suite c'est à l'adversaire à prouver l'existence de ces vices, non pas au possesseur à prouver leur absence, et qu'ainsi le doute, l'équivoque, pour prendre le langage de la loi, doit profiter à ce dernier. De même c'est à son adversaire de prouver que la possession a été interrompue et même discontinue : du moment qu'une possession est reconnue, on doit présumer qu'elle a été exercée dans les conditions normales et régulières. Il y a néanmoins des cas où une équivoque s'élevant sur la possession, la charge de la preuve incombera au possesseur. Par exemple le fait de pacager des troupeaux sur un terrain peut, suivant les cas, impliquer une prétention à la

---

1. T. II, p. 96 et n. 21 ; Comp. Belime, p. 42.

possession ou à une servitude conventionnelle ou simplement constituer le droit de vaine pâture. De même un communiste fait des actes de jouissance sur un bien commun : sa possession est équivoque, car on ne sait pas s'il l'exerce à titre de communiste ou avec une prétention à la possession exclusive du fonds.

C'est à ce principe que se rattache l'art. 816 C. C. : « Le partage peut être demandé, même quand l'un des cohéritiers aurait joui séparément de partie des biens de la succession, s'il n'y a eu... possession suffisante pour acquérir la prescription. » Ici, par la force des choses, la possession est réputée équivoque et, par suite, incapable de fonder prescription ni action possessoire ; mais la loi reconnaît qu'il pourra résulter des circonstances que la possession a été exclusive et séparée, dépouillée de toute ambiguïté ; seulement, en présence de la présomption contraire de la loi, c'est à celui qui prétend à une possession de ce genre, de la prouver, art. 1315 C. C. Alors cette jouissance exclusive pourra servir de fondement à l'action possessoire à son profit et, à l'inverse, constituera un trouble qui permettra à ses communistes d'intenter l'action possessoire contre lui. C'est ce qu'a jugé la Cour de cassation, par arrêt Ch. req. 13 déc. 1876 [1] : « Le communiste n'a l'action possessoire contre son communiste, que si celui-ci commet un acte ayant pour but ou conséquence directe une appropriation exclusive de la chose, ou au moins une restriction injuste du droit des autres copossesseurs. »

VI. *A titre de propriétaire*, c'est-à-dire qu'on ne doit pas posséder pour autrui, en d'autres termes, on doit avoir l'*animus domini*, être possesseur et non pas simple détenteur. Bien que l'art. 2229 C. C. rapproche ce caractère de ceux qui précèdent, il en diffère totalement et, sauf une réserve que

---

1. S., 1879, 1, 469. Voir également un arrêt de C. Cass., 19 févr. 1872. S., 72, I, 336. Tant que la possession est équivoque, elle ne peut fonder ni occasionner l'action possessoire.

je ferai tout à l'heure, on doit convenir que sa place n'était pas ici. Les rédacteurs du Code se sont très probablement laissé abuser par les mots, il faut bien le dire ; et, comme ils avaient donné à ce vice le nom de précarité, ils ont cru pouvoir le mettre sur la même ligne que la clandestinité ou la violence, à l'imitation de l'ancienne formule romaine « nec vi nec clam nec precario. » Ils n'ont pas réfléchi que notre droit moderne ne connaissait plus le *precarium* du droit romain, que notre *détenteur* précaire n'était en somme qu'un simple détenteur, et que la précarité n'était pas seulement un vice, comme la violence ou la clandestinité, vices purement relatifs, tout le monde en convient, et qui n'effacent ni ne détruisent la possession ; qu'elle était la négation absolue de la possession. Notre droit ne connaît pas de possesseurs précaires : il ne connaît que des détenteurs : l'*animus domini* n'est pas seulement une qualité, c'est un élément de la possession.

MM. Aubry et Rau [1], qui reconnaissent l'exactitude de cette observation, font cependant la réserve suivante : « En matière de servitudes, la précarité désigne le caractère de la possession de celui qui n'exerce une servitude qu'à titre de simple tolérance, c'est-à-dire par suite d'une concession bénévole et toujours révocable. Le terme précarité se prend donc ici dans le sens du *precarium* du droit romain, et ne saurait s'entendre dans le sens d'une possession appréhendée pour le compte d'autrui, puisqu'il est impossible qu'on exerce une servitude pour le compte du propriétaire ou du possesseur du fonds assujetti. Celui qui exerce une servitude à titre de tolérance, l'exerce pour son propre compte ; et sa quasi-possession, quoique précaire, n'est entachée que d'un vice purement relatif. » Cette remarque ne dégage pas la responsabilité des

---

1. II, p. 95. — Cependant le *precarium* se rencontre encore dans les concessions de jouissance sur les immeubles dépendant du domaine public. — Voir Aubry et Rau, t. II, p. 91.

auteurs du Code, puisque cette précarité des servitudes se confond avec la simple tolérance dont il est question dans l'article 2232 C. C.

Le défaut d'*animus domini* ôte à la possession son élément caractéristique, et ne laisse subsister que la seule détention. Notre législation a même poussé plus avant et reconnu un état inférieur encore à celui du simple détenteur, l'état de celui qu'on a appelé le « détenteur précaire. » Ce sont, d'après la définition de MM. Aubry et Rau, « ceux qui, détenant une chose en vertu d'une convention ou d'une qualité d'après laquelle ils sont obligés de la restituer, à l'expiration du terme fixé par la convention ou lors de la cessation de leur qualité, la possèdent pour le compte d'autrui. Tels sont l'usufruitier, le fermier, le séquestre, le créancier sur antichrèse, le mari quant aux biens de la femme, dont il a l'administration et la jouissance, et le tuteur quant aux biens du pupille[1]. » La situation de ces personnes est inférieure à celle du simple détenteur, en ce que le détenteur ordinaire peut, par sa seule volonté, prétendre à l'*animus domini* et acquérir la possession[2] : celui, dont la possession est fondée sur un titre qui l'explique, ne le peut pas : on peut toujours lui opposer son titre et lui dire : « titulus tuus clamat contra te. » Aussi était-ce déjà dans notre ancien droit un axiome que « melius est non habere titulum, quam habere vitiosum[3]. » Ce détenteur précaire ne pourra jamais, par sa seule volonté, se créer la possession nécessaire pour servir de fondement à l'action possessoire et à la prescription. « Nemo sibi ipse causam possessionis mutare potest, » ce que l'article 2240 C. C. traduit ainsi : « On ne peut pas prescrire contre son titre, en ce sens que l'on ne peut point

---

1. Aubry et Rau, II, p. 92. Cependant l'usufruitier a la possession de son droit d'usufruit, et peut-être l'antichrésiste celle de son droit d'antichrèse.

2. Par exemple, celui qui a trouvé ou occupé un bien, peut, à son gré, être détenteur ou devenir possesseur.

3. Pothier Poss, n° 14.

se changer à soi-même la cause et le principe de sa possession. » L'héritier du détenteur précaire tient la chose au même titre que lui, article 2237 C. C., et il faut en dire autant de tous les successeurs universels, qui sont soumis aux mêmes obligations, et ont en général la même situation que leur auteur : il n'y a que les successeurs à titre particulier, ayant d'ailleurs l'*animus domini*, et à qui « la chose a été transmise par un titre translatif de propriété, » qui puissent prescrire et par suite intenter l'action possessoire, article 2239 C. C.

Le détenteur précaire a cependant une ressource dans l'interversion de possession résultant soit d'une cause venant d'un tiers, j'entends une cause sérieuse et non pas un marché fictif et convenu, soit de la contradiction opposée au droit du propriétaire, article 2238 C. C. Mais toute autre cause resterait insuffisante, et par exemple l'extinction de l'usufruit ne transformerait pas en possession la détention précaire des héritiers de l'usufruitier. Il est vrai que le conseil d'État effaça une disposition du projet, qui donnait précisément cette décision en termes exprès, et ainsi on peut objecter les travaux préparatoires ; mais l'article 2237 C. C. est trop formel pour laisser place à aucun doute à ce sujet. De même il ne suffirait pas de la cessation du mandat légal ou conventionnel, en vertu duquel une personne avait commencé à détenir pour autrui ; il ne suffirait pas, pour le tuteur, de l'extinction de la tutelle, ni même de la reddition de comptes[1].

Le communiste, dont la possession est équivoque, peut être regardé comme un détenteur précaire, et l'on s'est demandé si, pour faire cesser l'ambiguïté de sa possession, arriver à la prescription, et aussi obtenir l'action possessoire, il lui fallait une interversion de possession dans les termes de l'article 2238 C. C. L'opinion commune est que l'article 816 C. C. lui fait à cet égard une situation spéciale et plus avantageuse, et qu'il n'est

---

1. Aubry et Rau, t. II, p. 93 et n. 9 et 10.

pas besoin d'une interversion proprement dite : ce sera un point de fait abandonné à l'appréciation des juges [1].

Notons en terminant que la détention précaire ne se présume pas, à moins qu'il ne soit prouvé qu'on a commencé à posséder pour autrui ; mais alors c'est la présomption inverse qui règne jusqu'à preuve du contraire, articles 2230, 2231 C. C.

Avant de passer à l'article 2232 C. C., je dois remarquer, outre les vices énoncés en l'article 2229 C. C., que les actes délictueux ne peuvent pas non plus fonder de possession utile pour l'action possessoire ou la prescription. On peut même aller jusqu'à dire que ces actes délictueux non seulement vicient la possession, mais qu'ils l'anéantissent absolument. Seulement il faut prendre le mot délit dans son sens technique, d'acte défendu en vertu d'une prescription de la loi et comportant une sanction pénale, comme l'usage illicite des forêts, article 144 C. F. s., l'élévation d'un barrage sans autorisation, quand il en résulte un dommage pour les voisins, art. 457 C. pr. : il ne faut pas appliquer le mot délit *lato sensu*, et par exemple y comprendre le vice de violence [2].

95. J'arrive à l'article 2232 C. C., ainsi conçu : « Les actes de pure faculté et ceux de simple tolérance ne peuvent fonder ni possession ni prescription. »

Cet article comprend deux dispositions, l'une relative aux actes de simple tolérance, l'autre aux actes de pure faculté. La simple tolérance n'a besoin d'aucune définition : c'est une concession bienveillante et le plus souvent gratuite, qui, dans l'esprit des parties, ne doit jamais devenir opposable au concédant ; la loi, respectant ou présumant cette intention des parties, déclare qu'il n'en pourra jamais sortir un droit, pas même une possession capable de servir de base à la prescription ou

---

1. Rejet du 26 août 1856. S., 1857, I, 28 ; motifs C. cass., 17 juin 1862. S., 1862, I, 711 ; Rejet 14 nov. 1871. S. 1872, I, 217.

2. Leseur (Thèse), p. 175 s.

seulement à l'action possessoire [1]. Cette simple tolérance a une parenté très rapprochée avec la précarité du droit romain, et nous avons vu que MM. Aubry et Rau les assimilaient en ce qui concerne la possession des servitudes. C'est cette précarité qui a fait écarter l'action possessoire et la prescription pour les servitudes discontinues, et nous aurons à examiner la question très controversée de savoir si elle peut disparaître, et par quel moyen.

Quant aux actes de pure faculté, tout le monde sent très bien quels ils peuvent être, et la pratique les reconnaît assez facilement ; mais il n'est guère aisé d'en donner la définition. Ce sont les actes qui constituent « l'exercice d'une faculté commune à tous..., » l'exercice de facultés inhérentes au droit de propriété [2], » « les facultés sans aucun mélange de titre ou d'action, » « l'exercice de la propriété ne supposant pas qu'on intente un droit ou une action contre autrui. » Dumoulin disait (sur l'article 1 de la coutume de Paris) : « In actibus qui dependent a libera facultate unius, qui potest facere, vel non, et certum modum servare, vel non, abstinentia vel observantia certi vel determinati modi, quantacumque diurna, non censetur implicare contrarium usum, nec inducit desuetudinem, nec prescriptionem ad alium modum utendi. » Une formule m'a semblé assez séduisante : ce sont « les droits en disponibilité [3]. » Et en effet les pures facultés sont les droits qui sont naturellement à votre disposition, par l'effet même de votre propriété et, je serais tenté de dire, par le fait seul de votre existence : vous pouvez en user ou ne pas en user, ils ne se perdent point ; ils demeurent à votre disposition. Tels sont le

1. Observez que l'on peut très bien reconnaître expressément que la possession qu'on exerce résulte d'une simple tolérance. L'article 2220 C. C., d'après lequel « on ne peut d'avance renoncer à la prescription, » n'y fait pas obstacle, car cet article n'empêche pas de se reconnaître détenteur précaire, ce qui aboutit à peu près au même résultat. Comp. Belime, p. 57.

2. Aubry et Rau, t. II, p. 87.

3. Leseur (Thèse), p. 150.

droit d'acquérir la mitoyenneté, article 661 C. C., le droit de contraindre son voisin au bornage, article 646 C. C., le droit de se clore, article 647 C. C., enfin le droit pour le riverain d'un cours d'eau non navigable ou flottable d'user de cette eau aux termes de l'article 644 C. C. Je vais insister un instant sur cet exemple, pris dans la jurisprudence.

96. On a cherché à soutenir que, dans le cas de l'article 644 C. C., le riverain supérieur ou le coriverain ayant, par son abstention, laissé son coriverain ou riverain inférieur jouir de la faculté d'user du cours d'eau à son profit, mais dans des limites abusives et dépassant le *modus vivendi* indiqué par l'article 644 C.C., cette jouissance exagérée constituait pour celui qui en avait profité une possession véritable, propre au bout d'un an à servir de fondement à l'action possessoire, et que, par suite, la simple innovation du riverain supérieur ou coriverain devait être regardée comme un trouble. Et en effet, la possession, dit-on, existe ; cette innovation constitue un empêchement à la possession et motive l'action possessoire.

Cette thèse n'a pu résister à un examen plus approfondi des principes. Le droit pour un riverain supérieur ou un coriverain d'user de l'eau qui traverse ou borde sa propriété, aux termes de l'article 644 C. C., constitue pour lui une pure faculté qui ne peut pas se perdre par le non-usage, et dont l'abstention ne peut fonder aucune possession ni prescription pour l'autre coriverain ou riverain inférieur, article 2232 C. C. Par la même raison, la possession exclusive ou abusive de cet autre coriverain ou riverain inférieur ne doit être considérée, pour tout ce qui dépasse le droit qui lui est conféré par l'article 644 C. C., que comme un acte de simple tolérance ; en sorte que nous voyons l'abstention d'un acte de pure faculté correspondre à un acte de simple tolérance. Le résultat est que cette simple jouissance exagérée tombant doublement sous le coup de l'art. 2232 C. C., ne peut produire aucune possession utile, et que l'innovation du propriétaire supérieur ou coriverain, quoique ayant tous les caractères d'un trouble possessoire ne peut pas en constituer un, parce qu'il n'y a pas véritablement possession. C'est ce qu'a jugé un arrêt très remarquable de la Ch. req. du 17 février 1858 [1].

Il faut donc, — et je vais citer presque textuellement l'arrêt — pour que cette jouissance abusive fonde l'action possessoire, qu'elle repose sur quelque chose de plus que le non-nsage, l'abstention de l'autre riverain. Il faut qu'il y ait eu une contradiction, une sorte d'interversion de possession. Mais en quoi cette contradiction doit-elle consister ? Il n'est pas nécessaire qu'il y ait des travaux faits sur le fonds de celui contre qui on prétend avoir usurpé une jouissance abusive. Même en admettant cette opinion sur l'article 642 C. C., et, pour ma part, je ne l'admets point, il n'y a pas ici de texte à invoquer à l'appui de cette exigence. Il faut, mais il suffit qu'il y ait eu des actes de contradiction manifestés par des travaux destructifs ou restrictifs de la faculté appartenant au riverain supérieur ou coriverain, parce qu'en présence de cette mise en demeure cette jouissance cesse d'être une pure tolérance pour prendre le caractère d'une véritable possession légale [2].

La possession cesserait encore d'avoir ce caractère de simple tolérance, si elle s'appuyait sur des règlements administratifs ou sur des titres [3]. Mais alors on voit l'objection, que l'on présente d'ailleurs déjà pour l'art. 644 C. C. : on ne peut pas, dit-on, faire intervenir l'examen de titres ou de règlements, ni même de l'art. 644 C. C., qui est une disposition de fond, car ce serait

---

1. D. 1858, 1, 297, et les auteurs et arrêts cités en note. Rejet 16 janvier 1866. D. 1866, 1, 206 ; Laurent, t. VII, n° 288, n° 307 ; Leseur (Thèse), p. 194 s.

2. Demolombe, t. XI, n°s 177, 178, 179 ; Ch. req. 17 fév. 1858. D. 1858, 1, 297. — Les derniers arrêts, à ma connaissance, sont beaucoup moins explicites, et se bornent à déclarer que « l'usage des cours d'eau non navigables et flottables peut fonder l'action possessoire. » Voir Cass. 7 nov. 1876. S. 1878, 1, 105 ; Cass. 11 juillet 1877, *France judiciaire*, 1877-78, p. 321.

3. C. cass. 16 janvier 1856. D. 1856, I, 219.

cumuler le pétitoire et le possessoire[1]. Ce n'est pas encore ici le lieu de développer cette théorie si importante de l'interdiction du cumul, mais je puis dire, dès à présent, qu'une jurisprudence constante, que pour ma part je trouve inattaquable, reconnaît au juge du possessoire le droit, et même lui fait un devoir d'examiner les titres ou autres dispositions de fond propres à éclairer et à caractériser la possession invoquée devant lui. C'est ce qu'a jugé la Ch. req. dans l'arrêt du 17 février 1858, que j'ai cité.

Les considérations que je viens d'exposer sur le droit d'irrigation des riverains, en vertu de l'art. 644 C. C., s'appliqueraient, je crois, au moins en général, à l'appropriation des eaux pluviales : le droit de se les approprier constitue, à mon avis, une pure faculté, dont l'abstention ne peut fonder pour le possesseur inférieur, ni possession ni prescription. Mais cette hypothèse, qui paraît si insignifiante en théorie, a présenté dans la pratique d'assez grandes complications sur lesquelles je reviendrai en traitant des choses qui peuvent faire l'objet de possession.

Les développements dans lesquels je viens d'entrer, et spécialement ce que j'ai dit de la nécessité de l'*animus domini*, nous montrent que notre droit français ne donne l'action possessoire qu'au véritable possesseur : elle la refuse au détenteur. Le principe en lui-même ne souffre aucune difficulté, et les tribunaux, saisis d'actions intentées par de simples détenteurs, se bornent à constater la qualité du demandeur, pour le débouter de son action. C'est ainsi qu'un arrêt de la Ch. req. 20 janvier 1879 a repoussé l'action d'un concessionnaire de banc d'église, parce que ces concessions ne confèrent pas une véritable possession[2].

97. Mais la possession à elle seule ne suffit pas et, à la différence

---

1. En ce sens, Poitiers, 15 mars 1854. D. 1856, 1, 269.
2. *France judiciaire*, 1878-79, p. 514. Cependant le langage du Code n'est pas toujours irréprochable : voir les art. 1738, 2070. C. C.

du droit romain, qui protégeait la possession instantanée, ce qu'on a appelé plus tard *momentaria possessio*, notre droit français, suivant en cela les traditions anciennes, ne l'estime digne de respect et de protection que lorsqu'elle a duré une année : en un mot, il protége la saisine et non pas la possession. M. Bigot-Préameneu, dans les motifs du projet de loi, dit[1] : « La règle de la possession annale est la plus propre pour maintenir l'ordre public. C'est pendant la révolution d'une année que les produits du sol ont été recueillis ; c'est pendant une pareille révolution qu'une possession a pris un caractère qui empêche de la confondre avec une simple occupation. » Et l'art. 23 C. pr. dit : « Les actions possessoires ne seront recevables qu'autant qu'elles auront été formées... par ceux qui depuis une année au moins étaient en possession paisible, par eux ou les leurs, à titre non précaire. » J'ai eu l'occasion de montrer comment notre ancien droit était arrivé à la conception de la saisine comme fondement nécessaire de la protection possessoire : les rédacteurs du Code ont suivi l'ancien droit, et on ne saurait les en blâmer.

Seulement la substitution de la saisine à la possession peut soulever une question que j'ai d'ailleurs déjà examinée. Peut-on affirmer que notre droit français connaisse des actions vraiment possessoires, ou ne serait-il pas plus exact de dire qu'à l'exemple du droit germanique ancien et moderne, il ne protège pas la possession pour elle-même, mais seulement quand cette possession abrite la propriété, en d'autres termes, la saisine ne fait-elle pas de la possession un droit, et notre action n'est-elle pas une action pétitoire? Cette conséquence serait exagérée. Sans parler de l'exclusion des moyens de fond, de cette règle écrite dans l'art. 25 C. pr. et qui prohibe le cumul du possessoire et du pétitoire, j'ai déjà fait observer que l'annalité ne modifie pas la nature de la possession ; elle y

____

1. Locré, VI, p. 302.

ajoute simplement une condition de durée : c'est une possession prolongée, mais c'est toujours la possession. On peut soutenir, il est vrai, que si cette durée se prolonge assez pour opérer la prescription, elle donne à la possession le caractère d'un droit ; mais si cette possession suffisante à prescrire peut être regardée comme équipollente à titre, il ne saurait en être de même de la possession annale requise pour l'action possessoire. L'annalité communique seulement à la possession l'apparence d'un droit, et l'on peut dire de la saisine ce que les Romains disaient déjà de la possession « plurimum ex jure mutuatur. » D'ailleurs, M. Portalis, lui-même, disait[1] : « La propriété est un droit, la simple possession n'est qu'un fait. »

L'action de notre droit moderne est donc véritablement une action possessoire. Mais si, à ce point de vue, notre législation se rapproche de la législation romaine, elle s'en écarte au contraire sous un autre rapport. Les interdits romains avaient leur fondement plutôt dans l'atteinte portée à la possession que dans la possession elle-même, et se rapprochaient ainsi des actions *ex delicto.* L'*Utrubi,* qui sortait de cette idée commune, y fut ramené par la pratique et perdit son caractère distinctif de réalité. Nos actions possessoires modernes suivent au contraire les traces de l'ancien *Utrubi* romain ; ce sont des actions réelles, et qui présentent même de très grandes analogies avec cet interdit. Ainsi, elles exigent une certaine durée de la possession, et, pour évaluer cette durée, on ne tient compte que de la possession exempte de vice *ab adversario* ; de même, pour corriger la rigueur de cette exigence, on admet l'accession de possession.

J'ai dit, en traitant de notre ancien droit français, que l'annalité nous venait du droit germanique ; ce point est d'ailleurs

<hr>

1. Locré, IV, p. 80. Comp. Laurent VI, n° 82, t. XXXII, n° 264 ; Aubry et Rau, II, n° 177.

controversé, ainsi que je l'ai fait remarquer. Mais ce qui est hors de contestation, c'est que la saisine requise pour fonder la complainte, exigeait une possession d'an et jour. Cette condition de durée était implicitement contenue dans le mot « saisine, » si bien que ni l'art 96 de la coutume de Paris, ni l'art. 1, titre 18 de l'ordonnance de 1667 ne la mentionnent en termes exprès, et que Pothier, lui-même, a le tort, à mon gré, de ne pas la dégager explicitement. Cependant il me paraît difficile de nier la nécessité de cette condition dans notre ancien droit, et je crois que le tribun Faure tenait un langage inexact, lorsqu'il disait que l'annalité n'avait été établie que par la jurisprudence[1].

Cette condition a passé dans notre droit moderne, avec cette différence que l'ancien droit exigeait l'an et jour, et que notre saisine actuelle n'exige que l'année, non pas le jour[2]; selon la règle générale, *dies a quo non computatur in termino*, mais on y compte le *dies ad quem*.

Pour la preuve de l'annalité, on applique par analogie l'article 2234 C. C. d'après lequel « le possesseur actuel, qui prouve avoir possédé anciennement, est présumé avoir possédé dans le temps intermédiaire, sauf la preuve du contraire. » Mais il n'y a pas lieu d'appliquer l'adage « olim possessor, hodie possessor, » ni l'adage inverse[3].

98. L'exigence de l'annalité de possession est assez rigoureuse, et, pour la restreindre, on a soutenu qu'elle n'était pas requise contre une personne également sans droit et qui aurait possédé moins longtemps que vous; on a toujours plus de droit qu'un tel adversaire. On arriverait ainsi à appliquer à notre action possessoire les principes de l'ancien *Utrubi*, tels qu'ils sont établis notamment par la l. 156 D. 50.16. Bien que

---

1. Rapport au Corps législatif. Locré, t. XXI, p. 558.
2. Belime, p. 370 ; Lemarignier (Thèse), p. 57.
3. Wodon (Traité de la possession), n°ˢ 283, 286 ; comp. Belime, p. 464 s.

l'interdit exigeât qu'on eût possédé *majore parte anni*, il ne fallait pas prendre ces expressions dans un sens absolu, et croire qu'il fût nécessaire d'avoir possédé plus de six mois dans l'année ; non, il suffisait d'avoir possédé plus longtemps que son adversaire. On doit, dit-on, donner la même signification à l'annalité exigée par l'article 23 C. pr. [1].

Cette opinion, je commence par le déclarer, a toutes mes sympathies, et je crois qu'en raison, en législation, elle est bien préférable à celle qu'a introduite l'article 23 C. pr. Oui, il serait naturel, il serait juste de donner l'action possessoire même au possesseur non annal, en présence d'une personne qui, dans l'année, a possédé moins longtemps que lui. Malheureusement ce n'est pas le système de notre loi. Les expressions de notre article 23 C. pr. ne sont pas relatives, comme la « major pars anni » de l'interdit romain ; elles sont absolues ; il faut avoir la possession annale et la loi ne distingue pas suivant la durée de la possession de votre adversaire. Il y a plus : on est bien obligé d'exiger l'annalité même en présence d'un possesseur non annal ; elle est précisément exigée en vue de ce cas, puisqu'elle sera frappée d'impuissance aussitôt que votre adversaire aura à son tour acquis la saisine, par hypothèse plus récente que la vôtre ; c'est donc une erreur manifeste que de vouloir restreindre la nécessité de l'annalité au cas où vous vous attaquez à un possesseur lui-même annal ; à ce moment, elle ne servira plus à rien.

99. Cependant cette exigence est atténuée, comme dans l'ancien *Utrubi*, par la possibilité de joindre à sa possession celle de son auteur. L'article 2235 C. C., que l'on étend sans contestation aux actions possessoires, dit : « Pour compléter la prescription, on peut joindre à sa possession celle de son auteur de quelque manière qu'on lui ait succédé, soit à titre universel ou particulier, soit à titre lucratif ou onéreux. »

---

1. Comp. Belime, p. 366 s.

Pour profiter de la possession de son auteur, il faut que cette possession soit exempte de vices, et avoir, quant à soi, une possession du même caractère. Nous avons même eu l'occasion de voir que le vice de précarité se transmettait aux successeurs universels. Mais les autres défauts de la possession, qui peuvent cesser en la personne même de l'auteur (argument tiré de l'art. 2233 C. C. 2e) ne s'imposent pas aux successeurs universels. Il n'y a donc pas lieu d'introduire ici la distinction que l'on fait en matière de prescription entre les successeurs universels et ceux à titre particulier, les premiers profitant de la bonne foi de leur auteur, ou subissant leur mauvaise foi : ici la situation des successeurs universels, aussi bien que de ceux à titre particulier, sera distincte de la situation de leur auteur, et il faudra examiner séparément la possession de l'auteur et celle de son ayant cause.

D'ailleurs, les expressions « auteur, ayant cause » doivent s'entendre dans un sens très large. Je ne saurais mieux faire que de citer à cet égard MM. Aubry et Rau [1] :

« L'accession de possession s'opère non seulement au profit des successeurs proprement dits, mais encore en faveur de ceux auxquels le possesseur est tenu de remettre ou d'abandonner la possession, soit par suite d'une obligation de délivrance qui lui incombe, soit à raison de la résolution, de l'annulation ou de la rescision de son titre. C'est ainsi que le légataire peut joindre à sa propre possession, non seulement celle du testateur, mais même celle que l'héritier a eue jusqu'au moment de la délivrance du legs. C'est ainsi encore que le vendeur ou donateur peut, après la résolution, l'annulation ou la rescision de la vente ou de la donation, joindre à sa propre possession celle de l'acquéreur ou du donataire. »

Cependant, MM. Aubry et Rau ne vont pas jusqu'à accorder le bénéfice de l'accession « à celui qui, après avoir perdu la

---

1. Aubry et Rau, t. II, p. 99, 100.

possession par une interruption de plus d'une année[1], a obtenu au pétitoire un jugement qui condamne au délaissement le possesseur intérimaire. » La question est délicate ; sans doute cette personne avait perdu la possession et même le moyen de la recouvrer au possessoire, puisqu'une saisine étrangère a eu le temps de s'accomplir ; sans doute aussi les jugements sont purement déclaratifs et non pas translatifs. Cependant les jugements sont des sortes de quasi-contrats « in judiciis quasi contrahitur, » et comme on n'examine pas les choses dans la grande rigueur, quoiqu'on ne puisse pas proprement qualifier de successeur une telle personne, il convient pourtant de la regarder *lato sensu*, comme un ayant cause et l'assimiler, par exemple, à celle qui obtient résolution d'un contrat, laquelle résolution a également lieu par jugement, article 1184 C. C. 3e. J'appliquerais la même solution à la personne en faveur de laquelle son adversaire s'est désisté dans une instance[2].

L'usufruitier qui a la possession de son droit d'usufruit, peut y joindre celle du nu propriétaire, car le droit d'usufruit est contenu dans la pleine propriété[3]. Quant au nu propriétaire, comme il conserve la possession de la chose pendant toute la durée de l'usufruit et par l'intermédiaire de l'usufruitier, détenteur précaire quant à la chose, il est tout naturel qu'il puisse invoquer cette durée pour compléter sa saisine ; il a mieux que l'accession de possession ; il est mieux qu'un ayant cause ; il n'a pas cessé d'être possesseur ; et c'est un système très regrettable que de vouloir reculer sa saisine jusqu'à ce qu'il ait possédé la chose une année depuis l'extinction de l'usufruit[4].

---

1. On retrouve ici une trace de la doctrine d'après laquelle la possession ne serait interrompue qu'au bout d'une année, doctrine qui confond la saisine et la possession.

2. Voir Belime, p. 202.

3. Je ne prétends pas pour cela le distinguer de la propriété, dire qu'il y a un usufruit *causal*.

4. En mon sens, Aubry et Rau, t. II, p. 101 et n. 9. Belime, p. 199 s.

100. Notons enfin une différence importante entre notre droit français, ancien et moderne, et le droit romain, je veux parler de la situation des héritiers. En droit romain, conformément au principe de la fameuse l. 23 pr. D. 41.2, d'après laquelle la possession ne se transmettait pas de plein droit aux héritiers, ils ne pouvaient prétendre à l'*accessio possessionum* qu'autant qu'ils étaient entrés en possession effective[1]. Dans notre droit qui admet la règle « le mort saisit le vif, » les héritiers légitimes sont saisis de plein droit de la possession des choses héréditaires dès la mort de leur auteur, et ne sont pas obligés, pour obtenir l'*accessio possessionum*, d'avoir réellement appréhendé ces choses, article 724 C. C.[2].

Seulement la saisine légale n'est donnée qu'aux héritiers légitimes. Les successeurs irréguliers doivent demander l'envoi en possession, qui leur confère la saisine judiciaire; mais alors ils sont dans la même situation que les héritiers légitimes. On a cependant contesté cet effet, et on a soutenu que leur situation était inférieure à celle des héritiers légitimes en ce que leur saisine judiciaire ne rétroagissait pas[3]; par suite ils ne pourraient pas intenter l'action possessoire pour un trouble qui se serait produit avant leur appréhension matérielle, et logiquement ne devraient pas pouvoir compter à l'actif de leur possession le temps pendant lequel elle est demeurée « vide » : l'*accessio possessionum* ne pourrait pas comprendre ce temps intermédiaire. Le grand argument c'est qu'il n'y a pas de texte donnant rétroactivité à la possession. — Mais on a répondu très justement que c'était exagérer la différence entre les héritiers légitimes et les successeurs irréguliers. Les formalités exigées par la loi pour ces derniers ne sont que des précautions prises par la loi pour les obliger à justifier leurs

1. Gaius, IV, 151 ; l. 13.4. D. 41.2.
2. Pothier, Poss, n° 57.
3. Laurent, t. IX, p. 230.

. droits, parce que leur situation est moins évidente et moins sûre que celle des héritiers légitimes, qui ont leur titre dans la loi ; mais la saisine judiciaire, une fois obtenue, les place exactement dans la même position que les héritiers légitimes : il fallait s'assurer de la validité de leur titre, mais, cela fait, leur situation est la même. D'ailleurs la demande d'envoi en possession n'est au fond qu'un acte d'acceptation de la succession, article 778 C. C., et conformément à l'article 777 C. C., les effets de l'acceptation rétroagissent au jour du décès. La première opinion va donc contre les principes fondamentaux des successions[1].

Quant aux successeurs testamentaires, s'il n'y a pas d'héritiers à réserve, les légataires universels sont saisis comme les héritiers légitimes, article 1006 C. C. Le légataire à titre particulier, article 1014 C. C., le légataire à titre universel, article 1011 C. C., et, s'il y a des héritiers à réserve, le légataire universel, article 1004 C. C., sont obligés de demander la délivrance. Nous avons vu que cette délivrance opère en leur faveur accession de possession, et, bien que je ne puisse invoquer aucun texte à l'appui de cette thèse[2], je serais très disposé à les admettre à exercer l'action possessoire pour un trouble commis avant la délivrance. Observez que l'héritier n'aura aucun intérêt à l'exercer et qu'ainsi on aboutirait le plus souvent à l'impunité du trouble. D'ailleurs la délivrance me paraît tenir ici lieu de saisine judiciaire, et j'argumenterai de la décision que j'ai donnée plus haut pour les successeurs irréguliers.

101. — Le principe posé, je vais rapidement passer en revue les différentes personnes qui ont qualité pour prétendre à l'action possessoire, pourvu que leur possession ait duré un

---

1. Aubry et Rau, t. II, p. 102.

2. On pourrait même m'opposer dans une certaine mesure l'art. 1014 C. C. 2ᵉ ; mais je crois que l'objection ne porterait pas. De ce que le légataire particulier ne peut prétendre aux fruits et intérêts que du jour de la délivrance ou demande en délivrance, il ne me semble pas résulter qu'il n'ait également droit à l'action possessoire qu'à partir de ce moment.

an. Il faut avoir la possession d'une chose ou d'un droit réel. Il n'y a rien à dire du possesseur ordinaire[1], celui qui a la *possessio rei*. Cependant on a prétendu que, dans le cas de copropriété, le communiste ne pouvait jamais acquérir la qualité de possesseur, qu'il était toujours détenteur précaire, sauf le cas d'une interversion de possession. Nous avons vu que cette opinion ne devait point prévaloir : le communiste peut acquérir une possession non équivoque par des actes ayant pour but ou conséquence directe une appropriation exclusive de la chose ; et ces actes qui, pratiqués pendant un an, servent de fondement à sa saisine, constituent en même temps des troubles à la possession des autres communistes, troubles qui autorisent l'action possessoire contre lui[2].

Les seuls droits réels reconnus par notre législation moderne sont la propriété et la jouissance, comprenant l'usufruit, l'usage et l'habitation et les servitudes réelles ou services fonciers, article 543 C. C. Je reviendrai plus en détail sur cette énumération en traitant des objets qui peuvent faire la matière de la possession, et nous verrons notamment que les servitudes réelles soulèvent de grandes controverses. Je dirai seulement ici que l'on distingue d'abord les servitudes légales, dont la possession ne se sépare pas de celle du fonds dominant, et parmi les servitudes conventionnelles, les servitudes à la fois continues et apparentes qui peuvent être l'objet de possession susceptible de donner à leur titulaire l'action possessoire, et les servitudes qui ne sont pas à la fois continues et apparentes, pour lesquelles la jurisprudence et une partie de la doctrine admettent l'action possessoire lorsque leur jouissance est accompagnée d'un titre.

L'usufruitier est possesseur de son droit d'usufruit. On ne peut pas objecter l'article 2236 C. C., qui le range parmi les détenteurs précaires : il est bien détenteur précaire en effet,

---

1. Je reviendrai au *possessor rei* à propos des choses qui peuvent être l'objet de la possession.

2. Voir p. 221. Ch. req. 12 déc. 1876. S. 1879, 1, 469.

mais pour la chose elle-même, c'est-à-dire pour le droit de propriété : au contraire, il est possesseur *animo domini* du droit
d'usufruit. On ne peut pas davantage objecter l'article 614 C. C.,
d'après lequel l'usufruitier est tenu de dénoncer au nu propriétaire les usurpations et troubles commis par un tiers sur le
fonds : cette disposition n'a pas en vue de réserver l'action au
nu propriétaire, à l'exclusion de l'usufruitier ; seulement le
trouble commis porte à la fois préjudice à la *possessio rei* et à la
possessio ususfructus : le nu propriétaire a donc l'action possessoire concurremment avec l'usufruitier et c'est dans ce but
que l'usufruitier doit l'avertir des troubles et usurpations. Le
résultat est donc que les deux ont l'action possessoire, car ils
sont tous deux possesseurs, quoiqu'à des titres différents.
Même l'usufruitier et le nu propriétaire ont l'action possessoire
l'un contre l'autre, si l'usufruitier prétend accroître son usufruit ou le propriétaire le lui diminuer. C'est ce que disait
déjà Ulpien dans la l. 4. D. 43.17, *Uti possidetis.*

« In summa puto dicendúm, et inter fructuarios hoc interdictum (scil. Uti poss.) reddendum, etsi alter usumfructum,
alter possessionem sibi defendat. Idem erit probandum et si
ususfructus quis sibi defendat possessionem ; et ita Pomponius
scribit. »

L'usage, et aussi l'habitation, suivent les mêmes règles que
l'usufruit, art. 625 C. C. La même l. 4. D. 43.17, *in fine,*
disait :

« Proïnde et si alter usum, alter fructum sibi tueatur, et his
interdictum erit dandum ».

Cependant on a voulu élever quelques doutes sur l'usage
des bois et forêts, qui est réglé par des lois particulières,
art. 636 C. C. et qu'on a prétendu assimiler aux servitudes
réelles discontinues[1]. Dans le cas où l'usager pourrait produire
un titre, une opinion considérable lui accorderait l'action posses-

____

1. C. cass. 14 janvier 1869. S. 1869, I, 29.

soire, mais la lui refuserait dans le cas contraire. Mais on a fait observer que l'usage, étant une servitude personnelle, rapprochée de l'usufruit par notre Code, il n'y avait pas de raison pour décider autrement de l'usage d'une forêt, d'autant moins que l'art. 636 C. C. est placé dans le titre des servitudes personnelles. L'usage d'une forêt n'est pas un service d'un fonds à un autre fonds. Enfin, ce qui le distingue absolument des servitudes réelles discontinues, c'est que ces servitudes, n'imposant pas une charge très lourde au fonds servant, peuvent et même doivent être regardées comme l'effet d'une simple tolérance et de bons rapports entre voisins ; au contraire, l'usage des forêts est une servitude très onéreuse, qui exclut absolument toute idée de tolérance ou de familiarité. Cette possession n'est donc pas équivoque et doit pouvoir servir de fondement à l'action possessoire [1].

Les observations que je viens de présenter ne s'appliquent qu'aux forêts et bois des particuliers. Pour exercer l'usage dans les bois et forêts de l'État, il faut un titre de concession, à défaut duquel la possession est même délictueuse, art. 61 C. F. [2].

Dans l'opinion de la jurisprudence que, pour ma part, je trouve inexacte, et qui attribue à l'emphytéote un droit réel, il a aussi l'action possessoire [3].

Le fermier n'a pas l'action possessoire. Cela est évident, s'il n'a, comme je le pense, qu'un droit personnel et non un droit réel. Dans l'opinion qui lui accorde un droit réel, il me paraît logique de lui attribuer l'action possessoire. On ne peut pas objecter l'art. 1768 C. C. qui n'est que la répétition pour le fermier de ce que l'art. 614 C. C. a dit pour l'usufruitier : ils doivent tous deux avertir le propriétaire des troubles et usurpations. On ne peut pas non plus objecter l'art. 1727 C. C.,

1. C. cass. 24 février 1874. S. 1874, I, 417.
2. Belime, p. 331 s.; Aubry et Rau, t. II, p. 125 et n. 18.
3. Laurent, t. VIII, n° 376.

d'après lequel le fermier, troublé dans sa possession peut, dans certains cas, se faire mettre hors de cause : ce n'est là qu'une faculté pour lui et non pas une obligation. Reste l'art. 23 C. pr., qui exige une possession à titre non précaire ; mais je réponds que si le fermier a un droit réel, il en est possesseur *animo domini*, tout en restant détenteur précaire de la chose, c'est-à-dire du droit de propriété : il est exactement dans la situation de l'usufruitier qui est, lui aussi, qualifié détenteur précaire par l'art. 2236 C. C.

Je rapprocherai du fermier le concessionnaire d'un chemin de fer. Son droit ne peut, en effet, être assimilé, ni à la propriété, ni à un droit réel ; c'est un droit personnel *sui generis*, qui se rapproche du droit du fermier ou mieux, dans mon opinion, de celui de l'emphytéote.

Que dire du créancier antichrésiste? Je dois avouer que la question me paraît douteuse. Son droit est opposable aux tiers; est-ce à dire pour cela que ce soit un droit réel? La conséquence n'est pas nécessaire, et je serais, pour ma part, très enclin à lui refuser le droit réel. Son droit me paraît devoir être traité comme le droit de rétention, qui constitue, avec la faculté de percevoir les fruits, à charge d'imputation, les prérogatives accordées par la loi au créancier antichrésiste, art. 2085, 2087 C. C. [1].

Le droit de rétention est aussi opposable aux tiers. Cependant je ne crois pas que ce soit un droit réel. Les seuls droits réels, nous dit l'art. 543 C. C., sont le droit de propriété, un droit de jouissance ou des services fonciers. Le droit de rétention peut-il rentrer dans le droit de jouissance? Je ne le pense pas : il ne comporte aucun usage de la chose [2]. A un autre point de

---

1. Cependant l'art. 2.1[re] de la loi du 23 mars 1855, en exigeant la transcription de tout acte constitutif d'antichrèse, semble bien le ranger parmi les droits réels : c'est ce qui crée, à mes yeux, la difficulté.

2. Observez qu'il ne confère que le droit de préférence et non pas le droit de suite.

vue le droit de rétention ne confère pas la possession de la chose, mais seulement la détention, ce qui ne revient pas au même. Je sais bien que l'on peut contester ce point en invoquant certaines expressions des textes. L'art. 867 C. C. nous dit : « Le cohéritier qui fait le rapport en nature d'un immeuble, peut en retenir la *possession* jusqu'au remboursement effectif des sommes qui lui sont dues pour impenses ou améliorations. » Et l'art. 1673 C. C., « le vendeur ne peut entrer *en possession* qu'après avoir satisfait à toutes ces obligations. [1] »

Si je voulais me laisser aller à discuter subtilement sur les mots, je ne serais pas très embarrassé de montrer que l'expression « *retenir* la possession » dans l'art. 867 C. C., se rapproche bien du « possessionem tenere » des Romains, et « entrer en possession » de l'art. 1673 C. C. de la formule « esse in possessione. » Mais je crois que le mot possession a été pris ici dans le sens vulgaire et non technique : la possession est mise pour la détention. Je trouve, dans d'autres textes parlant également du droit de rétention, la preuve que les rédacteurs du Code n'ont pas attaché au mot possession la portée qu'on veut lui attribuer. L'art. 1948 C. C. dit : « Le dépositaire peut *retenir* le dépôt jusqu'à l'entier payement de ce qui lui est dû à raison du dépôt. » L'art. 1749 C. : « Les fermiers ou locataires ne peuvent être expulsés qu'ils ne soient payés par le bailleur..., des dommages et intérêts ci-dessus expliqués. » Les art. 1612, 1613 C. C. : « Le vendeur n'est pas tenu de *délivrer* la chose... » Le bon sens d'ailleurs suffit à nous indiquer que ces personnes n'ont pas l'*animus domini* requis dans la possession. Il ne peut donc être question, ni de *possessio corporis*, ni de *possessio juris* : Le droit de rétention ne saurait servir de base à l'action possessoire.

Ce principe va nous donner la solution d'un point assez obscur au premier abord. Le vendeur qui a conservé la jouis-

---

1. Comp. Wodon (Traité de la possession), III, nᵒˢ 648, 649.

sance de l'immeuble, a-t-il l'action possessoire s'il vient à être troublé dans cette jouissance. Le refus de l'action possessoire paraissait évident, lorsque ce vendeur était simplement en retard de livrer la chose; mais il semblait souffrir difficulté au cas où l'acheteur n'ayant point payé le prix, le vendeur avait le droit de rétention : on pouvait se faire illusion et croire à une véritable possession au profit de ce vendeur. Conformément à la décision que nous venons de donner, nous devons déclarer que cette circonstance est indifférente, et que le vendeur ne trouve pas dans le droit de rétention l'origine d'une possession qu'il n'avait pas antérieurement. Mais il faut se garder de toute exagération, et si la rigueur des principes nous oblige à refuser l'action possessoire au vendeur, comme tel, nous pouvons la lui accorder au nom de principes différents. Ce vendeur qui a gardé l'immeuble, doit être considéré comme ayant reçu de l'acheteur mandat tacite de l'administrer; or l'action possessoire, nous le verrons, rentre dans les actes d'administration et par suite, en cas d'empêchement de l'acheteur, le vendeur aura, en sa qualité d'administrateur, l'action contre les entreprises des tiers. Il y a plus : s'il a gardé la chose en vertu de son droit de rétention, comme il est créancier du prix, il peut, en vertu de l'art. 1166 C. C., exercer les droits et actions de l'acheteur, dans le cas où ce dernier négligerait ou même refuserait de les exercer. Les mêmes remarques peuvent être faites, notamment, pour le créancier antichrésiste et le fermier.

Enfin, dans le cas d'absence, les envoyés en possession définitive ont les actions possessoires : on ne peut leur contester la possession, ce me semble, puisque la loi les regarde même dans une certaine mesure comme des possesseurs de bonne foi et leur attribue tout ou partie des fruits, article 127, 138 C. C. Mais la possession provisoire n'est qu'un dépôt, article 125 C. C.; les envoyés en possession provisoire ne détiennent donc pas les biens *animo domini;* mais il faut encore ici reproduire l'observation que je faisais tout à l'heure, et leur accorder comme pouvoir ce qu'on leur refuse comme capacité : ils sont administrateurs des biens, et, à ce titre, peuvent intenter les actions possessoires, article 125 C. C. et argument *e contrario* tiré de l'article 128 C. C.

ARTICLE II.

De l'action accordée au possesseur non annal ou de la réintégrande.

102. Nous venons de voir les conditions de capacité réelle exigées pour intenter l'action possessoire : en résumé il faut la saisine, c'est-à-dire la possession annale. Malgré l'atténuation que vient apporter notamment la théorie de l'*accessio possessionum*, en dépit des tempéraments et des combinaisons qui permettent parfois d'éluder la difficulté et d'accorder d'une main ce qu'on refuse de l'autre, cette exigence demeure assez rigoureuse et l'on est en droit de se demander si notre loi n'a pas prévu la protection de la simple possession et peut-être de la détention elle-même. J'ai raisonné jusqu'ici comme s'il n'y avait qu'une action possessoire ; je prenais le pluriel de l'article 23 C. pr. « les actions possessoires » plutôt comme une figure de langage que comme l'expression de la réalité : « Les actions possessoires » c'est-à-dire « l'action possessoire. » Aussi bien, comme l'article 23 C. pr. ne faisait aucune distinction dans les conditions, il était plus simple de s'en tenir à une dénomination générale et unique « l'action possessoire. »

Cependant notre Code civil lui-même semblait faire une distinction, et l'article 2060 C. C. décidait que la contrainte par corps devait être appliquée. « 2° En cas de réintégrande, pour le délaissement, ordonné par justice, d'un fonds dont le propriétaire a été dépouillé par voies de fait... » Enfin arriva la loi du 25 mai 1838, sur la compétence des juges de paix, dont l'article 6 est ainsi conçu : « Les juges de paix connaissent en outre, à charge d'appel 1°... des dénonciations de nouvel œuvre, complaintes, actions en réintégrande et autres actions possessoires fondées sur des faits également commis dans l'année. »

En présence de ces dispositions, se sont élevées des controverses sur l'existence distincte d'une dénonciation de nouvel œuvre et d'une action en réintégrande. Je parlerai plus loin de la dénonciation de nouvel œuvre. Au sujet de la réintégrande, trois opinions [1] se sont formées : la première assimile la réintégrande à la complainte ; suivant la deuxième, la réintégrande n'est autre que l'ancien *remedium spolii* du droit canonique, et est accordée en cas de dépossession, même au simple détenteur ; enfin dans la troisième, la réintégrande est bien une action distincte donnée au cas de dépossession, mais elle requiert la possession véritable ; seulement il n'est pas nécessaire que cette possession soit annale.

103. Les partisans de la première opinion [2] argumentent naturellement de l'article 23 C. pr., siège de la matière : il ne fait aucune distinction, exige uniformément la possession annale. Sans doute l'article 2060 C. C. mentionne la réintégrande, mais cela ne suffit pas pour l'ériger en une action particulière et spéciale. Pothier, qui traitait séparément de la réintégrande, avait soin d'observer qu'elle n'était qu'une « branche de la complainte [3]. » « Notre droit français, dit-il, donne aussi au possesseur, quel qu'il soit... une action qu'on appelle complainte. Lorsque le possesseur l'intente pour le cas où il est troublé dans sa possession, elle s'appelle complainte en cas de saisine et nouvelleté. Lorsqu'il l'intente pour le cas où il a été dépossédé par violence, elle s'appelle complainte pour force ou pour des-

---

1. Je néglige les nuances secondaires, qui compliqueraient sans profit et obscurciraient la matière.

2. Toullier, t. XI, p. 195 s.; Troplong, *Prescription*, t. I, p. 467 s.; Bruns (Besitz im Mittelalter), p. 449 et n. 2, p. 450.

3. Poss, n° 108.

saisine ; autrement, action de réintégrande[1]. » On le voit, c'est la même action sous deux noms différents, et l'article 2060 n'a pas voulu dire autre chose que Pothier. Qu'on se rappelle l'exposé des motifs de M. Treilhard : « Les dispositions de ce titre n'ont rien de contraire à celles de l'ordonnance de 1667... Nous n'avons pas aspiré à la vaine gloire de faire de nouveau[2]. » Il est raisonnable de penser que les auteurs du Code ont suivi Pothier, leur guide habituel. Quant à la loi de 1838, c'est une simple loi de compétence, qui n'a pas eu en vue d'établir des actions nouvelles. D'ailleurs ces textes, l'article 2060 C. C. et l'article 6 de la loi de 1838, ne sauraient prévaloir contre l'article 23 C. pr.; et la loi de 1838 elle-même, en rangeant la réintégrande parmi les actions possessoires (argument tiré des mots « et autres actions possessoires, ») renvoie implicitement aux règles posées par l'article 23 C. pr. Enfin on invoque cette considération que dans notre état de civilisation et de paix publique, les violences ne sont plus à craindre et que la maxime *spoliatus ante omnia restituendus* n'a plus de raison d'être dans notre droit. Tous ces arguments sont très bien résumés dans les motifs d'un jugement du tribunal de Mulhouse du 4 avril 1860[3] que je cite textuellement :

« Attendu que l'article 23 C. pr. règle les actions possessoires par une formule nette, précise, sans spécification aucune, que le silence de ce texte, quant à la réintégrande, comme action distincte de la complainte, ne peut s'expliquer que par l'intention du législateur de ne plus faire cas d'une distinction désormais inutile, grâce au progrès de l'ordre social, pour assurer l'effet légal de la possession dans une juste mesure, que sans doute, dans les temps reculés, lorsque le droit du propriétaire ou du simple possesseur était exposé à des actes de violence fré-

1. Poss, n° 84.
2. Locré, t. XXI, p. 520.
3. D. 1862, 1, 354.

quents et graves, il importait d'emprunter au droit romain le remède de l'interdit *Unde vi*, de le renforcer même et d'en étendre la portée : que, sous l'empire de cette nécessité, le droit civil a pu, par une déviation de la maxime du droit canonique « spoliatus ante omnia restituendus, » prêter à la réintégrande un caractère tout spécial, celui d'une action personnelle en réparation de la violence, dont le succès n'empêchait pas celui qui succombait de réagir immédiatement par la voie de la complainte : qu'on ne saurait admettre qu'aujourd'hui encore cette action pût se reproduire avec ce caractère ; que ce serait là introduire en procédure une complication qui formerait anachronisme ; qu'aussi bien les auteurs qui se sont pénétrés de l'histoire du droit et spécialement de la transformation que les actions possessoires ont subie, n'hésitent-ils pas à professer que, dès avant la législation de nos Codes, il s'était opéré une fusion entre la complainte et la réintégrande ; qu'ayant eu à choisir entre la pratique judiciaire, dans laquelle ces actions étaient confondues et la doctrine, qui n'avait pas entièrement abandonné le système des deux actions distinctes, le législateur s'était décidé, en parfaite connaissance de cause, à effacer définitivement toute distinction. — Attendu que si, au silence de l'article 23 C. pr., on voulait opposer la mention qui est faite de la réintégrande aux articles 2060 C. C. et article 6 n° 1, de la loi du 25 mai 1838 sur les justices de paix, cet argument de texte devrait encore se résoudre d'après cette considération que l'article 23 C. pr. est le siège des principes sur la matière des actions possessoires et que tout autre texte s'y réfère naturellement; que si d'ailleurs l'article 2060 C. C. parle de réintégrande, il indique suffisamment qu'il s'occupe du cas où le dépossédé est le propriétaire, et qu'ainsi tout au moins il ne peut s'agir d'une possession à titre précaire ; de même si l'article 6 de la loi du 25 mai 1838 comprend la réintégrande dans l'énumération qu'il fait, il ajoute ces mots « et toutes autres actions possessoires, » ce qui implique que l'action en réintégrande est considérée comme une action possessoire, et partant soumise aux règles générales tracées par l'article 23 C. pr. »

104. La deuxième opinion a pour elle la jurisprudence et des auteurs considérables [1] : le jugement du tribunal de Mulhouse fut cassé par arrêt du 2 juillet 1862 [2], et la Cour de cassation ne s'est jamais démentie. — Il suffit au demandeur de prouver « sa possession actuelle et *matérielle* » au moment où il a été dépouillé, ainsi que sa dépossession par violence et voies de fait : la détention suffit, et par exemple le fermier a la réintégrande. Les derniers arrêts à ma connaissance sont des arrêts de Ch. req. 14 mars 1876, 22 février 1878, arrêt de cassation 27 février 1878 [3].

Comme dans le premier système, on invoque les travaux préparatoires et la fameuse phrase de M. Treilhard : « Nous n'avons pas aspiré à la vaine gloire de faire du nouveau ; » mais on allègue que l'ancien droit admettait la réintégrande dans les termes du *remedium spolii*. On conteste, à bon droit, selon moi, l'interprétation que donnait Pothier de l'ordonnance de 1667. Cette ordonnance séparait nettement la complainte de la réintégrande, et chacune d'elles faisait l'objet d'une disposition distincte, articles 1 et 2, t. 18 de l'ordonnance de 1667. La pratique les distinguait plus nettement encore ; à ses yeux la réintégrande n'était que le *remedium spolii* du droit canonique, et ce n'est un mystère pour personne que le *remedium spolii* était accordé au simple détenteur. Telle était la législation que M. Treilhard déclarait ne pas vouloir modifier. La réintégrande était nommément désignée dans l'art. 2060 C. C., elle le fut dans la loi du 25 mai 1838, et si cette loi ne trancha pas explicitement le débat sur la réintégrande, au moins son silence doit-il être interprété en faveur de la jurisprudence

---

1. MM. Aubry et Rau, t. II, p. 77, 119, 120, 164 s. et notamment p. 164 n. 1. — Belime, p. 396 s.
2. D. 1862. I, 354.
3. S. 1876, I, 266 ; 1878, I, 216.

alors existante, et qui était déjà la même qu'aujourd'hui. Quant à l'article 23 C. pr. il n'a trait qu'aux actions « possessoires ; » mais la réintégrande, comme l'ancien *remedium spolii*, n'est pas une véritable action possessoire : c'est une action personnelle *ex delicto*, fondée bien plutôt sur la violence que sur la possession. MM. Aubry et Rau disent [1] : « Elle diffère des actions possessoires proprement dites, et spécialement de la complainte, en ce qu'elle est accordée, bien moins pour la garantie et la conservation de la possession, que pour la réparation du fait illicite et contraire à la paix publique dont s'est rendu coupable l'auteur d'une dépossession consommée par voie de fait. » Cet argument est très habilement développé dans un arrêt de la Cour cass., 4 juin 1835 : « Attendu que, ne permettant les actions possessoires qu'à ceux qui sont en possession depuis une année au moins, l'article 23 C. pr. ne peut être entendu que des actions possessoires ordinaires, et non de l'action en réintégrande, dont il ne parle pas, action dont le mot et la chose ne se trouvent que dans l'article 2060 C. C., à propos de la contrainte par corps ; action particulièrement introduite en faveur de l'ordre et de la tranquillité publique, action sans influence sur les droits respectifs des parties, et qui n'exclut *même pas le droit de la partie condamnée d'agir au possessoire*; une jouissance matérielle, une possession naturelle et actuelle au moment de la violence suffisent pour autoriser l'action en réintégrande, contre l'auteur d'une voie de fait grave et positive, et d'une dépossession par violence... » — On fait enfin remarquer que cette action, sans être aussi indispensable qu'autrefois, a cependant de grands avantages ; que la dépossession ne constituera pas toujours un vrai délit, et que de toute façon on aura toujours intérêt à avoir sa possession et à agir plutôt par une action possessoire que par une simple action en dommages et intérêts ; qu'il serait dur de laisser sans

1. II, p. 165.

protection le possesseur non annal et même le simple détenteur.

105. Voici les conséquences pratiques de ce système. Il accorde la réintégrande à tout détenteur ; mais il exige une
dépossession violente, c'est-à-dire caractérisée par des voies
de fait graves, positives, blessant la sécurité des personnes et
compromettant l'ordre public ; d'ailleurs la réintégrande s'applique aussi bien quand on est dépossédé d'une servitude que
lorsqu'on est dépouillé de la propriété. Le caractère le plus remarquable de la réintégrande dans ce système est d'être une
action personnelle *ex delicto* plutôt qu'une action possessoire.
D'où il suit qu'elle ne peut être intentée que contre l'auteur
de la violence, et qu'elle n'empêche pas d'intenter la complainte après le jugement sur la réintégrande. MM. Aubry et
Rau[1] disent : « A la différence de la complainte qui, fondée sur
la saisine possessoire, présente un certain caractère de réalité
et peut être dirigée contre un tiers détenteur, en tant qu'il
s'agit du délaissement de l'immeuble litigieux ou du rétablissement des choses dans leur ancien état, la réintégrande, dont
le principe générateur se trouve dans une voie de fait contraire à la paix publique, est essentiellement personnelle, et
ne peut être exercée contre un tiers détenteur qu'autant qu'il
serait à considérer comme complice de cette voie de fait, pour
avoir succédé de mauvaise foi au spoliateur. » Et plus bas : « En
matière de réintégrande, les effets du jugement, qu'il ait admis
ou rejeté la demande, ne sont que provisoires, même au *point
de vue de la possession*, de telle sorte que la partie qui a succombé peut toujours, si elle se trouve d'ailleurs dans les conditions voulues, se pourvoir par *la voie de la complainte*, contre
celle qui a obtenu gain de cause sur la réintégrande. » Et un
arrêt de la Ch. req. 12 août 1874[2] s'exprime ainsi : « Attendu

1. II, p. 168.
2. S. 1875, I, 28.

que le jugement qui admet une action en réintégrande ne reconnaît et n'attribue point au demandeur une possession annale réunissant les caractères exigés par l'article 2229 C. C. et l'article 23 C. pr., et ne saurait, par suite, faire preuve, dans une nouvelle instance engagée entre les mêmes parties, d'une possession de cette nature... » Ces conséquences me paraissent très bien déduites : je crois, en effet, qu'en prenant pour point de départ unique de la réintégrande, la maxime « spoliatus ante omnia restituendus, » on arrive inévitablement à en faire une action purement personnelle, *ex delicto*, si bien que l'action possessoire, la complainte doit pouvoir être intentée après la réintégrande.

106. Pour défendre la troisième opinion, je suivrai la même marche que dans l'argumentation des deux premières. J'invoquerai à mon tour l'intention des auteurs du Code, dont M. Treilhard nous a donné une preuve évidente, de ne pas vouloir innover sur l'ancien droit; mais je nie précisément que les interprétations données de l'ancien droit par le premier et le deuxième systèmes soient conformes à la réalité. Il est certain que notre ancien droit distinguait la réintégrande de la complainte; l'ordonnance de 1667 elle-même en traite en deux articles différents, et nous avons vu que l'opinion contraire de Pothier ne saurait prévaloir, car Pothier n'est pas un guide parfait en cette matière. Il est également certain, les témoignages abondent à ce sujet, que l'on regardait d'une façon générale la réintégrande comme issue du droit canonique. Mais ce qui me paraît non moins assuré, c'est que notre ancien droit accordait la réintégrande au possesseur non annal, qui avait été dépouillé, et non pas au simple détenteur. C'était le principe originaire et véritable du *remedium spolii;* lorsqu'il s'introduisit dans notre législation ancienne, il est très probable, il est presque certain qu'il avait encore conservé ce caractère; et si, plus tard, le *remedium spolii* prit des extensions exagérées, si notamment il finit par être accordé au

simple détenteur, nous savons que notre ancien droit français lutta contre ces exagérations et qu'elles ne purent jamais s'y implanter vigoureusement. J'en trouve la preuve directe, non seulement dans les auteurs comme Argou, Imbert, qui nous présentent la réintégrande comme l'action donnée au *possesseur* non annal, mais dans les monuments législatifs les plus importants, qui rapprochent la réintégrande de la complainte; seulement la complainte est donnée en cas de saisine, c'est-à-dire de possession annale, au lieu que, pour intenter la réintégrande, il suffit d'avoir la simple possession. C'est ce qui ressort très explicitement, selon moi, des articles 61 et 62 de l'ordonnance de Villers-Cotterets, d'août 1539, et de la grande ordonnance de 1667, articles 1 et 2. Pothier lui-même, qui n'a pas su dégager assez la condition d'annalité contenue dans la saisine requise pour la complainte, exige de la façon la plus péremptoire la possession véritable pour agir en réintégrande[1]; et ainsi il peut être invoqué dans le sens de la troisième opinion.

Si c'était là, et la chose me paraît bien établie, le droit existant lors de la promulgation du Code de procédure, c'est le droit que nos législateurs ont voulu confirmer. Cette doctrine se fortifie de l'argument qu'on peut tirer de l'article 2060 C. C.: cet article, en parlant de la réintégrande, et en spécifiant le cas de dépossession par voies de fait, semble bien la distinguer de la complainte; et, d'autre part, il semble aussi exclure l'hypothèse d'un simple détenteur (argument tiré de ces mots « dont le propriétaire a été dépouillé. ») Ainsi que le faisait très justement remarquer le jugement du tribunal de Mulhouse du 4 avril 1860 « si l'article 2060 C. C. parle de réintégrande, il indique suffisamment qu'il s'occupe du cas où le dépossédé est le propriétaire, et qu'ainsi, tout au moins, il ne peut s'agir d'une possession à titre précaire[2]. »

1. Voir notamment Poss., n° 115.
2. D. 1862, 1, 354.

Je fais peu de cas, au point de vue qui nous occupe, de l'article 6 de la loi du 25 mai 1838, et je négligerai l'argument qu'on en peut tirer : je montrerai, en traitant de la dénonciation de nouvel œuvre, que l'on ne peut pas prendre ses expressions à la lettre. Aussi bien n'avait-on pas le dessein de trancher la question qui nous est soumise : cette loi est une loi de compétence, rien de plus. Je ferai seulement remarquer que la disposition invoquée par les partisans de la deuxième opinion, se retourne contre eux, car elle range la réintégrande parmi les actions possessoires (argument tiré des mots « et autres actions possessoires, ») tandis que le résultat logique et inévitable de la deuxième opinion est d'en faire une action personnelle *ex delicto*, si bien débarrassée de tout caractère possessoire, qu'elle n'empêche point d'intenter la complainte après elle.

Je sais bien que mon système, comme du reste le second, se heurte contre l'art. 23 C. pr., siège de la matière. Mais il me paraît encore impossible de prendre au pied de la lettre les expressions de cet article : on aboutirait à assimiler absolument la réintégrande à la complainte, à exiger la saisine pour les deux, ce qui constituerait certainement une innovation sur l'ancien droit, et serait en contradiction flagrante avec les paroles si nettes, si décisives prononcées par Treilhard. Je croirais bien plutôt que les rédacteurs du Code se sont fait illusion sur la portée des expressions reçues dans notre ancien droit, et se sont figuré pouvoir les remplacer sans inconvénient par des expressions qu'ils jugeaient équivalentes : égarés peut-être par Pothier, leur guide habituel, ils ont pensé simplement copier les anciennes ordonnances, tout en réunissant leurs dispositions en une formule unique et générale ; et en fait ils n'ont édicté que les conditions de la complainte[1].

____

1. Je n'invoque pas l'argument qu'on peut tirer du pluriel « les actions possessoires, » art. 23 C. pr. Je crois que ce n'est là qu'une figure de langage, pour

D'ailleurs cet art. 23 C. pr., nous l'avons vu, n'est même pas absolument exact pour la complainte, car il n'énumère pas toutes les qualités que doit réunir la possession pour servir de fondement à l'action : il faut le compléter par les dispositions du Code civil, auquel nous renvoient les travaux préparatoires. Cet art. 23 C. pr. ne peut donc pas être isolé, il ne peut être une base suffisante et parfaite d'un système ; il faut, comme pour les conditions de la possession, l'éclairer par les travaux préparatoires et le compléter par le Code civil.

J'estime que cette troisième opinion, qui ne s'en tient pas à un texte isolé, insuffisant et imparfait, mais considère l'ensemble des dispositions de la loi et respecte l'esprit de cette législation, tel qu'il nous est révélé par les travaux préparatoires, est préférable à la première opinion qui s'attache à la lettre d'un texte et méconnaît l'esprit de la loi, ou à la deuxième qui le dénature.

En résumé, le possesseur annal sera protégé contre toute espèce de trouble, le possesseur non annal, contre la dépossession seulement. Cette distinction n'est point arbitraire ; elle nous vient de l'ancien droit et se justifie en raison : la dépossession par voie de fait est quelque chose de plus grave que le simple trouble, et même dans un ordre social avancé, dans un état de tranquillité et de paix, on a intérêt à réprimer plus facilement le fait qui va jusqu'à la dépossession, que celui qui s'arrête au simple trouble.

D'ailleurs, sauf la différence d'annalité, sauf celle entre le trouble et la dépossession, les mêmes principes gouvernent la complainte et la réintégrande. C'est la même capacité réelle ; il faut la possession, la même capacité personnelle, c'est un acte d'administration, en un mot les mêmes conditions, les

---

« l'action possessoire » comme on dirait « les revendications » pour « la revendication. » Les auteurs du Code avaient cru trouver une formule générale, embrassant tous les cas ; dès lors peu importe le singulier ou le pluriel ; je le répète, c'est pure affaire de langage.

mêmes effets, elles sont toutes deux des actions possessoires, et par suite, la réintégrande a un caractère de réalité aussi bien que la complainte. Je crois également, contrairement à ce qu'on décide à bon droit dans la deuxième opinion[1], que le défendeur à la réintégrande peut exciper de sa possession annale, car le débat roule sur la possession et, dans notre droit, la possession annale vaut mieux que la simple possession : la conséquence logique est que la sentence sur la réintégrande aura effet de chose jugée en matière possessoire et que la complainte ne sera plus recevable après elle[2].

Si l'on admet la troisième opinion, il en résulte que le simple détenteur n'a dans notre législation actuelle que le droit de rétention, et encore ne l'a-t-il que s'il est créancier à l'occasion de la chose, s'il y a *debitum cum re junctum*[3].

ARTICLE III.

De la dénonciation de nouvel œuvre.

107. Il me reste à dire quelques mots de la dénonciation de nouvel œuvre. Nous avions vu que c'était un moyen pétitoire du droit romain, qu'une interprétation erronée des glossateurs avait introduit parmi les moyens possessoires du moyen âge et qui pénétra même dans notre droit français. Mais ses conditions furent toujours controversées, et son existence même semble avoir été bien éphémère, puisqu'on ne la retrouve ni dans l'ordonnance de 1539, ni dans celle de 1667, et que Pothier la passe sous silence. Cette action de dénonciation de

---

1. Aubry et Rau, t. II, p. 168.

2. On a remarqué que le demandeur en réintégrande avait souvent le choix entre son action et des actions *ex delicto* : cela est exact, mais non point spécial à la réintégrande : le même cas peut se présenter en matière de complainte.

3. Comp. Aubry et Rau, II, p. 77.

nouvel œuvre était ensevelie dans l'oubli, lorsque l'article 6 de la loi du 25 mai 1838 vint malheureusement la ressusciter et donner l'essor à de nouvelles controverses d'autant plus libres et, qu'on me passe l'expression, fantaisistes, qu'aucun texte ne venait les arrêter, et que leur point de départ lui-même était vague et incertain au possible. On a dit que c'était l'action donnée au possesseur non annal contre les simples troubles, et ainsi on a prétendu effacer toute distinction entre le possesseur annal et le possesseur non annal. D'autres ont insinué qu'elle protégeait la possession des servitudes, comme si cette possession n'était pas protégée, suivant des règles spéciales, par la complainte. L'opinion la plus sérieuse, en admettant l'existence de la dénonciation de nouvel œuvre, je serais tenté de dire la seule véritablement sensée, s'inspire de ce qui paraît avoir été adopté dans notre ancien droit : cette opinion est enseignée par MM. Aubry et Rau, dans leur quatrième édition [1] : je vais la résumer.

La dénonciation de nouvel œuvre est une action possessoire, au même titre que la complainte, et qui exige les mêmes conditions : la seule différence est qu'elle est intentée à raison d'un trouble simplement éventuel, et non pas d'un préjudice arrivé. Elle a pour objet « de faire ordonner la suspension des travaux qui, sans causer un trouble actuel à la possession du demandeur, produiraient ce résultat, s'ils venaient à être achevés. » D'après sa nature et son objet, cette action ne peut s'appliquer qu'à des travaux exécutés sur un fonds autre que celui du demandeur, car des travaux exécutés sur son propre fonds lui causeraient un trouble actuel et autoriseraient de sa part la complainte ; de même, elle ne saurait être intentée qu'autant que les travaux sont encore en cours d'exécution : elle devient sans objet après leur achèvement, puisqu'elle tendait

---

1. Aubry et Rau, II, p. 119, 140, n. 14, p. 163, 164 et les n. — Comp. notamment Lemarignier (Thèse), p. 94 s. ; Troplong, *Prescr.* I, p. 499 s.

à les faire suspendre. Les travaux achevés, qui réalisent les craintes du demandeur en dénonciation de nouvel œuvre, constituent effectivement un trouble à sa possession, motiveront alors la complainte.

108. Si l'on veut admettre la dénonciation de nouvel œuvre, je crois que c'est à cette dernière opinion que l'on doit s'attacher. Pour ma part, je suis intimement persuadé, comme M. Belime [1], que la dénonciation de nouvel œuvre n'existe pas dans notre droit. L'ancien droit l'avait à peu près ignorée ; le Code civil, le Code de procédure n'en parlaient pas, et on veut la faire sortir d'un seul texte tiré d'une loi de compétence, l'art. 6 de la loi du 25 mai 1838. — Mais, me dira-t-on, vous êtes bien obligé de reconnaître l'existence de la dénonciation de nouvel œuvre, car elle est mentionnée expressément dans cet article 6, aussi bien que la réintégrande, dont vous admettez l'existence distincte. — Je ferai observer que, pour établir l'existence de la réintégrande, j'ai négligé à dessein l'argument qu'on pouvait tirer de la loi de 1838 : cet argument dépasserait le but, et, pris à la lettre, prouverait trop, même à ceux qui l'invoquent en faveur de la dénonciation de nouvel œuvre. Ce texte met en effet dans la compétence du juge de paix non seulement les actions en complainte, réintégrande, dénonciation de nouvel œuvre, mais les « *autres actions possessoires* ; art. 6, loi 25 mai 1838 : « Les juges de paix connaissent en outre à charge d'appel..... des dénonciations de nouvel œuvre, complaintes, actions en réintégrande et *autres actions possessoires* fondées sur des faits également commis dans l'année. » Nous voilà réduits à nous ingénier à découvrir « d'autres actions possessoires » distinctes des premières, puisque l'art. 6 de la loi de 1838 les mentionne ! Cette seule observation suffit à montrer qu'il ne faut pas s'en tenir au sens littéral de cet art. 6. Quoi donc ? dirai-je, avec M. Be-

---

1. Belime, p. 381 s.

lime, que la loi n'a nommé la dénonciation de nouvel œuvre que pour la proscrire? Non; je crois que les auteurs de la loi de 1838 n'ont eu ni l'intention de la proscrire, ni l'intention de la créer ou de la rétablir. Ils faisaient une loi de compétence dans laquelle entraient les actions possessoires, et se rappelant leurs souvenirs de l'ancien droit, souvenirs assurément vagues et indécis, vu la matière, ils firent une allusion à la dénonciation de nouvel œuvre, et même pour être plus sûrs de n'oublier aucune action possessoire, ils ajoutèrent la formule générale « et autres actions possessoires. » A mon avis, leur énumération, dont on a tant abusé, veut dire simplement ceci : Les actions possessoires, c'est-à-dire l'action possessoire[1] qu'on la qualifie de complainte, de réintégrande, de dénonciation de nouvel œuvre, ou autrement, sera de la compétence du juge de paix. Voilà, je crois, la vraie solution, la vraie interprétation d'une loi, en somme une loi de compétence, qui s'est servi d'expressions défectueuses, mais dont il ne faut pas exagérer la portée.

Mais alors, nous dira-t-on, vous sacrifiez les intérêts de ceux qui voient s'élever à côté d'eux des travaux qui leur causeront dans l'avenir un préjudice assuré, et contrairement à cette règle de bon sens qu'il vaut mieux prévenir que punir, vous les obligez à attendre, les bras croisés, que le préjudice se soit réalisé, que le trouble ait eu lieu, pour leur permettre d'exercer une action destinée à demander la destruction d'ouvrages qu'il était bien plus simple d'arrêter dans leur exécution, la réparation d'un dommage qu'il était bien aisé d'éviter. — Je réponds que tel est l'esprit de notre droit : pour intenter une action en justice, il exige un intérêt né et actuel, et ne se contente pas d'une simple perspective : il ignore le procédé commode, mais peut-être dangereux, de la *cautio damni infecti*; il ne connaît pas, comme certaines législations étran-

---

1. Comme dans l'art. 23 C. pr.

gères[1], ce qu'on a appelé la *cautio de non turbando*, et n'admet même pas en matière criminelle, comme le fait le droit anglais, que l'on puisse traîner devant le juge un adversaire éventuel, et exiger de lui une promesse, une caution pour un préjudice, un crime suspendu au-dessus de votre tête. Notre législation peut être défectueuse, présenter une lacune, surtout en ce qui touche le droit criminel; mais ce n'est point à l'interprète de combler les vides de la législation[2].

109. En résumé, notre droit français ne connaît que deux actions possessoires, la complainte, accordée au possesseur annal contre les troubles quelconques, la réintégrande, qui suppose une dépossession, mais accordée au possesseur, même non annal. Il va sans dire que le possesseur annal dépouillé a, à son choix, soit la réintégrande, soit même la complainte : le trouble comprend la dépossession, mais la réciproque n'est pas vraie.

110. Enfin, à côté de ces deux actions et concurremment avec elles, la victime du trouble ou de la dépossession a des actions purement personnelles en dommages et intérêts, fondées sur l'article 1382 C. C., et, s'il y a lieu, sur les articles 1 et 3 code I. C. La personne lésée ne peut naturellement demander que l'indemnité du préjudice souffert; elle ne peut pas cumuler ces diverses actions; les actions pénales du droit romain n'existent plus dans notre droit. Mais, au cas où il y aurait plusieurs auteurs des violences commises, comme ils sont présumés avoir chacun la responsabilité entière de son délit, ils sont

---

1. En Prusse, en Bavière, dans le canton de Zurich. Randa, p. 257, n. 47. Le droit autrichien ne me parait pas certain : dans ce passage, M. Randa parait exclure la *cautio*, tandis qu'il semble la reconnaître ailleurs, p. 149, 150, n. 1, 1ª; seulement il l'appelle *cautio damni infecti* : le nom n'y fait rien.

2. L'art. 698 du Code civ. italien mis à exécution le 1er janvier 1866 admet la dén. nouv. œuvre au profit de celui qui a à craindre un dommage éventuel, provenant d'une entreprise faite par autrui, pourvu que le nouvel œuvre ne soit pas achevé et qu'il ne se soit pas écoulé un an depuis le commencement des travaux. Comp. Huc. I, sur l'art. 698.

tenus *in solidum* des conséquences de cette responsabilité, et la victime du délit pourrait demander le tout à l'un d'eux. Même si le délit tombait sous le coup du Code pénal, les principes de l'article 55 C. pr. gouverneraient le payement des amendes, restitutions, dommages et intérêts et frais, et, dans l'opinion que je crois exacte, d'après laquelle il n'existe qu'une seule solidarité, elle aurait lieu ici[1].

ARTICLE IV.

Droit comparé.

Je terminerai cet exposé par une esquisse des principales législations européennes en matière d'actions possessoires.

111. L'article 685 du Code civil italien, mis à exécution le 1er janvier 1866, définit la possession en ces termes : « Il possesso e la detentione di una cosa o il godimento di un diritto, che uno ha o per se stesso, o per mezzo di un altro, il quale detenga la cosa od eserciti il diritto in nome di lui. » C'est la traduction de notre article 2228 C. C. L'article 694 du même Code accorde la complainte en cas de trouble au possesseur légitime annal, et l'article 695 accorde la réintégrande à celui qui est dépossédé « violentemente od occultamente spogliato, » sans demander à sa possession aucune condition de qualité ni de durée. L'article 698 consacre la dénonciation de nouvel œuvre. Il paraît que le mot « possession légitime » signifie *possessio ad usucapionem*, c'est-à-dire accompagnée de juste titre et de bonne foi[2] : c'est là une différence importante entre le droit italien et notre droit français. Le détenteur n'a pas l'action possessoire ; cela résulte d'abord des articles 694, 695

---

1. Voir p. 201.
2. Randa, p. 206, n. 2. *Contra* Bruns (Besitzklagen). p. 227, n° 10, qui traduit possession légitime par la possession *animo domini*, et accorde la réintégrande même dans le cas de détention « possesso qualunque esso sia. »

C. civ. précités, et des articles 2115, 2117 du même Code, qui correspondent à nos articles 2236, 2239 C. C. Cependant, la question est controversée pour la réintégrande, mais l'opinion dominante en jurisprudence lui refuse l'action. M. Randa cite en ce sens des arrêts de la Cour de cassation de Florence du 17 sept. 1861, de la Cour de Turin des 11 et 23 mars 1870 : « Per l'azione di spoglio basta che l'attore fosse in possesso della cosa... si esige un possesso anche momentàneo[1], » c'est-à-dire pour l'action fondée sur la dépossession — nous dirions la réintégrande — il suffit que le demandeur ait été en possession de la chose..., il faut qu'il ait eu la possession au moins un moment. »

Quant à la responsabilité des tiers, le Code italien garde le silence, comme le Code français ; il faut appliquer les principes et dire qu'à l'exemple de ce qui se passe dans notre droit, l'action est valablement intentée contre l'auteur du trouble ou de la dépossession ; de plus, elle a un certain caractère de réalité puisqu'elle est fondée, moins sur le fait illicite du trouble ou de la dépossession que sur la protection de la possession. Je ne saurais mieux faire que de citer à ce sujet MM. Aubry et Rau : « La complainte » (lisez l'action possessoire) « peut être formée contre tout détenteur, même de bonne foi, qu'il soit ou non, le successeur de l'auteur de la dépossession ou du trouble, en tant du moins que cette action a pour objet le délaissement de l'immeuble litigieux ou le rétablissement des choses dans l'état où elles se trouvaient antérieurement au trouble. Quant aux dommages et intérêts, le payement n'en peut être poursuivi que contre l'auteur de l'atteinte portée à la possession et contre ses héritiers ou successeurs universels ; ses successeurs particuliers n'en sont point passibles[2]. »

---

1. Randa, p. 115, n. 12.
2. MM. Aubry et Rau ajoutent : « à moins qu'ils n'aient été de mauvaise foi. »

Je ne dirai rien du pays de Bade, dont la législation est en général conforme à la nôtre [1].

112. Le droit autrichien protège la possession dans les termes du droit romain. Il donne deux actions, l'une *retinendæ possessionis*, l'autre *recuperandæ possessionis*, et les accorde pour la protection de la simple possession, sans aucune condition de qualité ni de durée. Mais le simple détenteur est formellement distingué du possesseur, et n'a pas droit à l'action. L'article 309 du Code autrichien dit : « Wer eine Sache in seiner Macht oder Gewahrsam hat, heisst ihr Inhaber. Hat der Inhaber einer Sache den Willen, sie *als* (?) die seinige zu behalten, so ist er ihr Besitzer, » c'est-à-dire : « On appelle Inhaber, détenteur, celui qui a une chose sous sa puissance ou sous sa garde (Gewahrsam, qui correspond à la *custodia* des Romains), en un mot, à sa disposition. Si ce détenteur a la volonté de tenir la chose comme sienne, il est alors un possesseur [2]. »

L'action possessoire est réglée par les articles 339 et 346 « Der Besitz mag von was immer für einer Beschaffenheit sein, so ist Niemand befügt, denselben eigenmächtig zu stören. Der gestörte hat das Recht, die Untersagung des Eingriffs und den Ersatz des erweislichen Schadens zu fordern. — Gegen jeden *unechten* Besitzer kann sowohl die Zurucksetzung in die vorige Lage, als auch die Schadloshaltung eingeklagt werden, beides — ohne Rücksicht auf ein stärkeres Recht, welches der Geklagte auf die Sache haben konnte, » c'est-à-dire : « Quel que soit l'état de la possession, personne n'est autorisé à la troubler arbitrairement. Celui qui est troublé a le droit de de-

---

Je crois plus conforme à la théorie sur la responsabilité des ayants cause à titre particulier de retrancher cette fin : ils ne succèdent pas aux obligations de leur auteur. Comp. la l. 3.10. D. 43.17, et Randa, p. 292, n. 12.

1. Randa, p. 13, n. 13ᵃ.

2. J'ai traduit ces mots « als die seinige » par « comme sienne. » Il aurait été plus exact de mettre « wie die seinige. » Comp. ce que j'ai dit p. 3.

mander l'interdiction de toute atteinte, et une réparation du préjudice établi. Tout possesseur vicieux peut voir intenter contre lui une action tendant à la fois à une indemnité et au rétablissement des choses en l'état antérieur, et cela sans considérer si le défendeur a sur la chose un droit plus fort, » lisez « un droit. »

Cet article 339, par ces mots « hat das Recht, die *Untersagung des Eingriffs* zu fordern, » nous indique, je crois, qu'à l'exemple de l'interdit *Uti possidetis* du droit romain, l'action autrichienne *retinendæ possessionis* est à la fois une action en indemnité pour le préjudice éprouvé dans le passé, et une action prohibitoire pour l'avenir. C'est un fait intéressant à noter et que d'ailleurs M. Randa met bien en lumière, que cette concordance curieuse de l'ancien droit romain et du droit autrichien moderne en matière d'action possessoire. On a cependant voulu nier la ressemblance, quelques auteurs se fondant sur le mot « unecht » de l'article 346 ont prétendu qu'il indiquait par argument *e contrario* qu'il fallait être possesseur « légitime » pour intenter l'action : en effet, a-t-on dit, l'action est donnée contre tout possesseur illégitime ; elle ne lui appartient donc pas. Et alors, en exigeant un titre à l'appui de la possession, on ôte à l'action son caractère possessoire et on la rend pétitoire. Mais c'est là une erreur : le mot « unecht » ne veut pas dire illégitime, il signifie vicieux, et correspond à la *possessio vitiosa, injusta* du droit romain. C'est simplement la répétition de ce que disait le droit romain, qui faisait succomber dans l'interdit celui qui possédait « vi clam ou precario ab adversario, » en un mot donnait l'interdit contre tout possesseur vicieux. D'ailleurs ces mots de l'article 339 « Der Besitz mag von was immer für einer Beschaffenheit sein... » nous prouvent d'une façon péremptoire que le droit autrichien ne requiert pas un titre à l'appui de la possession [1].

---

1. Voir, sur le droit autrichien, Bruns (Besitz im Mitt.), p. 457 s. (Il prétend

113. Je rapprocherai du droit autrichien le droit russe qui, parti d'un point de vue tout opposé, est arrivé à adopter un système de protection possessoire analogue aux systèmes romain et autrichien. L'ancien droit slave, pas plus que le droit germanique, ne connaissait la protection de la possession pour elle-même et indépendamment de la propriété[1]. Au dix-septième siècle encore le Code de 1649 ne connaissait que le droit de légitime défense. Mais en 1775, une ordonnance prescrivit la restitution des biens, dont on avait été dépossédé par violence ou dol; une loi de 1824 limita à six semaines la durée de l'action possessoire, délai que l'ordonnance de procédure civile de 1864 porta à six mois. L'action est intentée devant le juge de paix et, ce qu'il y a de plus curieux, c'est que, rompant avec les vieilles traditions germaniques et slaves, le droit russe, à l'imitation du droit romain, protège la possession, même vicieuse, pourvu que le vice n'existe pas à l'égard de l'adversaire actuel : c'est tout à fait la l. 2. D. 43.17. *Uti poss. : « Justa enim an injusta adversus ceteros possessio sit, in hoc interdicto nihil refert*[2]. »

114. J'arrive au droit prussien : j'en donnerai immédiatement une idée sommaire, en disant qu'il a conservé les anciennes traditions germaniques. La possession n'est donc pas l'équivalent de la nôtre, et son action n'est pas une action véritablement possessoire. L'ancienne Gewere était pour les immeubles la possession légitime, c'est-à-dire appuyée d'un titre; pour les meubles, elle correspondait à la détention, mais peut-être aussi à la détention légitime. En somme l'ancien droit germanique était enclin à protéger même la simple détention, mais exigeait une détention ou une possession justifiée, et l'intervention de moyens de fond rendait l'action pétitoire.

que l'action n'est pas possessoire). Meischeider, p. 187 et surtout Randa, *passim* et spécialement p. 16, 17, 34, 106, 107, 108, 205 s. 225, 226.

1. Randa, p. 147.

2. Randa, p. 115, n. 12, p. 206, n. 2.

Aujourd'hui le même principe se retrouve à travers les transformations qu'il a subies. On fait une distinction tripartite dans la possession. Le degré inférieur, la détention « Innehabung, » exclusive de tout *animus rem sibi habendi*, est déjà protégée, soit par le *summariissimum*, soit par l'action *spolii*. Au-dessus vient la possession imparfaite « unvollständiger Besitz » qui n'est autre chose que la détention, mais avec l'*animus rem sibi habendi*. Le Landrecht prussien dit « Wer eine Sache für sich in seine Gewahrsam nimmt, der wird Besitzer der Sache, » c'est-à-dire on doit regarder comme possesseur celui qui prend une chose sous sa garde, « für sich, » c'est-à-dire dans son intérêt « zu eigenem Nutzen; » « in nut unde in gelde, » disait l'ancien miroir de Saxe. Il n'importe qu'on reconnaisse la propriété d'autrui, pourvu qu'on ait la volonté de jouir de la chose pour soi « in der Absicht für sich selbst darüber zu verfügen. » Ainsi le fermier est un possesseur imparfait[1]. — Enfin le droit prussien reconnaît la possession parfaite « vollständiger Besitz, » qui suppose l'*animus domini*.

Le droit prussien accorde l'action même au simple détenteur « Inhaber; » ce qui n'a rien d'étonnant puisque cette action n'est guère que le *summariissimum* plus ou moins imprégné de l'action *spolii*[2]. Il la donne contre le spoliateur et contre ses aides et complices « seine Theilnehmer und Gehilfen; » seulement c'est un point controversé de savoir ce qu'il faut entendre au juste par ces expressions, et si la loi prussienne a eu en vue de donner l'action contre les tiers de mauvaise foi, conformément au fameux canon Sæpe d'Innocent III[3]. D'ailleurs ce n'est pas une tâche facile de démêler et déterminer les conditions et l'essence des actions possessoires prussiennes, et les jurisconsultes allemands eux-mêmes ne se meuvent pas à l'aise

---

1. Voir Bruns (Besitzklagen), p. 242; (Besitz im Mitt.), p. 436, 441; Randa, p. 12, n. 13.
2. Meischeider, p. 186.
3. Randa, p. 292, n. 12.

dans ce chaos[1]. D'après M. Meischeider, le droit prussien ne connaît, en fait d'action possessoire, que le *summariissimum*, qui n'en est pas une[2].

115. On doit rapprocher du droit prussien la législation du canton de Zurich, rédigée, on le sait, par le jurisconsulte Bluntschli. Nous allons retrouver les mêmes idées, avec quelques modifications, mais ordonnées en formules précises, qui rendent les défauts encore plus sensibles. La possession comprend non seulement la possession *animo domini*, mais la détention « zu eigenem Interesse, » dans l'intérêt du détenteur, ce qui revient à ranger dans la possession la détention qui a un motif à l'appui de son existence; ainsi le gagiste, le fermier, l'usufruitier sont *possessores rei*. L'action possessoire n'est accordée qu'au possesseur légitime « der redliche Besitzer, » ce qui doit comprendre, je pense, la possession du fermier, de l'usufruitier, du gagiste, puisqu'ils sont qualifiés possesseurs, c'est-à-dire que M. Bluntschli accorde protection à toute détention légitime, ce qui me paraît être exactement la vieille tradition germanique[3]. Seulement, se plaçant ensuite à un autre point de vue, il accorde au possesseur quelconque, même illégitime, une action contre les atteintes constituant en même temps des délits. Il résulte de cette combinaison un système incohérent et compliqué, et M. Randa lui-même ne peut s'empêcher de constater qu'il n'en sort pas un grand progrès pour l'étude de la possession. D'ailleurs l'action est donnée contre le tiers de mauvaise foi, aux termes de la décrétale Sæpe[4].

116. Le droit saxon appelle possesseurs tous ceux qui tiennent une chose pour en jouir ou pour s'assurer une garantie

---

1. Voir Bruns (Besitz im Mitt.), p. 462 s.; Randa, p. 12, n. 13, p. 115, n. 12, p. 206, n. 2.

2. Meischeider, p. 186.

3. M. Randa, p. 206, n. 2, ne peut justifier cette restriction ; je crois, au contraire, qu'elle s'explique très bien historiquement.

4. Randa. p. 13, n. 13, p. 116, n. 12 fin, p. 292, n. 12.

« welcher eine Sache zur Benutzung oder zum Zwecke seiner Sicherung inne hat. » Ainsi le gagiste, l'usufruitier, le fermier, sont *possessores rei*, et le Code saxon donne l'action *spolii* à tout *possessor rei*. Mais pour la *possessio juris*, qu'il restreint aux servitudes, le droit saxon exige une possession annale : on retrouve là une influence de notre législation. Il en résulte que le titulaire d'une servitude personnelle est à la fois *possessor rei* et *juris*, et en fin de compte peut triompher à l'aide de la simple possession. La responsabilité du tiers de mauvaise foi est admise dans les termes du droit canonique[1].

117. La législation bavaroise protège la possession, non pas la détention. Mais M. Randa cite un projet, qui étend l'action à l'« Inhaber » sous certaines conditions, même à celui qui trouve une chose « der Finder. » Cette dernière extension me paraît dépasser les limites de l'ancienne tradition germanique[2].

118. La législation danoise ne connaît pas davantage, paraît-il, d'action vraiment possessoire. Le possesseur dépouillé ne peut demander la restitution de sa chose que s'il est de bonne foi ; sinon il n'a qu'une action en dommages et intérêts contre celui qui l'a dépossédé[3].

119. Je termine par le droit anglais, qui présente ici, comme ailleurs, un cachet d'originalité toute particulière. On a souvent remarqué que le droit anglais avait, sur plusieurs points, conservé les coutumes du moyen âge, qu'il a su approprier même aux besoins modernes, mais qui semblent un anachronisme et ne s'expliquent qu'à l'aide de l'histoire. C'est ce qui est arrivé ici. Le droit anglais est encore semblable à ces coutumes normandes qui passèrent le détroit avec Guillaume le Conquérant et qui n'étaient elles-mêmes qu'une transition entre les anciennes coutumes germaniques, et la législation nationale qui allait s'établir en France. Aussi ne suis-je point

---

1. Randa, p. 13, n. 13 ; p. 116, n. 12 ; p. 292, n. 12.
2. Randa, p. 13, n. 13 ; p. 116, n. 12 ; p. 292, n. 12.
3. Randa, p. 115, n. 12.

étonné de voir discuter la question de savoir si l'Angleterre connaît, ou non, des actions vraiment possessoires, c'est-à-dire dégagées de tout élément étranger, de tout moyen de fond. Le droit germanique voulait un titre à l'appui de la possession; notre droit français était sur le point de se contenter de la saisine, c'est-à-dire de la possession annale, qui est toujours la possession : les coutumes normandes, formées à ce moment de transition, adoptèrent à la fois les deux points de vue, et ainsi le droit anglais actuel a une action qui, dans certains cas, est pétitoire, dans d'autres, véritablement possessoire. Je m'explique. La notion de la possession « estate » est assez indécise; non seulement elle comprend la possession proprement dite, mais touche à la simple détention. D'autre part, sous l'influence de notre ancien droit français, des idées qui se sont transmises jusque dans notre droit moderne et qui nous font refuser l'action possessoire pour les meubles, le droit anglais ne distingue pas la possession de la propriété, quand il s'agit de meubles. Le même dualisme se retrouve dans le fondement de l'action possessoire, ainsi restreinte aux immeubles. Le fondement de cette action c'est la saisine « seisin; » mais cette saisine est, tantôt la possession justifiée par un titre, l'ancienne Gewere germanique des immeubles, tantôt et à défaut de titre, la possession annale, notre saisine ancienne et moderne. Lorsque l'action est intentée sur le fondement d'une possession appuyée d'un titre, elle est certainement pétitoire, comme l'ancienne action germanique; mais quand elle se base sur la possession annale, comme l'annalité n'altère pas l'essence de la possession, n'en fait pas un droit, l'action est possessoire. Ainsi l'action anglaise est pétitoire ou possessoire suivant les cas; je le répète, cela ne s'explique qu'historiquement[1]. Les actions possessoires sont au nombre de

---

1. Il ne faut pas s'étonner de ces contradictions, qui choqueraient nos jurisconsultes. Les Anglais sacrifient volontiers la beauté de la symétrie ou même de

deux[1] « l'assisa nova disseisinæ, » qui correspond à notre complainte, et le « breve de ingressu » qui correspond à notre réintégrande, mais paraît exiger la « seisin, » comme la première action[2].

120. Après ce coup d'œil d'ensemble, je voudrais apprécier en quelques traits la valeur de ces différentes législations, et rechercher laquelle se rapproche le plus de l'idéal où nous devons tendre. J'écarterai tout d'abord le droit anglais, qui peut suffire dans un pays où le bon sens et les mœurs suppléent aux lois, mais qui ne présente pas un ensemble théorique bien satisfaisant. J'écarterai encore le droit prussien, dont les distinctions arbitraires en théorie, insuffisamment justifiées par les besoins pratiques, l'incertitude et le chaos mécontentent les jurisconsultes allemands eux-mêmes[3]. Le droit du canton de Zurich, sauf quelques modifications, n'est autre chose que le droit prussien, ou mieux l'ancien droit germanique, précisé en formules modernes, et les principes possessoires n'y apparaissent guère. Je négligerai les droits secondaires, saxon, bavarois, russe et danois, qui ne sont que la résultante de combinaisons empruntées à d'autres législations. Le droit italien, est en général, semblable au droit français; cependant nous avons vu que, d'après une interprétation autorisée, il exige une condition de légitimité dans la saisine, base de la complainte : si cela est exact, il y a là, à mon avis, une concession fâcheuse à la tradition germanique. La possession vaut la peine d'être protégée pour elle-même; aux époques primi-

la logique, lorsqu'ils y voient leur intérêt, ou simplement l'avantage de ne point changer les traditions anciennes, auxquelles ils sont très attachés.

1. Il y en a même une troisième « l'assisa mortis antecessoris » donnée à l'héritier ab intestat, contre ceux qui se sont mis en possession d'un bien dont le défunt avait la saisine.

2. Comp. Meischeider, p. 181 s.; Randa, p. 14, n. 13 b. Ces auteurs disent, d'une façon trop absolue selon moi, que le droit anglais ne connaît pas d'action vraiment possessoire.

3. Bruns (Besitz im Mitt.), p. 462 s.; Randa, p. 13, n. 13.

tives de violence et de trouble, elle remplace en quelque sorte la propriété; dans les civilisations avancées, elle la représente, et plus l'ordre social est parfait, plus on doit présumer qu'elle abrite une propriété véritable. L'intervention d'un titre dans l'action possessoire crée quelque chose d'ambigu, et a le tort de préjuger dans une certaine mesure la question de propriété, dans une instance rapide et qui ne présente peut-être pas toutes les garanties nécessaires.

Le débat se ramène donc entre le droit autrichien et le droit français, et M. Randa, en bon patriote, proclame l'excellence du droit autrichien. Il présente, nous dit-il, les avantages théoriques et pratiques du droit romain, sans ses inconvénients, notamment sans sa restriction aux trois vices « vi, clam, precario » que M. Ihering condamnait si justement et dont l'insuffisance avait fait rechercher, que dis-je, imaginer un interdit général « interdictum generale ou actio momentariæ possessionis. » Si l'on reconnaît dans la possession une situation qui mérite d'être protégée, pourquoi s'arrêter à mi-chemin? « Erkennt man einmal den Besitz als rechtlich zu schützendes Verhältniss an, warum denn nur der halbe, warum nicht der ganze Schutz [1]? » Pourquoi distinguer suivant la nature de l'atteinte portée à la possession? Le droit autrichien la protège contre toute atteinte, de quelque nature qu'elle soit : son action est réellement une action possessoire, et non plus seulement une action *ex delicto*, comme l'interdit romain [2].

Je souscris de grand cœur à ces éloges que mérite le droit autrichien. Cependant je crois que la condition de durée, qui est l'élément caractéristique de notre droit français, est digne d'être prise en considération. Elle n'altère pas l'essence de la possession, et n'a pas l'inconvénient de faire intervenir ou de préjuger le pétitoire; et cependant elle donne une garantie à

---

1. Ihering, p. 127.
2. Randa, p. 225, 227.

l'action possessoire, dont le but est en somme de concourir à la protection de la propriété. Maintenant est-ce à dire que notre droit français ait trouvé une formule parfaite? Je ne le crois pas. D'abord la possession nécessaire pour intenter la réintégrande est l'objet de controverse; et même pour la complainte, il y a dans cette condition d'annalité, condition rigide, fixe, immuable, quelque chose d'arbitraire qui ne me satisfait pas absolument. Je crois, pour ma part, que la vérité était dans l'ancien interdit *Utrubi* qui donnait la préférence à celui dont la possession avait été la plus longue dans l'année, en ne tenant compte que d'une possession exempte de vice *ab adversario*, nous dirions aujourd'hui d'une possession réunissant à l'égard de l'adversaire les conditions de l'art. 2229 C. C. Cette combinaison de la possession et de la durée me paraît fournir très heureusement au juge une garantie que ne présente pas au même degré la possession instantanée; elle n'encourrait pas le reproche que l'on peut adresser à notre système de laisser pendant un an la possession exposée aux troubles, peut-être même à la dépossession, puisque la condition de durée serait essentiellement relative; et, faisant dépendre le succès de l'action de la diligence même de l'intéressé à agir, elle pourrait s'appliquer sans inconvénient à la réintégrande aussi bien qu'à la complainte, et ramener ainsi l'unité dans une matière aujourd'hui un peu confuse.

Enfin l'utilité de donner une action au simple détenteur, comme tel, ne me semble pas bien évidente. Le plus souvent le possesseur intentera l'action qui est refusée au détenteur; si ce détenteur est son créancier, il peut même agir à sa place en vertu de l'art. 1166 C. C.; et, en admettant l'inaction du possesseur, l'empêchement absolu de le faire intervenir à temps pour réprimer le trouble, parce qu'il est, par exemple, « aux grandes Indes, » le juge pourrait, je crois, considérer le détenteur comme faisant fonction d'administrateur, et lui accorder à ce titre, au nom des principes que je vais exposer tout à

l'heure, l'action qu'il ne peut lui donner en qualité de détenteur.

SECTION II

DE LA CAPACITÉ NÉCESSAIRE POUR INTRODUIRE EN JUSTICE UNE ACTION POSSESSOIRE.

121. J'ai interrompu un moment le commentaire des dispositions de notre Code afin de donner une théorie d'ensemble
sur la capacité réelle exigée pour l'action possessoire. Redes-
cendons des régions du droit comparé et de la législation, et
revenons au terrain pratique de notre droit positif.

On entend par capacité personnelle nécessaire à l'action
possessoire, la capacité requise pour introduire en justice une
action de cette nature. L'action possessoire étant considérée
comme un acte de conservation et d'administration, cette exigence est des plus bénignes, et on ne la mentionne guère que
pour constater précisément son peu de gravité, et aussi en
donner quelques exemples.

Le mineur émancipé, qui peut faire à lui seul les actes d'administration, art. 481, 484 C. C., peut intenter l'action possessoire. La femme mariée, au contraire, même quand elle a la
libre administration de ses biens, art. 1449 C. C. 1er, 1536, 1576
C. C., ne peut jamais intenter seule l'action possessoire ; seulement c'est l'effet de principes différents : la nécessité de l'autorisation du mari ou de justice est indépendante du régime
matrimonial. La personne munie d'un conseil judiciaire, ne
pouvant plaider sans l'assistance de son conseil, sera incapable d'intenter l'action possessoire sans cette assistance.

Il est bien entendu que le mineur non émancipé, l'interdit
et la personne placée dans un établissement d'aliénés, ne
peuvent intenter les actions possessoires que par l'intermé-

diaire de leurs représentants, art. 450, 509 C. C., art. 33 de la loi du 30 juin 1838.

Enfin l'action possessoire étant un acte « conservatoire, de surveillance et d'administration provisoire, » l'habile à succéder pourra l'intenter sans qu'il en résulte de sa part une acceptation, art. 778, 779 C. C. Cependant il sera prudent de faire ses réserves : comp. art. 796 C. C.

122. Les mêmes conditions suffisent pour intenter l'action possessoire au nom d'autrui : ce n'est plus ici une question de capacité, c'est une question de pouvoir; mais les règles sont les mêmes. On peut les rattacher au principe que le mandat général comprend les actes d'administration, art. 1988 C. C.[1].

Le tuteur peut donc, en dépit de l'article 464 C. C., qui lui défend d'introduire en justice une action immobilière, intenter l'action possessoire pour un bien possédé par son pupille ; en ce faisant, loin de compromettre les intérêts de son pupille, il fait un acte de conservation et d'administration rentrant non seulement dans son pouvoir, mais dans ses obligations, article 450 C. C.

Le mari intente les actions possessoires pour les biens de la communauté, et même pour les biens personnels de la femme, à moins qu'elle ne soit séparée de biens, article 1449 C. C. 1er, 1536 C. C., ou dotale et qu'il s'agisse de ses biens paraphernaux article 1576 C. C. ; dans ces derniers cas, c'est la femme elle-même qui intente l'action, mais avec l'autorisation du mari ou de justice. Pour le régime de communauté légale, l'article 1428 C. C. 1er et 2e, non seulement déclare que le mari a l'administration des biens personnels de sa femme, mais dit expressément qu'il « exerce les actions possessoires qui appartienent à la femme, » et il en serait de même dans le cas de communauté conventionnelle, article 1528 C. C. ; dans le régime sans communauté le mari a encore l'administration des biens de sa

---

1. Comp. Pothier, *mandat*, n° 152.

femme, articles 1530, 1531 C. C., partant, le droit d'intenter l'action possessoire pour les biens de sa femme ; enfin sous le régime dotal, il a même les actions pétitoires immobilières concernant les biens dotaux, article 1549 C. C. Mais quoiqu'on ait fait ici une brèche considérable aux principes généraux, notamment à l'article 1988 C. C. 2ᵉ, le mari n'a toujours ces actions que comme représentant, administrateur : c'est toujours pour lui une question de pouvoir, non de capacité. Je rejette donc, sans même la discuter, l'opinion originale de M. Troplong, d'après laquelle le mari serait propriétaire des biens dotaux. Sous l'empire de la Coutume de Paris, dont l'article 233 disait : « le mary est seigneur des actions possessoires, posé qu'elles procèdent du côté de la femme, » Pothier décidait déjà qu'il devait « former la complainte en sa qualité de mari d'une telle[1]. » C'est assez dire qu'il n'avait l'action que comme administrateur et représentant.

Les envoyés en possession provisoire doivent être regardés comme administrateurs des biens de l'absent, et à ce titre avoir les actions possessoires, article 125 C. C., *argt. e contrario* de l'article 128 C. C. Quant aux envoyés en possession définitive, j'ai déjà dit qu'ils devaient être regardés comme de véritables possesseurs et avoir l'action possessoire en leur propre nom.

123. Les personnes morales n'agissent que par représentant et pour elles la capacité et le pouvoir se confondent. Dans une société civile, on peut être convenu de conférer l'administration à l'un des associés ; à défaut de convention, ils peuvent tous faire les actes d'administration, sauf le droit pour chacun de s'opposer à l'opération, avant qu'elle ne soit conclue, articles 1856, 1857, 1859 C. C. 1ᵉʳ. Une société commerciale ne se fonde pas sans que les pouvoirs aient été déterminés dans les statuts, et c'est aux statuts qu'il faudra se référer pour savoir comment en aura été faite la répartition ; à défaut de dispositions expresses

---

1. *Poss.*, nᵒ 97. Comp. Laurent, t. XXII, nᵒˢ 147, 148.

les associés responsables, dans la société en nom collectif ou la commandite, les gérants dans les sociétés anonymes, ont le pouvoir d'administrer et par suite d'intenter l'action possessoire. Dans les faillites ce pouvoir appartient au syndic.

Les actions intéressant un département sont intentées par le préfet sur l'avis du conseil général, ou, en cas d'urgence, de la commission départementale, article 46, 15e, article 54 loi du 10 août 1871. Ce texte s'applique aux actions possessoires, et le préfet ne pourrait pas les intenter à lui seul [1]. Quand le département est défendeur, le préfet peut toujours soutenir l'action sur l'avis de la commission départementale et même quand il s'agit d'actions possessoires, il peut être assigné directement, sans qu'il soit nécessaire de lui adresser préalablement le mémoire qui remplace, dans ces affaires, la citation en conciliation, article 55 de la loi du 10 août 1871.

Lorsqu'une action possessoire est intentée contre une commune, bien que nous n'ayons pas ici de texte formel semblable à cet article 55 de la loi du 10 août 1871, je crois qu'il faut décider par analogie que le mémoire exigé par l'article 51 de la loi du 18 juillet 1837, ne sera pas non plus nécessaire. Quant aux actions possessoires appartenant à la commune, l'article 55 de la loi du 18 juillet 1837, dit expressément que le maire peut les exercer, tant en demandant qu'en défendant « sans autorisation préalable, » ce qui veut dire, sans l'autorisation du conseil de préfecture, mais non pas sans l'assentiment du conseil municipal. C'est ce qu'a jugé récemment encore la Cour suprême par arrêt de cassation 2 mars 1880 [2].

L'article 10 de la loi du 7 août 1851 assimile les hospices aux communes : « Les délibérations comprises dans l'article précédent (entre autres celles relatives aux actions judiciaires)

----

1. L'art. 54 de la loi du 10 août 1871, qui donne au préfet le droit de faire les « actes conservatoires, » limite ce pouvoir en ajoutant « et interruptifs de déchéance. » D'ailleurs la commission départementale est toujours là.

2. *France judiciaire*, t. 1879-80, p. 451.

sont soumises à l'avis du conseil municipal, et suivent, quant aux autorisations, les mêmes règles que les délibérations de ces conseils. » Cet article, qui distingue si nettement l'avis du conseil municipal des autorisations, peut servir d'argument dans la question précédente. Ici la commission de l'hospice remplacera le maire. Mais pour tous les autres établissements publics ou d'utilité publique, l'autorisation du conseil de préfecture est indispensable : on ne peut pas étendre l'article 55 de la loi du 18 juillet 1837. C'est ce qu'a jugé, dans l'hypothèse d'une cure, un arrêt de cassation du 25 mars 1879 [1].

Tout contribuable de la commune peut exercer, à ses frais et avec l'autorisation du conseil de préfecture, les actions appartenant à la commune, article 49 de la loi du 18 juillet 1837. Ne doit-il pas pouvoir, par analogie de l'article 55 de la même loi, intenter les actions possessoires sans cette autorisation ? Non : l'article 5 n'est pas étendu par la jurisprudence hors des termes stricts de la loi, et d'ailleurs il n'y aurait plus ici la garantie de l'assentiment du conseil municipal, puisque le contribuable ne peut agir qu'au cas de refus ou négligence du conseil [2].

1. S. 1879 I, 320.
2. Comp. Belime, p 242.

CHAPITRE II

CHOSES QUI PEUVENT ÊTRE L'OBJET DE L'ACTION POSSESSOIRE[1].

124. Si l'on veut prendre les choses à un point de vue philosophique, la possession nous apparaît comme une situation très générale, manifestation extérieure de la propriété, et par suite concevable partout où la propriété est elle-même possible. La propriété s'applique à toutes les choses que nous pouvons nous assimiler par notre travail, et ces choses peuvent être tantôt l'objet direct, tantôt l'objet médiat du droit de propriété ; dans le premier cas, on dit simplement qu'on a la propriété de la chose ; cette propriété, étant illimitée, n'a pas besoin d'être autrement qualifiée ; dans le deuxième, on dit qu'on est propriétaire d'un droit sur la chose. Il y a plus, et la propriété se rencontre non seulement pour les droits réels, mais pour les droits personnels : celui qui peut, à son gré, disposer d'une créance, a, quant à ce droit personnel, les attributs de la propriété. Cette idée d'asseoir la propriété

---

1. Je range, sous le nom d'action possessoire, la complainte et la réintégrande. J'indiquerai, s'il y a lieu, les différences que présente la réintégrande. Quant à la dénonciation de nouvel œuvre, je n'y ferai allusion que dans le cas d'absolue nécessité.

même sur un droit personnel, peut paraître bizarre au premier abord; mais elle est rigoureusement vraie et notre loi française en reconnaît l'exactitude : voir les art. 136, 154, C. C. La possession doit correspondre à la propriété dans les mêmes hypothèses, et nous voyons notre droit français parler de « possesseur de la créance, » art. 1240 C. C. Je vais même plus loin, et sortant de la sphère des intérêts pécuniaires, je considère que l'on est en quelque sorte propriétaire de ses droits de famille, de son état, de sa personnalité, et, par suite, on peut en avoir aussi la possession; j'estime donc que notre Code a pu parler sans inexactitude d'une possession d'état, art. 195, 320 C. C.[1]. Seulement, par la nature des choses, cette propriété et surtout cette possession présentent des caractères tout particuliers, et je crois qu'il ne viendrait à l'idée de personne aujourd'hui de renouveler l'exagération du moyen âge, et de munir les droits de famille d'actions possessoires[2].

Pour nous en tenir aux choses qui peuvent être l'objet d'une possession efficace et pratique, c'est-à-dire garantie par des actions spéciales, je crois qu'il leur suffit de réunir deux conditions, dont la nécessité d'ailleurs se démontre d'elle-même : 1° qu'il s'agisse d'une chose *in commercio* ou susceptible d'y être; 2° que les actes qui révèlent la possession présentent une certaine durée ou une possibilité de renouvellement; l'exercice de la possession implique une certaine durée ou un certain renouvellement. Cette observation s'applique surtout aux créances. Les droits réels sont d'essence durable; il n'en est pas de même des droits personnels, et le plus souvent le seul acte de jouissance que l'on puisse faire

---

1. Les Romains, peu curieux de recherches philosophiques, ne conçurent jamais le droit de propriété qu'appliqué immédiatement aux choses ; et cependant ils arrivèrent d'assez bonne heure à l'idée d'une *possessio juris*.

2. Pour donner une formule plus précise, j'estime que cette possession ne saurait être séparée de la propriété qu'elle représente et ne peut faire l'objet d'actions indépendantes et distinctes. C'est donc, si je puis m'exprimer ainsi, une notion purement platonique.

est en même temps l'acte d'exécution et de disposition : le payement éteint le droit. Pour qu'une créance soit susceptible de possession, il faut donc qu'elle ne se consomme pas par un acte unique ; il ne suffirait même pas qu'elle eût pour objet des prestations répétées, comme par exemple la créance d'un bailleur à loyer ou à ferme, car chacune de ces prestations ferait l'objet d'une créance distincte se consommant par un seul acte : il faut qu'elle ait pour objet des prestations périodiques, par exemple les arrérages d'une rente.

On a fait néanmoins des objections contre la possession des droits personnels. Outre l'incompatibilité prétendue entre la propriété ou la possession et les droits personnels, on a dit que posséder une créance revenait à posséder la volonté d'autrui, ce qui n'est pas possible. On a très justement répondu que, toute créance étant un lien juridique entre deux personnes « vinculum juris, » tout créancier enchaînait, dans une certaine mesure, la volonté de son débiteur, et comme d'ailleurs on pouvait être propriétaire d'une créance, on ne voyait pas pourquoi on n'en serait pas possesseur, pourvu que cette possession pût s'affirmer par des actes extérieurs, dont l'accomplissement ne détruisît pas en même temps la créance[1].

125. Si nous descendons sur le terrain du droit positif, nous voyons que la théorie que je viens d'esquisser, a été en général adoptée par le droit autrichien. Il reconnaît la possession, j'entends la possession qui est munie de l'action possessoire, pour tous les objets corporels, meubles ou immeubles, pour les droits réels, droits de banalité, servitudes et même pour les droits personnels qui admettent une certaine durée ou un certain renouvellement. Il admet même une possession d'un genre tout particulier et qui résulte de l'inscription d'un droit réel sur les registres publics, et qu'on appelle « Tabularbesitz. » La formule générale se trouve dans l'art. 311.

---

1. Comp. Bruns (Besitz im Mitt.), p. 480 s. ; Randa, p. 539 s.

« On peut posséder toutes les choses corporelles ou incorporelles qui sont l'objet du commerce régulier : alle körperliche und unkörperliche Sachen, welche ein Gegenstand des rechtlichen Verkehrs sind, können in Besitz genommen werden[1]. »

126. Le droit prussien a une formule encore plus vague : « Wer eine Sache für sich in seine Gewahrsam, nimmt, der wird Besitzer der Sache. Wer ein Recht für sicht ausübt, wird Besitzer des Rechts genannt. » Dans le détail, malgré l'autorité très considérable et l'influence heureuse de M. de Savigny, qui s'efforça de réagir contre les tendances exagérées du moyen âge et de restreindre le domaine de la possession[2], l'étendue d'application des actions possessoires est encore très indécise ; elle ne se dégage que lentement et péniblement de l'influence du moyen âge. Le droit autrichien, tout en demeurant sur certains points encore imprégné de l'esprit canonique, s'est néanmoins bien mieux débarrassé des anciennes exagérations[3].

127. La formule de notre droit français est également générale et vague, et ressemble exactement, sous ce rapport, aux dispositions autrichiennes et prussiennes. L'art. 2228 C. C. dit : «La possession est la détention ou la jouissance d'une chose ou d'un droit que nous tenons ou que nous exerçons par nous-même ou par un autre qui la tient ou qui l'exerce en notre nom. » Dans le silence de l'article on pourrait donc discuter à perte de vue sur notre droit français, comme on le fait sur les législations étrangères ; mais la Révolution de 89, en abolissant le régime féodal, a supprimé du même coup toutes les

---

1. Bruns (Besitz im Mitt.), p. 456 s. ; Randa, p. 62, 64 et n. 2 b., p. 225, 515 s. On discute le point de savoir si les droits d'auteurs, les brevets d'invention, les marques de fabrique peuvent être l'objet de possession ; je crois que l'on doit, en bonne théorie, décider l'affirmative, car il y a là, à mon avis, une véritable propriété industrielle ou artistique. Comp. Randa, p. 554, 555.

2. Sav., p. 504 s.

3. Meischeider, p. 415 s. ; Bruns (Besitz im Mitt.), p. 432 s. ; Randa, p. 515, n. 1, p. 550, n 47. Le consulter pour les législations secondaires.

distinctions arbitraires et subtiles qui décomposaient et démembraient la propriété, et le décret du 4 août 1789 a bien simplifié la tâche des commentateurs à venir. Le terrain de la controverse a été restreint et l'on est bien d'accord aujourd'hui que l'action ne peut être intentée que si la possession a pour objet un droit réel rentrant dans les termes de l'article 543 C. C., ce qui comprend outre la propriété, les servitudes personnelles, d'après la jurisprudence l'emphytéose, et les servitudes réelles sous certaines conditions. Il n'existe plus d'autres droits réels, et quant aux droits personnels périodiques qui pourraient être l'objet de l'action possessoire, notre droit ne connaît que les rentes, lesquelles sont meubles, art. 529 C. C., et nous allons voir que les meubles ne peuvent pas être l'objet de l'action possessoire.

128. L'action possessoire doit avoir à sa base une possession réunissant les qualités nécessaires pour arriver à la prescription, d'où il suit qu'un bien ne peut être l'objet d'une action possessoire que s'il est susceptible d'une possession de ce genre, en d'autres termes, s'il est prescriptible. Il n'y a donc que les choses prescriptibles qui puissent fournir la matière d'actions possessoires; mais il faut se garder d'appliquer le principe à l'aveugle, et l'on se tromperait étrangement en décidant *à priori* que toute chose déclarée imprescriptible par notre droit positif est par là même incapable de devenir l'objet de l'action possessoire. Il faut distinguer suivant que l'imprescriptibilité tient à la nature de la chose, qui n'admet qu'une possession vicieuse ou ne l'admet pas du tout, comme par exemple les servitudes discontinues, dont la possession est naturellement atteinte du vice de tolérance, ou que cette imprescriptibilité ne tient qu'à des motifs extrinsèques, qui mettent la chose hors du commerce, mais dans une certaine mesure et à l'égard de certaines personnes seulement. Ainsi les biens des mineurs et des interdits peuvent former l'objet d'une action possessoire, quoique l'article 2225 C. C. les

déclare imprescriptibles [1]; de même l'article 2253 C. C. n'empêche pas d'intenter l'action possessoire entre époux, pas plus que l'imprescriptibilité du fonds dotal, article 1561 C. C., n'empêche d'agir valablement au possessoire pour les biens dotaux. Ces imprescriptibilités sont relatives; mais j'irai plus loin, et je dirai que les biens du domaine public, quoique placés dans une certaine mesure hors du commerce, art. 2226 C. C., peuvent parfois être l'objet d'une action possessoire. Ces biens ne sont pas susceptibles de propriété privée, article 538 C. C.; mais la nation en a la propriété, ou tout au moins la jouissance et l'usage. Il en résulte tout naturellement que l'État, le département, la commune, troublés dans la possession d'un terrain dépendant du domaine public, peuvent très bien intenter l'action possessoire pour faire cesser le trouble et rétablir les choses dans leur ancien état [2]. Ces biens ne résistent point, par leur nature, à une possession utile pour prescrire, ils sont soustraits à la possibilité d'une prescription en vertu de considérations étrangères : l'action possessoire pourrait donc très bien être intentée, seulement elle se heurte contre une exception d'un ordre supérieur, l'exception de domanialité; mais lorsque cette exception n'a pas de raison d'être, l'action possessoire reparaît. Elle existe, nous venons de le voir, au profit de l'État, du département, de la commune; elle existe même entre particuliers, en supposant qu'ils jouissent en fait d'un bien du domaine public : l'exception de domanialité ne peut être opposée qu'au nom et dans l'intérêt du domaine lui-même [3]. Ainsi le particulier qui, en vertu d'une autorisation ou d'une simple tolérance de l'administration, a

---

1. On pourrait dire aussi que les courtes prescriptions courent contre eux, art. 2278 C. C., et que la saisine invoquée contre eux est une sorte de courte prescription. Je préfère le motif énoncé au texte.

2. Aubry et Rau, t. II, p. 131.

3. La jurisprudence est constante sur ce point. Voir les derniers arrêts à ma connaissance. Cass., 20 nov. 1877. S. 1878, I, 64 ; Ch. req. 6 mars 1878. S. 1879, I, 13. Comp. Aubry et Rau, t. II, p. 123 et n. 8 et 9.

exercé des actes de jouissance ou d'usage sur un bien du domaine public, peut valablement intenter la complainte contre un particulier qui le trouble dans sa possession. On a même été jusqu'à soutenir que, dans le cas d'une concession administrative, le particulier, troublé par l'administration, aurait l'action possessoire contre l'administration. Mais cette opinion est exagérée; la concession administrative ne peut pas constituer sur un bien du domaine public un droit supérieur à la nécessité générale qui a fait ranger ce bien dans le domaine public; en ce sens la possession du particulier est toujours précaire à l'égard de l'État, et une telle concession ne peut valoir que comme tolérance[1].

129. Mais si la chose, par sa nature, échappe à l'idée de possession ou, ce qui est plus fréquent, si elle n'est susceptible que d'une possession vicieuse et imparfaite, l'action possessoire ne pourra pas avoir lieu, pas plus que la prescription. Nous en avons vu déjà un exemple en matière de cours d'eau non navigables ni flottables. Le riverain qui a exercé dans des limites abusives le droit d'irrigation prévu par l'art 644 C. C., et dont la possession ne repose que sur l'abstention du coriverain ou riverain supérieur, ne peut pas l'invoquer comme fondement de l'action possessoire, car une telle possession est entachée du vice de précarité et tombe sous le coup de l'article 2232 C. C. Ainsi la jouissance des cours d'eau ne peut être l'objet de l'action possessoire que sous certaines conditions. De même la possession exclusive d'un mur ou d'un fossé mitoyen ne peut fonder ni prescription ni action possessoire, art. 653, 666 C. C. La loi regarde une telle possession comme équivoque, ambiguë, précaire; elle exige toujours le titre ou

---

1. Laurent, t. VII, n° 255 (Il cite à l'appui un arrêt de la Cour de cass. de Belgique du 14 nov. 1844. Pasicrisie, 1846, I, 408). Comp. Aubry et Rau, t. II, p. 131, n. 43. — Il va sans dire que dans l'opinion qui accorde la réintégrande au simple détenteur, toutes ces choses, étant susceptibles de détention, peuvent toujours servir de base à la réintégrande.

la marque de non-mitoyenneté. Au contraire la Cour de cassation, par arrêt Ch. req., 2 février 1876, a jugé avec beaucoup de raison que le propriétaire d'un terrain bordé par une haie, peut intenter la complainte contre son voisin, à raison d'usurpations et dégats commis contre la haie, qu'il le peut, non seulement pour la mitoyenneté, mais pour le tout, quand il prouve sa jouissance annale exclusive. C'est qu'ici l'art. 670 C. C. admet la possession à fin de prescription, que, par suite la possession exclusive doit aussi être utile pour intenter l'action possessoire. Une haie mitoyenne peut donc être l'objet d'une action possessoire exclusive [1]. On voit donc qu'il faut bien maintenir la concordance entre la prescriptibilité et l'action possessoire ; mais qu'il faut appliquer la règle avec discernement, et lorsque l'imprescriptibilité tient à des considérations extrinsèques, ne refuser l'action possessoire que dans la mesure où ces considérations interviennent.

130. Après avoir posé le principe général, j'aborde les détails ; je m'occuperai d'abord des choses corporelles, puis je passerai aux choses incorporelles.

131. Les biens corporels se divisent en meubles et immeubles. Les meubles pourraient parfaitement donner lieu à l'action possessoire, mais l'opinion, on peut le dire, unanime de la doctrine et de la jurisprudence refuse l'action dans cette hypothèse. Cela résulte des traditions constantes de notre ancien droit français, qui tenait les meubles en mince considération, « mobilium vilis possessio. » Autrefois c'était un principe universellement reçu que la complainte ne s'appliquait point aux meubles ; les articles 97 de la Coutume de Paris, 489 de la

---

1. S. 1878, I, 21 et n. 1. L'effet de la possession annale n'est pas de détruire la présomption *juris tantum* de mitoyenneté écrite dans l'art. 670 C.C. Pour cela, il faudrait la possession «suffisante, » c'est-à-dire la possession équivalente à titre, la possession de trente ans. Mais la possession de trente ans pouvant faire échec d'une manière définitive à la présomption légale de mitoyenneté, la possession annale doit logiquement pouvoir y faire échec d'une manière provisoire, et son effet ne pourra plus être détruit que par un procès pétitoire.

Coutume d'Orléans le disaient expressément, l'article 1, t. 18 de l'ordonnance de 1667, implicitement; un grand nombre de coutumes déniaient même l'action en revendication pour les meubles, ce qui s'exprimait par la maxime bien connue « en fait de meubles possession vaut titre. » Cette maxime est devenue absolument générale en passant dans l'article 2279 C. C., et quoique cet article ne s'applique qu'aux meubles corporels, il montre assez l'intention de notre législateur de ne point séparer pour les meubles la possession de la propriété.

132. Si l'opinion, qui refuse l'action possessoire en matière mobilière, est acceptée sans conteste, cela n'est vrai que des meubles envisagés individuellement; au contraire une opinion assez considérable soutient l'application de l'action possessoire aux universalités de meubles. C'était la décision de l'ancien droit, art. 97 de la Coutume de Paris, 489 de la Coutume d'Orléans, art. 1.t.18 de l'ordonnance de 1667, et nous savons de la bouche même de Treilhard que le Code « n'a point aspiré à la vaine gloire de faire du nouveau. » On ajoute que l'universalité de meubles se rapproche des biens immobiliers; c'est à ce titre qu'on l'avait mise sur le même pied que les immeubles : elle a une saveur immobilière, « sapit quid immobile. » — On peut demander en quoi consiste cette « saveur immobilière, » et il serait, je pense, assez difficile de le définir. Mais on peut répondre par des arguments plus sérieux. MM. Aubry et Rau observent très justement que théoriquement, en raison, la possession d'une universalité ne se conçoit pas : les deux choses jurent ensemble. La possession suppose des actes matériels de jouissance; or ces actes ne peuvent s'appliquer qu'à des objets individuels, non pas à une universalité : l'universalité est une notion juridique, fictive, sur laquelle on peut asseoir un droit, notion également juridique, mais pas un fait : l'universalité, comme telle, n'est susceptible ni de possession ni de quasi-possession. « L'action possessoire, dont les universalités juridiques pouvaient autrefois former l'objet, avait donc été reçue

contra rationem juris; et en l'absence de toute disposition nouvelle reproduisant celle de l'ancien droit, on doit la repousser[1]. » Cette opinion peut enfin invoquer un texte, l'art. 3 C. pr. 2ᵉ qui, d'une manière générale et absolue, déclare les actions possessoires de la compétence du juge de paix de la *situation* de l'objet litigieux. Or les meubles n'ont pas de situation, *personam sequuntur* et il apparaît ainsi d'une manière évidente que, dans la pensée des auteurs du Code, l'action possessoire était restreinte aux immeubles. Ce texte me paraît décisif et répond suffisamment à l'argument puisé par la première opinion dans l'ancien droit et les travaux préparatoires.

Je ne pense même pas que les meubles immobilisés puissent faire l'objet d'une complainte *per semet ipsa*. Cela est admis sans difficulté pour les immeubles par destination de la loi, qui sont tout à fait fictifs, comme par exemple les actions de la Banque de France; et je crois qu'on doit donner la même décision des immeubles par destination[2].

133. Nous sommes donc ramenés aux immeubles par leur nature. Il est utile de donner quelques développements sur les voies de communication et les cours d'eau.

Les routes nationales ou départementales, les chemins vicinaux, les chemins de fer sont imprescriptibles et font partie du domaine public, art. 538, 2226 C. C., art. 10 de la loi du 21 mai 1836, art. 1 de la loi du 15 juillet 1845, art. 4 de la loi du 12 juillet 1865. Ils ne peuvent donc faire l'objet d'une action possessoire de la part des particuliers, dans tous les cas où l'exception de domanialité peut être opposée : les particuliers ne sauraient avoir la prétention de se faire maintenir en possession de la moindre parcelle d'un tel chemin. Cependant, dans le cas où la délibération du conseil général ou de la commission départementale, aux termes des art. 44, 46, 7ᵉ et 86 de

---

1. Aubry et Rau, II, p. 121 n. 3 ; comp. Belime, p. 309 s.
2. Comp. Belime, p. 307.

la loi du 10 août 1871 [1] aurait méconnu la possession d'un riverain, ce riverain pourrait à bon droit intenter l'action possessoire, mais uniquement à fin de faire ressortir son droit à l'indemnité. Je pense également que si l'arrêté de cessibilité du préfet, prévu par l'art. 11 de la loi du 3 mai 1841, en matière d'expropriation pour cause d'utilité publique, avait méconnu la possession d'un particulier, cet arrêté pourrait être considéré comme un trouble et autoriser l'action possessoire du particulier, non pas pour être maintenu en possession de son terrain, mais aussi pour fixer son droit à l'indemnité [2].

Les arbres plantés sur les routes et chemins, étant la propriété des riverains, peuvent être de leur part l'objet d'une action possessoire valable, loi du 9 ventôse an XIII, art. 3.

1. Les chemins vicinaux de grande communication sont reconnus et déterminés par le conseil général; les chemins vicinaux ordinaires, par la commission départementale. Autrefois c'était un arrêté du préfet, qui portait reconnaissance et fixation de la largeur d'un chemin vicinal, art. 15 de la loi du 21 mai 1836. — Observons que les décisions de la commission départementale peuvent être frappées d'appel devant le Conseil général, art. 88 de la loi du 10 août 1871.

2. Je sais bien que je me heurte à une grave objection, tirée du grand principe de la séparation des pouvoirs, inscrit dans l'art. 13, t. II, loi des 16-24 août 1790, d'après lequel les juges ne peuvent s'immiscer dans les opérations administratives. On pouvait en conclure, et on l'a fait, qu'un acte administratif ne pouvait servir de base à une action possessoire. Voir en ce sens rejet, Ch. civile, 24 août 1864. S. 64, I, 493. — Je ne méconnais pas la portée de l'objection, mais il faut distinguer les actes qui rentrent dans les attributions légales des corps administratifs, et ceux qu'ils commettent en violation de la loi. Les premiers sont en effet, garantis par la séparation des pouvoirs, et j'adopte ici la manière de voir de l'arrêt précité ; mais la séparation des pouvoirs ne peut servir à abriter et justifier les autres actes. Les tribunaux judiciaires peuvent même, depuis le décret du 19 sept. 1870, décret abolitif de l'art. 75 de la Constit. du 22 frim. VIII, juger de *plano* les actes contraires à la loi, commis par les agents administratifs dans l'exercice de leurs fonctions ; Ch. req. 8 février 1876. S. 1876 I, 193, Paris (motifs), 29 janvier 1876. S. 1876, II, 297. Or le conseil général, les préfets opèrent la reconnaissance et détermination des chemins ou des terrains à céder; mais ils n'ont point qualité pour dénier à un particulier la propriété ni même la possession d'un terrain : ces questions rentrent dans les attributions des corps judiciaires et si les corps administratifs les tranchent, ils sortent de leurs attributions et en ce sens enfreignent la loi. — Voir Rej. Ch. civ. 28 août 1878, *France judiciaire*, t. 1878-79, p. 197 et n. Ch. req. 29 déc. 1879 (motifs), *France judiciaire*, t. 1879-80, p. 238.

Quant aux chemins ruraux, c'est-à-dire ceux qui n'ont pas été reconnus comme vicinaux par un arrêté de classement, l'opinion générale est qu'ils font partie du domaine privé de la commune et sont prescriptibles (argument *e contrario* de l'art. 10 de la loi du 21 mai 1836). Ils peuvent donc valablement former l'objet d'actions possessoires intentées par les particuliers.

134. J'arrive au régime des eaux, qui soulève de très grandes difficultés : j'étudierai progressivement les eaux pluviales, les sources, les rivières non navigables et flottables, enfin les rivières navigables et flottables.

135. Les eaux pluviales sont *res nullius :* c'est là le principe, qui n'est contesté par personne. En cette qualité elles sont donc éminemment susceptibles d'occupation et de possession ; mais précisément parce qu'elles sont ainsi à la disposition du premier occupant, qui peut à son gré les recueillir ou les laisser s'écouler, leur possession constitue un acte de pure faculté, et l'abstention d'un riverain ne peut à elle seule servir de fondement à la possession ou prescription du riverain inférieur, qui ne jouit de ces eaux que par une simple tolérance, article 2232 C. C.

136. Ce principe est rigoureusement vrai pour les eaux pluviales qui tombent sur un terrain public, par exemple, un chemin. Elles peuvent être occupées par chaque riverain, mais cette occupation est précaire et ne saurait donner lieu ni à prescription ni à complainte, de la part d'un riverain inférieur, lors même qu'il aurait fait les ouvrages apparents dont parle l'art. 642 C. C. : ces ouvrages ne suffiraient pas à ôter à sa possession le caractère de précarité qui la rend inefficace [1].

Cependant ce vice de précarité n'est point indélébile. Les riverains successifs pourraient faire un arrangement accordant à l'un d'entre eux la jouissance exclusive des eaux pluviales ;

[1]. C. cass. 22 avril 1863. S, 1863, 1, 479.

une décision administrative pourrait avoir le même effet. Alors cette jouissance deviendrait utile pour prescrire ou pour intenter l'action possessoire [1], et il ne serait pas nécessaire que le possesseur eût fait des travaux apparents au sens de l'art. 642 C. C., par exemple placé un aqueduc : il suffirait que sa possession fût publique, aux termes de l'art. 2229 C. C. [2]. Ce point ne fait aucune difficulté, ni en doctrine, ni en jurisprudence [3]. Un arrêt Ch. req., 11 juillet 1859 [4]. s'exprime en ces termes : « Les eaux pluviales peuvent devenir l'objet d'une possession utile et donnent ouverture à l'action possessoire, lorsque la saisine légale en a été attribuée à l'un des propriétaires intéressés, du consentement des autres, par des conventions particulières qui, *si elles sont sans effet à l'égard des tiers*, doivent recevoir leur exécution entre les parties contractantes. Ainsi lorsqu'une transaction intervenue entre deux riverains d'un chemin public interdit à l'un d'eux d'user au préjudice de l'autre des eaux pluviales coulant sur ce chemin, le fait par le premier d'avoir détourné ces eaux pour les conduire dans sa propriété, constitue à l'égard du deuxième un trouble dont celui-ci peut poursuivre la répression par voie d'action en complainte. » — Un arrêt de Ch. req. du 21 mars 1876 [5] dit : « Attendu que si, tant qu'elles sont abandonnées à elles-mêmes, les eaux pluviales qui tombent ou coulent sur la voie publique ne sont à personne et appartiennent au premier occupant, elles cessent d'être à la libre disposition des riverains et des habitants, du moment qu'elles sont soumises à une appropriation particulière, soit par suite d'une convention privée entre un voisin

---

1. Il en résulte que le juge de paix pourrait consulter les titres et autres moyens de fond pour qualifier la possession Ch. req. 21 mars 1876. S. 1876, I, 359. Je reviendrai sur ce point.

2. Ainsi, une simple rigole publique suffirait. Ch. req. 21 mars 1876.

3. Aubry et Rau, II, p. 135, 136, qui ont admirablement résumé la question ; Demolombe, t. XI, n° 114, 115 ; Belime, p. 260.

4. S. 1860, I, 355 et n.

5. S. 1876, I, 359.

inférieur et le propriétaire du fonds supérieur d'où elles proviennent, soit au moyen d'un aqueduc construit sur la voie publique avec l'autorisation de l'autorité compétente ; que dès lors celui à qui elles sont attribuées privativement et qui les utilise de la sorte n'en jouit plus à titre de riverain ou d'habitant, mais en vertu du contrat ou de l'acte de concession, qui les lui a exclusivement réservées..... »

137. Je suppose maintenant que les eaux pluviales tombent sur un terrain privé. Sans doute, elles sont toujours en principe *res nullius*, mais par une sorte d'occupation ou, si l'on aime mieux, d'accession [1], elles deviennent la propriété de celui sur le terrain duquel elles tombent. Elles doivent alors en tout être assimilées aux sources, qui sont également à la disposition du propriétaire du fonds, article 641 C. C. ; elles constituent comme une source intermittente, circonstance absolument indifférente d'ailleurs. Le propriétaire peut en user à son gré ; c'est pour lui un acte de pure faculté, et son abstention ne doit être interprétée que comme une simple tolérance, qui ne peut fonder ni possession, ni prescription pour le possesseur inférieur. Cette théorie est celle qui est appliquée aux sources par l'article 642 C. C. Mais le possesseur inférieur peut arriver à la prescription de la source par une jouissance non interrompue pendant trente ans, à dater « des travaux apparents » qu'il aurait faits. Cet article 642 C. C. soulève une controverse sur le point de savoir si ces travaux doivent s'étendre sur le fonds supérieur, s'ils doivent être extérieurs ou simplement « apparents. » M'en tenant à la lettre de la loi, confirmée par les travaux préparatoires, je crois qu'il n'est pas nécessaire que ces travaux s'étendent sur le fonds supérieur. La même doctrine est applicable aux eaux pluviales. Au bout de trente ans, date d'ouvrages apparents faits par le propriétaire inférieur, ce propriétaire aura prescrit l'usage des eaux plu-

---

1. Demol., t. XI, n° 105 ; Leseur (Thèse), p. 140.

viales, et déjà au bout d'un an, il pourra intenter la complainte. Ainsi je pense que, le vice de précarité étant purgé par l'existence de ces travaux apparents, les eaux pluviales qui tombent sur des terrains privés deviennent alors prescriptibles et par suite peuvent donner lieu à l'action possessoire ; et je ne restreins pas cette décision, comme on l'a fait quelquefois[1], au cas où le propriétaire aurait lui-même fait des ouvrages pour réunir ces eaux pluviales, en aurait fait un ruisseau. Je regarde cette circonstance comme indifférente, et j'estime que même dans le cas où le propriétaire supérieur aurait abandonné les eaux pluviales à elles-mêmes, elles peuvent devenir l'objet d'une possession utile pour le propriétaire inférieur, sous les conditions de l'article 642 C. C.[2].

138. J'arrive à la troisième hypothèse, hypothèse mixte. Les eaux pluviales tombent sur un chemin public, mais sont détournées par un riverain sur son propre fonds. Il faut combiner les principes des deux hypothèses précédentes. Ce riverain, en détournant les eaux sur son terrain, en acquiert la possession, mais une possession atteinte du vice de précarité et qui ne peut lui servir de fondement ni pour la prescription, ni pour la complainte, à l'encontre des riverains supérieurs qui conservent toujours, chacun en son droit soi, la même faculté de détourner les eaux pluviales sur leur propre terrain. Il ne servirait même de rien au riverain inférieur de faire sur son fonds des travaux apparents destinés à réunir les eaux ; il peut le faire, mais à ses risques et périls, et il est toujours exposé à s'en voir enlever le profit par un riverain supérieur. Il ne peut acquérir de possession utile qu'en faisant une convention avec tous les riverains supérieurs ; et, s'il en omettait un, comme

---

1. Voir Nancy, 19 déc. 1868, Colmar, 23 mars 1869. Comp. la note sur l'arrêt de Dijon, 17 juin 1864, que je citerai plus loin.

2. Je juge cette circonstance indifférente parce que, dans tous les cas, l'usage de ces eaux pluviales, comme celui d'une source est un acte de pure faculté, mais qui perd dans tous les cas ce caractère, en présence de travaux apparents. Comp. Aubry et Rau, t. II, p. 135.

les conventions n'ont d'effet qu'entre les parties, ce riverain ne pourrait jamais se voir opposer aucune possession utile de la part de celui qui a détourné les eaux pluviales sur son fonds. Ainsi entre ce riverain qui a détourné l'eau et les riverains supérieurs, la question est régie par les principes de la première hypothèse.

Il en est autrement pour les rapports du riverain qui a recueilli les eaux sur son fonds et les propriétaires inférieurs. En recueillant les eaux pluviales, il les a occupées, leur a ôté ce caractère de *res nullius* qui communiquait à leur possession le vice de précarité ; il en a fait une source, dont la possession sera bien encore précaire pour le propriétaire inférieur, tant qu'elle pourra être interprétée comme une simple tolérance, mais qui deviendra utile aussitôt que cette présomption de tolérance aura disparu, c'est-à-dire à dater des travaux apparents faits par ce propriétaire inférieur, article 642 C. C. Mais il faut se garder de toute confusion. Ce propriétaire inférieur peut, grâce aux travaux apparents qu'il a faits, posséder utilement ces eaux pluviales, à l'égard du riverain qui les a réunies sur son fonds ; mais il est absolument sans droit à l'égard des riverains supérieurs ; quant à eux, les eaux pluviales sont toujours *res nullius*, et ils ont toujours la « pure faculté » de s'en emparer à leur volonté. Ce qui se passe au-dessous d'eux leur reste indifférent. En somme, le propriétaire inférieur, voisin de celui qui a détourné l'eau sur son terrain, se trouve dans la situation d'un riverain, qui a fait une convention avec son voisin immédiat, et non pas avec les riverains supérieurs, la convention purge le vice de précarité entre les parties ; elle est sans effet à l'égard des tiers [1]. On voit aussi que la position

---

1. Ce point est très bien relevé dans les motifs de l'arrêt de la Ch. req. du 11 juillet 1859. S. 1860, I, 355 : «la saisine légale peut être attribuée à l'un des propriétaires intéressés, du consentement des autres, par des conventions particulières qui, *si elles sont sans effet à l'égard des tiers*, doivent recevoir leur exécution entre les parties contractantes. »

du riverain qui a recueilli les eaux sur son héritage, n'est pas très enviable; il peut se voir opposer une possession efficace par les propriétaires inférieurs, et lui-même ne possédera jamais utilement à l'égard des riverains supérieurs; il sera donc prudent de ne faire des travaux pour détourner les eaux sur son terrain qu'après s'être au préalable assuré du consentement de *tous* les riverains supérieurs.

Observons que la jurisprudence n'est pas très ferme en cette matière. Je puis invoquer dans le sens que je viens d'indiquer un arrêt de la Cour de Caen, 12 mai 1858[1]; mais voici un arrêt assez remarquable de la Cour de Dijon, 17 janvier 1864; qui semble bien n'admettre en aucun cas la prescription et, par suite, l'action possessoire : « Les eaux provenant des pluies et de l'égout des terres, appartiennent, par leur nature, au premier occupant, et leur possession, à raison de cette nature spéciale, ne relève pas du droit commun. En conséquence, lorsque de telles eaux découlent d'un chemin public sur un héritage riverain, et que le propriétaire de cet héritage veut user des eaux, le maître du fonds inférieur ne peut s'opposer à cet usage, sous prétexte qu'il aurait prescrit le droit à l'écoulement des eaux dont il s'agit, à l'encontre dudit propriétaire, au moyen d'entreprises ou de voies de fait publiques exécutées sur l'héritage de ce dernier, pendant le temps voulu pour prescrire[2]. »

A l'inverse, l'écoulement des eaux pluviales peut être regardé comme un inconvénient, non comme un bénéfice, et

---

1. S. 1859, I, 431 ; voir aussi la n. de l'arrêt Ch. req. 11 juillet 1859, déjà cité.

2. S. 1866, p. 17. L'annotateur de l'arrêt cherche à le justifier en alléguant qu'il s'agit du cas où le propriétaire supérieur n'a point fait de travaux afin de recueillir les eaux pluviales, « elles découlent d'un chemin public sur son héritage. » C'est la distinction faite par d'autres arrêts, voir p. 288 et n. 1 et 2; j'ai déjà expliqué que je ne la croyais pas fondée. Du moment que les eaux pluviales passent sur un terrain privé, elles perdent leur caractère de *res nullius* pour le propriétaire de ce terrain et pour le propriétaire inférieur.

alors s'élève la question de savoir si un propriétaire inférieur
peut arguer au possessoire ou au pétitoire de la circonstance
que le fonds supérieur a, depuis une ou trente années, absorbé
les eaux pluviales, pour se voir dégagé de l'obligation de les
recevoir. Au pétitoire, cela revient à se demander si cette obligation constitue une servitude, qui s'éteigne par le non-usage
pendant trente ans (art. 706 C.C.). Pour ma part, malgré les justes
objections rationnelles et économiques qu'on peut faire à la
théorie du Code, qui a mis les limitations naturelles de la propriété au rang des véritables servitudes, et bien que l'art. 706
C. C. soit dans le chapitre des servitudes conventionnelles, je
crois que le texte est général et absolu, n'admet pas de distinction et que l'on doit décider que l'obligation est éteinte
par le non-usage pendant trente ans. Au possessoire, cela me
paraît faire quelque difficulté, car il ne s'agit plus ici d'une extinction par non-usage, mais d'une sorte de prescription ac-
quisitive, la saisine, et l'on peut objecter que cette possession
annale sur laquelle se fonde le propriétaire inférieur tombe
sous le coup de l'art. 2232 C. C. : le propriétaire supérieur a la
« pure faculté » de laisser écouler les eaux pluviales sur le
fonds inférieur, et le fait d'avoir absorbé ces eaux peut être
interprété comme une simple tolérance à l'égard du propriétaire inférieur. Cependant si ce propriétaire avait effectué des
travaux pour l'absorption des eaux pluviales, la Cour de cass.
a jugé, par arrêt de la Ch. req., 2 avril 1878[1] que le propriétaire inférieur pourrait s'en prévaloir pour soutenir que sa possession perdait tout caractère équivoque et ambigu ; par suite,
au bout d'un an, il aurait l'action possessoire. Je crois que cet
arrêt a fait une saine appréciation des principes.

139. A l'occasion des eaux pluviales, j'ai commenté les dispositions de notre Code sur l'usage des sources. La possession
d'un propriétaire inférieur lui devient utile à dater des « tra-

____

1. S. 1879, I, 13.

vaux apparents » qu'il a construits. Je veux seulement dire un mot de l'espèce prévue dans l'art. 643 C. C. : le cas où le propriétaire d'une source « fournit aux habitants d'une commune, village ou hameau, l'eau qui leur est nécessaire. » On a soutenu que l'article ne créait pas un droit pour ces habitants, qu'ils étaient obligés d'en « prescrire l'usage ; » mais l'opinion commune est que leur droit est écrit dans la loi, et ainsi ils auront l'action pétitoire sans aucune condition de durée. S'ils y ont intérêt ils pourront aussi intenter l'action possessoire, mais seulement quand ils auront la saisine, c'est-à-dire au bout d'un an ; d'ailleurs la loi n'exige plus ici qu'il y ait des travaux extérieurs ou apparents.

140. J'arrive aux rivières qui ne sont ni navigables ni flottables, ce qu'on appelle les petites rivières. La première question est tout naturellement de savoir si les entreprises faites sur ces cours d'eau par des tiers peuvent donner lieu à l'action possessoire, et au profit de qui. Dans le système de la jurisprudence, d'après lequel les petites rivières sont *res nullius*, il ne peut être question de possession utile pour la complainte ; mais dans le système que je crois mieux fondé, et qui attribue leur propriété aux riverains, ces riverains auront l'action possessoire contre toute atteinte portée à leur possession.

141. Les riverains d'un cours d'eau non navigable ni flottable ont, en vertu de l'art. 644 C. C., la faculté de s'en servir pour l'irrigation de leur propriété ; mais la jouissance de ce droit ne réunit pas toujours les conditions requises pour servir de base à l'action possessoire ; et j'ai étudié, à propos de l'art. 2232 C. C., quelles circonstances pouvaient purger une telle possession de son vice de précarité. La possession qui se renferme dans les limites de l'art. 644 C. C., est toujours efficace ; au contraire la possession abusive n'est interprétée en principe que comme une simple tolérance, et ne devient utile que si elle repose sur quelque chose de plus que l'abstention de l'autre riverain : il faut qu'il y ait eu des actes destructifs ou tout au

moins restrictifs de sa propre faculté, parce que, « en présence
de cette mise en demeure, la possession cesse d'être une pure
tolérance pour prendre le caractère d'une véritable possession
légale [1]. »

142. Ces mêmes cours d'eau peuvent servir au mouvement
des usines et moulins : la possession de l'usinier peut-elle
donner lieu à la complainte ? Quels moyens sont offerts à ses
voisins quand il les trouble ? Je suppose, pour simplifier la
question, que l'usinier a été autorisé. Mais le voilà qui élève
des constructions, fait des innovations ; ce sont par exemple
de nouveaux barrages qui causent des inondations, et nuisent
aux voisins et riverains. Le juge de paix peut-il connaître de
ces questions ?

Une première opinion déclare le juge de paix incompétent
pour trancher la question possessoire et, par suite, pour ordonner la destruction des barrages qui auraient été faits dans
l'année. L'administration est seule compétente, car c'est elle
qui approuve, quelle que soit la rivière sur laquelle l'usinier a
construit. Le juge de paix ne peut qu'accorder des dommages
et intérêts fondés sur l'art. 1382 C. C. Une deuxième opinion distingue. S'il n'y a pas eu d'autorisation de cette innovation, on
ne peut alléguer aucun empiétement sur un acte administratif
et le juge de paix peut d'autant mieux ordonner la destruction
de ces ouvrages, que le dommage qu'ils ont causé est mis au
rang des délits (art. 457 C. pr.), et que par suite une telle possession, étant délictueuse, est absolument inefficace. Mais s'il y a
eu autorisation, il est dangereux de permettre au juge de paix
d'ordonner la destruction de ces ouvrages. Il y a d'abord l'intérêt des entreprises industrielles ; ensuite il y a les droits de
l'administration qui a autorisé. Le juge de paix qui prétendrait
ordonner la destruction de travaux autorisés enfreindrait le

---

1. Ch. req., 17 fév. 1858 ; D. 1858, I, 297. Voir p. 225 ; comp. Aubry et
Rau, II, p. 133, 134.

principe de la séparation des pouvoirs ; et cela est si vrai que l'art. 6 de la loi du 25 mai 1838 ne donne compétence aux juges de paix pour les entreprises commises sur les cours d'eau que « sans préjudice des attributions de l'autorité administrative : » ce serait la discussion d'un acte administratif; il ne reste donc aux particuliers lésés que la ressource de l'article 1382 C. C. [1]. Enfin une troisième opinion reconnaît la compétence du juge de paix pour ordonner la destruction des travaux faits dans l'année, même lorsqu'ils ont été autorisés par l'administration. Le principe de la séparation des pouvoirs ne permet pas à l'administration de créer des servitudes au profit des particuliers : cela ne rentre pas dans ses attributions ; dès lors l'acte administratif peut être soumis à l'autorité judiciaire, qui peut le méconnaître, si elle le juge contraire à la loi. L'art. 6 de la loi du 25 mai 1838 attribue compétence au juge de paix « sans préjudice des attributions de l'administration dans *les cas déterminés par les lois et par les règlements.* » L'administration n'a que des pouvoirs de surveillance générale ; elle ne peut pas toucher à la propriété ; elle n'accorde d'ailleurs ses autorisations que sous réserve du droit des tiers, et pour tout dire en un mot, l'autorisation n'est que « permissive [2]. » La compétence civile doit donc toujours être admise.

143. La même discussion se reproduirait en des termes identiques s'il s'agissait d'une rivière navigable ou flottable, puisque nous supposons un débat entre particuliers, et que l'exception de domanialité ne peut être opposée que par le domaine lui-même. Au reste nous avons déjà vu les principes qui gouvernent les biens du domaine public, dans lesquels rentrent les rivières navigables ou flottables (art. 538, 644 C. C.) et je n'y reviens pas.

---

1. Belime, p. 260 s.
2. Aucoc, *Droit ad.*, t. II, p. 275. Comp. ce que j'ai dit p. 284 n. 2. — Dijon (motifs), 19 déc. 1879. *France judic.*, t. 1879-80, p. 540 s.; Ch. req., 23 juillet 1879. S. 1880, 1, 172.

144. Je ne reviendrai pas non plus sur ce que j'ai dit de l'usufruit, de l'usage et de l'habitation, et je passe aux servitudes réelles ou services fonciers.

145. Les servitudes à la fois continues et apparentes ne donnent lieu à aucune difficulté : elles sont prescriptibles, art. 690 C. C. et par suite susceptibles de possession propre à donner l'action possessoire.

146. Pour les servitudes, qui ne sont pas à la fois continues et apparentes, l'art. 691 C. C. déclare qu'elles « ne peuvent s'établir que par titres. La possession, même immémoriale, ne suffit pas pour les établir. » On a certainement considéré que ces servitudes, peu gênantes pour le fonds servant, encouraient le soupçon de tolérance et tombaient sous le coup de l'art. 2232 C. C. Mais cette disposition a ouvert le champ à une grande controverse, sur laquelle il s'est élevé, à ma connaissance, jusqu'à cinq opinions.

Une première opinion a été soutenue par M. Wodon[1]. L'action possessoire peut s'appliquer aux servitudes discontinues, même en l'absence de titres, pourvu qu'elles se manifestent par des signes apparents. L'art. 691 C. C. n'a trait qu'à la prescription, non à l'action possessoire. « Le législateur, dans l'art. 691 C. C. n'a voulu rassurer les voisins que contre la prescription, mais il n'a pas voulu dépouiller le possesseur d'un droit de servitude imprescriptible, du bénéfice naturel des actions possessoires, basées uniquement sur l'ordre public et sur le respect dû au *statu quo* des choses, en attendant le règlement des droits au pétitoire. » Cette opinion est trop manifestement contraire au texte de l'art. 691 C. C. pour pouvoir être admise ; on ne peut pas, nous le savons, admettre l'action possessoire là où, par la nature des choses, le bien est imprescriptible.

Mais ne doit-on pas dire que, du jour où le titulaire de cette

1. *Traité de la poss.*, II, n° 479 s.

servitude aura opposé une contradiction au propriétaire du
fonds servant, sa possession peut engendrer la complainte,
parce que la contradiction fait tomber la présomption de tolérance? Il y a une sorte d'interversion de possession et l'on
peut argumenter par analogie de l'art. 2238 C. C. M. Troplong[1]
dit à ce sujet : « Si l'on jouit de ces servitudes après contradiction, alors commence un errement nouveau. On ne peut
plus présumer la tolérance du propriétaire qui a résisté, et
une possession suffisante pour prescrire peut sortir de ce
choc. » Cette opinion est très raisonnable, et si l'on veut s'attacher uniquement au motif de l'article, je crois en effet qu'il
faut aller jusqu'à dire que la contradiction efface le vice de
précarité qui rendait la possession inefficace, et que *cessante
causa, cessat effectus :* la possession des servitudes discontinues ou non apparentes devient alors utile et peut servir de
fondement à la prescription et à l'action possessoire. Seulement ce système a encore le tort de heurter de front la lettre
de l'art. 691 C. C. et il est bien formel : « Les servitudes continues non apparentes et les servitudes discontinues apparentes
ou non apparentes ne peuvent s'établir que par titres. »

Le troisième et le quatrième systèmes ont cherché à satisfaire à la fois le motif et la lettre de l'article. Oui, la possession d'une servitude discontinue doit devenir efficace, lorsqu'elle n'est plus empreinte du vice de tolérance, mais il ne
faut pas perdre de vue la lettre de l'art. 691 C. C., qui exige un
titre et nous indique par là qu'il faut un titre pour effacer
cette tolérance. On invoque les traditions de l'ancien droit[2]. La
Coutume de Paris, art. 186, déclarait aussi l'imprescriptibilité
des servitudes discontinues, exigeait également un titre. «Droict
de servitude ne s'acquiert par longue jouyssance quelle qu'elle
soit, sans titres, encore que l'on en ait jouy par cent ans...; »

1. Troplong, *Prescr.* I, n° 393.
2. Voir un résumé de l'ancien droit, dans Sirey, *Codes annotés*, sous l'article 69 . C. C. 1-17.

et l'art. 225 de la Coutume d'Orléans : « Veues, esgouts et tous autres droicts de servitude ne portent saisine à celui qui les a s'il n'a titre valable ; et sans titre valable, ne les peut prescrire par quelque temps que ce soit. » Ces dispositions étaient tout aussi formelles que l'art. 691 C. C. Écoutez cependant Pothier[1] :

« Quoique les droits de servitude prédiale soient des droits réels que nous avons dans un héritage ; néanmoins celui qui a joui du passage par un héritage, ou de quelque autre espèce de servitude, par quelque temps que ce soit, sans avoir aucun titre pour en jouir, n'est pas reçu à former la complainte, lorsqu'il en est empêché ; parce que suivant les principes de notre droit français, la jouissance que quelqu'un a du passage par un héritage ou de quelqu'autre espèce de servitude sans avoir aucun titre, *est présumée une jouissance de pure tolérance*. Or une telle jouissance n'est pas suffisante pour former la complainte. *Mais* lorsque celui qui a joui, rapporte un titre en vertu duquel il a joui du passage ou de quelqu'autre espèce de servitude sur un héritage ; quoique le possesseur de l'héritage, qui l'a troublé dans sa jouissance, conteste la validité de son titre, *la jouissance qu'il a eue en vertu de ce titre ne passe plus pour une simple tolérance et suffit pour qu'il puisse former la complainte.* »

Arrivé là, on se divise sur le point de savoir ce qui constitue un titre, et le troisième système estime suffisant le titre émané *a non domino*[2] ; et ici encore on peut invoquer l'autorité de Pothier[3] :

« Si le possesseur de l'héritage voisin, qui passait pour en être le propriétaire sans l'être effectivement, m'a accordé sur cet héritage un droit de servitude, ce possesseur n'ayant pu me donner un droit sur une chose dans laquelle il n'en avait

1. *Poss.*, n° 90.
2. Belime, p. 282 s.
3. Introd. au t. XIII., Cout. d'Orléans, n° 8.

pas lui-même, je n'en acquiers aucun ; mais j'acquiers au moins *causam usucapiendi :* car si, en vertu de ce titre, j'use pendant trente ans, du droit de servitude, j'acquerrai le droit par prescription. Ma possession n'est pas en ce cas destituée de titre, puisque je possède en vertu d'un titre d'acquisition *ab eo quem bona fide credebam dominum esse; et ma possession ne peut passer pour une tolérance,* puisque j'use du droit de servitude en ce cas, *tanquam juste existimans me jus servitu-tis habere.* »

Et l'on peut aussi invoquer le témoignage de l'un des auteurs du Code civil, de M. de Malleville sur l'art. 691 C. C.

Le quatrième système qui exige un titre émanant du propriétaire [1], répond que le titre reçu *a non domino* ne peut pas effacer le vice de tolérance à l'égard du propriétaire. Les vices sont relatifs, et c'est à l'égard de l'adversaire que vous devez avoir une possession exempte de tolérance. D'ailleurs ce titre, comme le reconnaissait très bien Pothier, ne fait que vous placer *in causa usucapiendi :* il faut donc faire appel à une possession capable de produire prescription ; or l'art. 691 C. C. défend expressément de faire intervenir la possession pour acquérir une servitude discontinue ou non apparente. Cette opinion est adoptée par les auteurs les plus considérables et en général par la jurisprudence [2].

Je ne suivrai cependant pas ce système, et je crois préférable de décider que les servitudes qui ne sont pas à la fois continues et apparentes ne peuvent *jamais* former l'objet d'une action possessoire. Je conviens que ce système fait prévaloir la lettre de l'art. 691 C. C. sur l'intention qui a certainement présidé à sa rédaction ; mais cet article me paraît absolument formel : il est impossible de faire appel à la possession pour l'acquisition de ces servitudes. Elles ne peuvent

---

1. Il faut supposer le titre contesté.
2. Aubry et Rau, t. II, p. 128 et n. 31 ; Demol. t. XII, n° 951. Rej. Ch. civ. 15 juillet 1878, S. 1879, I, 272 (et les arrêts cités en note).

s'établir *que par titres*. Cela veut-il dire « par titre, avec la possession. » La Coutume de Paris, celle d'Orléans, ne sont pas aussi formelles, et il suffit d'un argument *e contrario* pour admettre la possession, *avec titre;* aujourd'hui cela n'est plus possible. La loi peut être inconséquente, mais je me borne à l'interpréter [1].

147. Il faut bien remarquer que ce que nous venons de dire ne s'applique qu'aux servitudes conventionnelles et non pas aux servitudes légales, qui peuvent toujours former l'objet d'une possession utile. Les systèmes qui accordent l'action possessoire aux servitudes discontinues ou non apparentes, lorsqu'elles ont un titre, font remarquer que les servitudes légales ont leur titre dans la loi elle-même, donc le plus puissant de tous les titres [2]. Dans le système auquel je me suis rallié, ce raisonnement ne suffirait pas; mais j'observe que l'article 691 C. C. ne s'applique qu'aux servitudes conventionnelles et non aux servitudes légales ; aussi est-il placé dans le chapitre des « servitudes établies par le fait de l'homme. » Les servitudes légales ne sont pas à proprement parler des servitudes, mais les limitations naturelles de la propriété : elles réalisent au plus haut degré l'expression de la 1. 86. D. 50.16 de V. S. « quid aliud sunt jura prædiorum, quam prædia qualiter inter se habentia? » elles sont des qualités du fonds et leur possession ne se sépare pas de la possession du fonds lui-même. Ainsi la jurisprudence, qui avait d'abord jugé le contraire, a décidé que la servitude d'enclave pouvait être prescrite et par suite donner lieu à la complainte, sans titre [3]; de même pour la servitude qui résulte au profit des habitants d'une commune de

---

1. En ce sens, Laurent, VII, n° 169, VIII, n° 129, 286. Il cite à l'appui (p. 161, n. 3) un arrêt de la Cour cass. de Belgique, 1 déc. 1864. Pasicrisie, 65, 1, 7.

2. Aubry et Rau, II, p. 127 et n. 27 ; Demol., t. XII, n° 954 ; Belime, p. 289; Wodon, n° 496.

3. C. Cass. 19 fév. 1872. S. 1872, I, 290 ; C. cass. 9 juillet 1877. S. 1878, I, 120 ; Ch. req. 6 mars 1878. S. 1879, I, 13.

l'article 643 C. C.[1]. Aussitôt qu'on aura la saisine du fonds, on aura en même temps la saisine de la servitude, d'où il suit qu'il suffira, pour exercer la complainte relativement à ces servitudes, de prouver la possession annale de l'héritage[2].

148. L'application du principe présente une certaine difficulté, et l'on s'est notamment demandé, à propos de la servitude d'enclave, s'il était nécessaire de prouver qu'on eût passé pendant un an sur un endroit déterminé. Quelques-uns l'ont soutenu ; d'autres, se fondant sur l'article 683 C. C., ont déclaré suffisant que le passage réclamé fût le plus court, ont dit que c'était là la mesure de la servitude d'enclave. Enfin je crois, pour ma part, qu'il faut compléter l'article 683 C. C. par l'article 684 C. C. et qu'il suffira de démontrer l'existence de l'enclave, la possession annale du fonds, pourvu qu'on réclame le passage par l'endroit « le plus court et le moins dommageable au fonds[3]. »

On s'est aussi demandé si, l'enclave disparaissant, le passage subsistait, de manière à pouvoir servir de fondement à la prescription ou à la complainte. Je ne le crois pas, car ce qui a été possédé, c'est la servitude d'enclave, et non point le passage *per se* : le passage est une servitude discontinue qui tombe sous le coup de l'article 691 C. C.[4].

149. En se restreignant aux servitudes conventionnelles, il faut encore bien se garder d'une confusion. L'article 691 C. C. ne s'applique qu'aux servitudes, et on ne peut pas l'opposer quand le passage, le puisage, le pacage a été exercé, non à titre de servitude, mais à titre de propriété ou copropriété. Ainsi la Cour de cassation par arrêt Ch. req. 14 mai 1877[5], a reconnu que le pacage exercé à titre de propriétaire pouvait fonder la com-

---

1. Ch. req. 3 déc. 1878. S. 1879, I, 296.
2. Alauzet, p. 291 ; Wodon, n° 564. — M. Demolombe, t. XII, n° 954, fait des réserves pour les hypothèses où des conventions auraient modifié les servitudes légales. Il me semble que ce serait là empiéter sur le terrain pétitoire.
3. En ce sens, Wodon, n° 564.
4. *Contra* Lemarignier (Thèse), p. 85.
5. S. 1878, I, 322.

plainte. Elle a jugé de même, par arrêt du 18 juillet 1877 [1], que l'action possessoire, qui tend à la maintenue en possession, non point de la servitude de passage, mais du sol même où le passage s'exerce, est recevable. C'est une complainte fondée sur la *possessio rei*, et il importe peu qu'elle soit qualifiée à tort fondée sur un droit de servitude. Il y a là un point de fait à apprécier par le juge de paix, qui se guidera d'après les circonstances de la cause et la nature des faits. « C'est ainsi qu'il a été jugé que, lorsqu'un terrain ne comporte, de sa nature, que le pacage et l'enlèvement des litières, ces faits sont à considérer comme ayant été exercés plutôt à titre de propriété qu'à titre de simple servitude [2]. »

150. Il s'est élevé naturellement bien des questions pratiques sur le point de savoir si tel fait constituait ou non, une servitude discontinue rentrant dans les termes de l'article 691 C. C. Nous avons déjà discuté la question pour les usages dans les forêts, et nous avons décidé qu'il fallait les regarder comme des servitudes personnelles, non comme des servitudes réelles discontinues. Ils peuvent donc servir de base à l'action possessoire. A l'inverse, les droits de chasse et de pêche, qu'on a essayé d'assimiler aux servitudes discontinues, sont des droits purement personnels (article 686 C. C.) et ne sont en aucune façon susceptibles de possession. Cependant, pour la pêche on a objecté l'article 2 de la loi du 15 avril 1829, qui réserve aux riverains le droit de pêche jusqu'au milieu des cours d'eau, « sans préjudice des droits contraires établis par *possession* ou titres; » et Proudhon en avait conclu que le droit de pêche, imprescriptible pour un tiers, était prescriptible pour le riverain [3]. Mais il est exagéré de tirer d'une expression puisée dans une loi spéciale une raison décisive pour une solution qui con-

---

1. S. 1879, 1, 14. Voir également C. cass. 14 mai 1877. S. 1878, 1, 322 et n.; C. C. 9 juillet 1877. S. 1878, 1, 120.
2. Aubry et Rau, II, p. 130.
3. Domaine public, n° 996.

tredirait les principes et la nature des choses. On peut très bien
dire aussi que la possession, qui est mentionnée dans cet
article 2, ne doit pas servir à fonder le droit de pêche, mais
bien à le combattre[1].

Les droits de grasse et vive pâture, c'est-à-dire le droit de
pacager là où cette faculté n'existe pas normalement, constituent des servitudes discontinues qui tombent sous le coup de
l'article 691 C. C. On a soutenu que la vaine pâture ne constituait
qu'une simple tolérance ; mais il a été répondu, avec raison je
crois, que c'était un véritable droit, qui entraînait l'obligation
corrélative de ne point se clore (article 648 C. C.)[2], et qui même
était une servitude légale.

Que dire de l'espèce suivante ? Le propriétaire d'un étang,
qui a construit une usine avec l'autorisation de l'administration, élève des barrages qui font refluer l'eau sur les propriétés
voisines. Cet usinier acquiert-il une possession véritable, susceptible de fonder l'action possessoire, en d'autres termes,
y a-t-il là une servitude à la fois continue et apparente ? On l'a
soutenu et l'on peut à la rigueur dire en effet que c'est là une
servitude continue : elle ne s'exerce pas continuellement sans
doute, mais toutes les fois qu'elle s'exerce, c'est sans le fait de
l'homme, article 688 C. C. Seulement peut-on dire qu'il y ait là
véritablement une servitude apparente ? Je ne le pense pas. Le
barrage, l'écluse n'annonce pas d'une manière indubitable
aux voisins qu'on entend exercer sur eux le droit de les inon-
der : ils ont pu croire que lors des crues extraordinaires, on
ouvrirait par exemple les écluses[3].

151. Enfin on a été jusqu'à dire que les servitudes négatives non apparentes ne pouvaient jamais donner lieu à l'action
possessoire, parce qu'elles n'étaient susceptibles d'aucune possession. Dans le système que j'ai adopté, elles tombent sous le

1. Belime, p. 296, 297.
2. Belime, p. 299, 300.
3. Belime, p. 267 s.

coup de l'article 691 C. C.; mais aussitôt que l'on refuse de voir, dans l'article 691 C. C., un obstacle absolu à intenter la complainte pour les servitudes de cette nature, je trouve bien arbitraire d'en mettre ainsi à l'écart toute une catégorie. Sans doute leur possession sera facilement équivoque, et par suite insuffisante, mais on ne peut pas l'écarter *à priori*. MM. Aubry et Rau disent à ce sujet : « Les servitudes négatives, qui de leur nature sont non apparentes et dont l'exercice même ne se manifeste par aucun acte positif, sont, malgré cela, susceptibles de former l'objet d'une action possessoire, lorsque le titre qui les établit émane du propriétaire de l'héritage assujetti, et que ce titre a été, pendant une année au moins, suivi de l'abstention de la part de ce propriétaire de tout acte contraire à la servitude[1]. »

1. Aubry et Rau, II, p. 130 ; voir aussi Demol., t. XII, n° 950.

CHAPITRE III

DU TROUBLE POSSESSOIRE

152. Le trouble est, suivant la définition de MM. Aubry et
Rau, « tout fait matériel ou tout acte juridique qui, soit directement et par lui-même, soit indirectement et par voie de conséquence, *constitue ou implique* une prétention contraire à la
possession d'autrui. » Et MM. Aubry et Rau ajoutent, ce qui
distingue immédiatement l'action possessoire de l'action en
dommages et intérêts : « Les faits ou actes de cette nature
autorisent la complainte, bien qu'ils n'aient encore causé aucun
dommage à celui qui veut la former, ou que même ils ne soient
pas de nature à lui porter un préjudice matériel ; en d'autres
termes, l'intérêt qu'a le possesseur de faire reconnaître ou
respecter sa possession suffit à lui seul, et indépendamment de
tout dommage éprouvé, pour motiver la complainte [1]. »

153. La grande question, qui domine toute la matière, est
celle de savoir si l'acte préjudiciable à la possession d'autrui
ne peut être qualifié de trouble possessoire que s'il est commis
dans l'intention de s'approprier la possession ou au moins de
troubler celle d'autrui, ou si cette intention est indifférente, en

[1]. Aubry et Rau. t. II, p. 153 et n. 22 ; comp. Randa, p. 160.

d'autres termes, la notion du trouble est-elle subjective ou objective ?

La C. cass., par arrêt de Rej., Ch. civ. 2 juillet 1877, a jugé que l'intention était nécessaire et que, le défendeur venant à reconnaître la possession de son adversaire, il n'y avait plus lieu à une action possessoire, mais à une action en dommages et intérêts [1]. Cet arrêt a été rendu dans des circonstances éminemment favorables, puisque non seulement l'intention de troubler la possession d'autrui n'était pas démontrée, mais que même l'intention contraire ressortait de la reconnaissance expresse de la possession de l'adversaire. Cependant ce n'est pas la jurisprudence générale, et ce n'est pas l'opinion de la doctrine [2]. Sans insister outre mesure sur l'inconvénient qu'il y a à se jeter dans des examens d'intention, à subordonner ainsi l'action possessoire à une preuve difficile et incertaine, je remarque que c'est même dénaturer le caractère de l'action possessoire. Ainsi que le disait fort bien Merlin [3] « la complainte n'est pas seulement un combat de possession entre deux personnes qui prétendent ou le même héritage ou le même droit ; c'est une action que les lois accordent à toute personne qui est troublée dans la possession d'un héritage ou d'un droit réel. » La l. 11 D. 43.16 *de vi et vi armata* qui donnait une formule générale de la « vis » ne mentionnait en aucune façon la nécessité de l'intention : « Vim facit... sive quid omnino faciendo per quod liberam possessionem adversarii non relin· quit. « Et la l. 3.2 D. 43.17 *Uti poss.* précisait encore mieux le principe à propos d'un exemple « etenim *videris mihi possessionis controversiam facere, qui prohibes me uti mea possessione.* »

1. S. 1878, I, 37. On a aussi invoqué, mais à tort, je crois, un arrêt Cass. 1er fév. 1864. S. 1864, I, 353, sur lequel je reviendrai.

2. Aubry et Rau, t. II, p. 153 n. 22 et p. 155 ; Randa, p. 168 s., p. 225; Bruns (Besitzklagen), p. 70.

3. *Rép.* v° complainte, p. 3. C'est aussi la définition de Pothier, n° 85.

Cette formule résume admirablement bien, à mon sens, le caractère général du trouble, et tout ce qui va suivre n'en sera que le développement. On doit considérer comme trouble tout acte qui par lui-même, et non pas seulement d'après les intentions de son auteur « movet controversiam de possessione. » La prétention possessoire de l'auteur de l'acte s'incorpore pour ainsi dire dans l'acte qu'il commet, en sorte que, pour la dégager, c'est l'acte lui-même qu'il faut consulter et non pas l'intention de l'agent : comme le disent très bien MM. Aubry et Rau « l'acte *constitue ou implique* une prétention contraire à la possession d'autrui. » La volonté de s'approprier la possession d'autrui n'est donc pas nécessaire ; il n'est même pas besoin d'avoir eu l'intention de troubler cette possession, et M. Bruns rapporte une décision qui a été jusqu'à considérer comme trouble le fait d'avoir amoncelé au bout de sa propriété un tas de sable que le vent avait chassé sur un terrain voisin [1]. C'est le système généralement suivi par notre jurisprudence. Ainsi la Cour cass. a jugé par arrêt 6 avril 1859 [2] que « le fait seul d'user du fonds d'autrui, contre le gré de celui qui est légalement investi de la possession de ce fonds, suffit, pour donner lieu à une action possessoire. »

Mais d'un autre côté il faut qu'il y ait *controversia de possessione*, c'est-à-dire que ce soit en réalité la possession et non point par exemple la personne de l'adversaire, qui ait été atteinte par l'acte commis ; autrement il ne pourrait être question que d'une action d'injures, une action en dommages et intérêts. MM. Aubry et Rau disent à ce propos : « Les faits

---

1. Bruns (Besitzklagen), p. 70. Cette décision peut se justifier par les circonstances de la cause. Il cite une autre espèce : du lierre planté sur un balcon, en poussant était descendu si bien qu'il avait fini par couvrir l'enseigne d'un marchand placée au-dessous. Le fait ne fut point considéré comme trouble ; mais je crois qu'on ne pourrait lui refuser ce caractère *à priori* et d'une manière absolue. — Le droit autrichien est dans le même sens ; Randa, p. 225.

2. S. 1859, I, 593, et plus récemment voir C. cass. 20 nov. 1871. S. 1872, I, 26 ; motifs Cass. 12 août 1874. S. 1875, I, 82.

dommageables qui, de *leur nature* et d'après les circonstances dans lesquelles ils ont eu lieu, n'indiquent de la part de leur auteur ni prétention à un droit, ni contestation de la possession de celui au préjudice duquel ils ont été commis, ne constituent pas des troubles de possession. De pareils faits peuvent bien donner lieu à une action en dommages et intérêts, mais n'autorisent pas la complainte[1]. » C'est ainsi que j'explique un arrêt Cass. 1 février 1864 [2], dont on a voulu exagérer la portée. Cet arrêt avait été rendu dans les circonstances suivantes. Un industriel, riverain d'un chemin de fer, intentait la complainte contre la compagnie, parce que la fumée des locomotives salissait les pièces qu'il posait à blanchir sur les prés. La Cour de cassation rendit l'arrêt suivant : « Le trouble matériel qui, préjudiciant à l'exercice d'une industrie, n'a point cependant le caractère d'une contradiction opposée à la possession de l'industriel et résulte, par exemple, de faits prohibés par des dispositions réglementaires et de police, dont la répétition même prolongée, n'est susceptible de fonder pour leur auteur aucun droit contraire à cette possession, ne peut donner lieu à une complainte possessoire, mais seulement à une action en dommages et intérêts d'une valeur indéterminée, qui excède la compétence du juge de paix. — Il en est ainsi, spécialement, du trouble ou préjudice causé à un établissement industriel, tel qu'une blanchisserie de toiles, riverain d'un chemin de fer, par la compagnie qui, en employant un mode de chauffage des locomotives contraire aux règlements, envoie sur cet établissement une fumée épaisse et salit les toiles qui y sont étendues... » Je crois, pour ma part, que l'arrêt a été bien rendu : il n'est pas contraire au principe que j'ai établi, car ici l'acte en lui-même et par sa nature ne constituait aucune atteinte à la possession, « non movebat controversiam de possessione. »

---

1. Aubry et Rau, II, p. 154 ; Bruns (Besitz im Mitt.), p. 497 (Besitzklagen), p. 76 ; Randa, p. 170.
2. S. 1864, I, 353.

Il faut toujours qu'il y ait une atteinte à la possession ; seulement la preuve de cette atteinte doit être cherchée dans la nature même de l'acte, et non pas dans l'intention de l'agent.

Je ne prétends cependant point que l'intention de l'agent soit indifférente ; elle sera certainement prise en considération et d'un grand poids sur la décision des juges. En somme le fait exerce une grande influence sur la question [1].

154. Enfin on ne considère comme un trouble autorisant la complainte que les actes commis contrairement à la volonté du possesseur. Que si sa volonté a été induite en erreur, ou viciée par la crainte, il peut avoir d'autres actions, non pas la complainte ou la réintégrande : « deceptus, coactus voluit, sed voluit [2]. » Mais d'ailleurs notre droit français ne s'est point inspiré du point de vue romain, et protège la possession contre toute atteinte arbitraire, non pas seulement contre celles qui procéderaient *vi*, *clam* ou *precario*. C'est par là que l'on peut dire que notre action possessoire n'est plus une action *ex delicto* comme dans le droit romain, mais a revêtu un caractère réel. Je dis cela, dans mon système, même de la réintégrande, qui ne se sépare pour moi de la complainte que par cette différence que l'annalité n'est point exigée, et aussi en ce que le trouble doit avoir été jusqu'à la dépossession. Au contraire nous avons vu que dans le système de la jurisprudence qui la fonde uniquement sur la maxime « spoliatus ante omnia restituendus, » elle est une action personnelle *ex delicto*. — Je crois même que la dépossession donne ouverture à la réintégrande de quelque manière qu'elle se soit opérée. Il est vrai que l'article 2060 C. C. nous parle de voies de fait ; » mais je serais enclin à ne voir là qu'un exemple, le plus fréquent. De toute façon, même en prenant cette énonciation comme une condition nécessaire, elle indiquerait simplement la manière dont la dépos-

---

1. S. 1864, 1, 353, n.; S. 1878, 1, 37, n. 1. et 2.
2. Randa, p. 226 ; Bruns (Besitz im Mitt.), p. 501.

session a dû s'effectuer, mais n'empêcherait pas d'agir contre un tiers de situation inférieure à celle du possesseur dépouillé, par exemple contre un tiers détenteur : elle n'enlèverait donc pas à la réintégrande son caractère de réalité. — Les législations étrangères ont en général adopté le même point de vue. Le droit autrichien, prussien, saxon, celui du canton de Zurich, disent expressément que la possession est protégée contre toute atteinte arbitraire de quelque manière qu'elle se produise ; et le droit italien, dont les termes se rapprochent pour la réintégrande de ceux de notre article 2060 C. C. « violentemente spogliato, » article 695 Code civil, est cependant interprété dans le même sens [1].

155. Je vais maintenant passer en revue quelques hypothèses de trouble. Le trouble se divise en trouble de fait et en trouble de droit. Le trouble de fait est l'agression matérielle, le trouble de droit, l'attaque judiciaire.

156. Le trouble de fait autorise la complainte. Cependant il a été jugé par arrêt de rejet de la Ch. civile, 24 août 1864, et plus récemment par arrêt de cass. du 1er mars 1875 [2] que le trouble ne pouvait résulter d'un acte administratif. Je regarde la formule de ces arrêts comme un peu générale et trop absolue. Il ne suffit point, j'ai déjà eu occasion de le dire, d'invoquer le grand principe de la séparation des pouvoirs : elle ne saurait servir de manteau pour couvrir les infractions au droit commun. Je crois préférable, à l'exemple de MM. Aubry et Rau [3], de distinguer entre les travaux exécutés dans un intérêt privé, qui peuvent toujours donner lieu à complainte, même lorsqu'ils ont été autorisés par l'administration, et les travaux publics [4]. Les travaux publics eux-mêmes, qui consti-

---

1. Randa, p. 212 et n. 10 ; p. 225.
2. S. 1864, I, 493 ; 1875, I, 295.
3. Aubry et Rau, II, p. 155.
4. Remarquez que le caractère de travaux publics ne dépend pas de l'approbation supérieure, mais de l'objet et de la destination même de ces travaux. Ch. req. 6 janvier 1873. S. 1873, 1, 212.

tueraient une expropriation au moins partielle, pourraient donner lieu à la complainte, non point sans doute pour obtenir la
maintenue en possession, mais afin de faire ressortir le droit
à une indemnité[1]. Mais en présence de l'art. 4 de la loi du
28 pluviôse de l'an VIII, je crois que les travaux publics occa-
sionnant des dommages même permanents, ne sauraient être
considérés comme un trouble donnant ouverture à la complainte : ces actes, en effet, ne relèvent que de l'autorité administrative et le juge de paix serait incompétent pour en connaître. C'est ce qu'a jugé un arrêt de rejet, Ch. civile, 2 juillet 1877[2], et dans cette mesure la formule me paraît exacte.

157. Pour pouvoir se dire lésé dans sa possession, il faut
avoir une possession reconnue bonne par la loi, c'est-à-dire
réunissant les conditions de l'art. 2229 C. C. : si votre possession
tombe par exemple sous le coup de l'art 2232 C. C., vous ne
pouvez prétendre vous faire protéger contre une entreprise qui
viendrait vous y troubler. C'est ainsi que l'usage des cours
d'eau non navigables ni flottables, lorsqu'il dépasse les limites
de l'art. 644 C. C., et ne repose que sur la simple abstention du
riverain supérieur ou coriverain, doit être regardé comme
une simple tolérance. Si le coriverain ou riverain supérieur
vient alors à exercer son droit d'irrigation, le possesseur même
annal de la jouissance abusive n'est pas fondé à se plaindre.
Mais il faut bien prendre garde pour quel motif. Ce n'est pas
que l'innovation quelconque du coriverain ou riverain supérieur ne constitue pas par elle-même un trouble ; mais c'est
que ce trouble n'atteint pas une possession véritable ; il frappe
dans le vide. Ah ! si la possession abusive s'était appuyée sur
une contradiction opposée au riverain supérieur ou coriverain,
alors il serait exact de dire que toute innovation de ce dernier
suffirait à constituer un trouble possessoire. En un mot, il faut

1. Voir p. 284 et n. 2.
2. S. 1878, I, 37.

consulter la loi et, nous avons eu occasion de le voir, les titres, pour caractériser la possession, voir si elle présente les qualités requises par la loi. Au contraire, le trouble est toute innovation, et il n'y a pas lieu d'examiner si elle a été, ou non, commise conformément au droit [1].

158. Le trouble de droit, qu'on appelait autrefois trouble par paroles, peut résulter d'une prétention extrajudiciaire ou judiciaire sur la possession d'autrui. Une sommation faite par un tiers à mon fermier d'avoir à payer entre ses mains, constitue un trouble à ma possession. De même la défense d'élever des constructions est un trouble. Enfin « le prévenu en justice répressive, par suite d'un procès-verbal dressé à la requête de l'État, d'une commune, ou d'un simple particulier, peut en opposant à la poursuite l'exception préjudicielle, « feci, sed jure feci, » prendre ce procès-verbal pour trouble à sa possession et former la complainte, à moins que, d'après les termes dans lesquels l'exception a été proposée et le renvoi à fins civiles ordonné, le pétitoire ne dût être considéré comme engagé, auquel cas la voie possessoire ne serait plus ouverte [2]. » Mais les prétentions à la propriété ne fondent point la complainte; peu importe qu'un tiers vende ou hypothèque un immeuble en ma possession, ce n'est point une atteinte possessoire.

159. Les actes judiciaires peuvent aussi donner lieu à la complainte, et par exemple si un tiers était actionné en complainte relativement à mon héritage, et qu'il acceptât la contestation, il causerait par là même un trouble à ma possession, et comme disait notre ancien droit, en pareil cas « n'est mestier (besoin) de montrer le trouble, car en défendant, il trouble. »

---

1. MM. Aubry et Rau, II, 156, 157, donnent une formule qui, sans contredire absolument la mienne, me paraît moins claire et moins exacte en ce qu'elle ne fait pas assez ressortir ce qui est du domaine de la possession et ce qui est du domaine du trouble ; de plus ils font, au moins en apparence, une distinction arbitraire à mes yeux.

2. Aubry et Rau, II, p. 158.

La complainte est un trouble ; mais non pas la revendication, et bien au contraire, puisque le fait seul de revendiquer est presque une reconnaissance de la possession d'autrui[1]. Mais si deux personnes se disputent au pétitoire un bien dont je sois en possession, l'une d'elles, le défendeur, se prétend possesseur, et son acceptation du procès peut être considérée comme un trouble à ma possession [2].

160. Que dire de l'exécution d'un jugement? Peut-elle donner lieu à la complainte? On a pour se défendre contre un jugement qui vous porte préjudice et auquel on n'a pas été partie, l'exception de l'art. 1351 C. C., et pour l'attaquer, la voie de la tierce opposition, art. 474 C. pr. s. Peut-on l'envisager comme un trouble possessoire? Je ne le pense pas, parce que nous sommes ici en présence de dispositions toutes particulières, édictées pour la tierce opposition. L'art. 476 C. pr. déclare que cette tierce opposition ne peut être portée devant un tribunal inférieur à celui qui a rendu la sentence attaquée; eh bien, vouloir prendre ce jugement comme base de la complainte et, par suite, le soumettre à l'appréciation du juge de paix, c'est violer la règle, l'art. 476 C. pr. Je crois donc que ce jugement, bien qu'il ait tous les caractères d'un trouble de droit, ne peut pas fonder la complainte et qu'il faut s'en tenir à l'exception de chose jugée ou à la tierce opposition[3].

161. J'ai déjà dit que les principes généraux du trouble s'appliquent à la réintégrande comme à la complainte ; seulement il faut que ce trouble aille jusqu'à la dépossession : par la force des choses le trouble de droit ne peut jamais interrompre la possession. Il ne reste donc que le trouble de fait ; mais d'ailleurs je serais disposé à ne pas le restreindre au cas

---

1. Je dis «presque,» car on revendique contre un détenteur. Comp. l. 9. R. V.

2. Belime, p. 357. Il rapporte un arrêt conforme du Parlement de Paris, 26 juin 1570.

3. Belime, p. 358 s.

de violence proprement dite, et à regarder comme énonciative la mention de « voies de fait » écrite dans l'art. 2060 C. C.[1]

162. Je dois maintenant dire quelques mots de la condition d'annalité du trouble posée dans l'art. 23 C. pr. et l'art. 6 de la loi 25 mai 1838[2]. Art. 23 C. pr. : « les actions possessoires ne seront recevables qu'autant qu'elles auront été formées dans l'année du trouble...; » art. 6, loi 25 mai 1838. « Les juges de paix connaissent en outre...des dénonciations de nouvel œuvre : complaintes, actions en réintégrande et autres actions possessoires, fondées sur des faits également commis dans l'année. » D'abord, le plus souvent, après l'année, l'usurpateur sera à l'abri de toute atteinte, parce qu'il aura lui-même la saisine; mais on peut supposer qu'il ne l'ait pas, par exemple, c'est un bien qui a passé à un deuxième, troisième usurpateur : il n'a pas la saisine et néanmoins vous ne pouvez l'attaquer pour la dépossession dont vous avez été victime plus d'une année auparavant. La loi a voulu que les faits fussent de fraîche date.

Le délai court même contre un mineur ou un interdit : Cela ne fait doute pour personne. Court-il contre le bailleur à qui son fermier n'a point dénoncé l'usurpation? Bien qu'en principe le délai ne puisse courir que du jour où le trouble a été public, et que, dans l'espèce, le bailleur ait pu l'ignorer, je crois que ce bailleur pourra se voir opposer la déchéance résultant de l'annalité, autrement on aurait peine à comprendre l'article 1768 C. C., qui rend le fermier responsable de dommages et intérêts s'il n'avertit le propriétaire de ces usurpations : c'est donc que ce propriétaire en subit un préjudice [3].

« Le dies a quo non computatur in termino, » mais le *dies ad quem* est compté dans l'année du trouble.

163. La question la plus importante est celle de savoir

<hr>

1. Voir p. 308. — Joignez Randa, p. 154 et n. 8 ; Lemarignier (Thèse), p. 63.

2. Sur le droit comparé, voir Randa, p. 249, n. 34.

3. Belime, p. 373, 374.

quel sera le point de départ du délai d'un an. Les uns ont dit, le moment où les travaux sont commencés, car c'est à partir de ce moment que le possesseur est troublé ; de plus, une règle différente aboutirait à prolonger extraordinairement le délai. D'autres, invoquant par analogie l'article 642 C. C., qui ne fait courir la prescription que du jour où les travaux apparents ont été terminés, reportent à ce moment le point de départ du délai. Je crois préférable de s'en tenir simplement aux principes et de déclarer, conformément aux règles qui gouvernent la possession, art. 2229 C. C., que pour produire son effet le trouble doit être public; mais dès qu'il sera public, il fera courir le délai d'un an ; et il ne serait pas nécessaire par exemple que le possesseur eût en réalité connu l'existence de ces actes. Quant à l'article 642 C. C., il s'explique par des raisons spéciales. C'est seulement à ce moment que le cours de l'eau est détourné, que la chute est changée ; c'est seulement alors qu'on peut dire qu'il y a trouble (surtout si l'on admet l'opinion que je crois exacte et d'après laquelle les travaux n'ont ₁ as besoin d'empiéter sur le fonds supérieur).

Des difficultés de détail peuvent s'élever. Ainsi la Cour Cass. a jugé par arrêt, Ch. req. 9 novembre 1875, que dans le cas de faits successifs, indiqués comme ayant porté atteinte à la possession, les juges du fond[1], ont pleins pouvoirs pour déterminer, au point de vue de la recevabilité de l'action possessoire, l'époque à laquelle tels ou tels de ces faits ont eu sérieusement le caractère de trouble et pu, dès lors, faire courir le délai légal d'an et jour[2].

Que décider s'il s'agit de travaux qui, par eux-mêmes, ne sont pas la cause immédiate et directe d'un préjudice, par exemple un barrage qui a été élevé? le délai d'un an court-il

---

1. Cette expression, assez malheureuse, ne veut pas dire les juges du pétitoire, mais les juges du fait, même le juge de paix au possessoire, par opposition à la Cour de cassation qui ne juge pas le fait.

2. S. 1876, 1, 56.

du jour où les travaux ont été faits, ou seulement du jour de l'inondation ? Je tiens pour la deuxième opinion, pour des raisons auxquelles j'ai déjà fait allusion ; c'est que l'existence de ces travaux, non seulement ne constitue pas un trouble par elle-même, mais ne l'implique pas nécessairement. Les voisins ont pu croire qu'aux époques de crues extraordinaires on lèverait les vannes, on laisserait couler l'eau librement de manière à éviter l'inondation. Faire courir le délai du jour où les travaux sont exécutés, serait donc un véritable piège.

164. Pour ceux qui reconnaissent l'existence distincte de la dénonciation de nouvel œuvre dans les termes admis par la jurisprudence et des auteurs considérables, la matière du trouble est régie différemment. La dénonciation de nouvel œuvre peut être intentée dès le commencement des travaux, donc le commencement des travaux doit être regardé comme un trouble ; pendant toute la durée de leur exécution il y a en quelque sorte un trouble successif, ou mieux, permanent. Enfin, d'après l'opinion que je crois la meilleure en admettant la dénonciation de nouvel œuvre, l'achèvement des travaux entraîne déchéance de l'action, et c'est alors la complainte qui vient, s'il y a lieu, remplacer la dénonciation de nouvel œuvre. Il ne saurait donc être question de l'annalité en cette matière.

CHAPITRE IV

165. La brièveté même de ce chapitre sera la meilleure preuve que la place des actions possessoires était au Code civil plutôt qu'au Code de procédure.

Les actions possessoires sont de la compétence du juge de paix en général, art. 3 C. pr. et art. 6 loi du 25 mai 1838, et en particulier, du juge de paix de la situation. Mais avant d'arriver à l'instance proprement dite, l'article 17 de la loi du 25 mai 1838 prescrivait aux juges de paix d'appeler devant eux les parties sans frais. C'était une sorte de tentative de conciliation hors l'audience, qui devait rentrer et rentra en effet dans les dispositions de la loi du 2 mai 1855, qui établit pour toutes les affaires un préliminaire de conciliation hors l'audience et le réglementa. Pour être complet, il faut y joindre la loi du 23 août 1871, dont l'article 21 déclara que tous avertissements donnés aux termes de la loi du 2 mai 1855 devaient être rédigés sur papier timbré de 0 fr. 50.

166. La citation en complainte peut être donnée par un huissier quelconque du canton, article 16, loi du 25 mai 1838. Elle doit être donnée devant le juge de la situation de l'immeuble litigieux, article 3 C. pr. et elle interrompra la prescription, article 2244 C. C.; je pense même, par analogie de l'ar-

ticle 2246 C. C., qu'elle l'interromprait encore, lors même qu'elle aurait été donnée devant un juge incompétent. Sans doute on pourrait dire que les raisons de l'article 2246 C. C. ne militent point ici au même degré : on ne ferme pas tout recours au demandeur, il lui reste la voie pétitoire ; seulement c'est en fait empirer singulièrement sa condition et, comme le disait fort bien le canon Sæpe « Sæpe contingit quod spoliatus... commodo possessionis amisso, propter difficultatem probationum proprietatis amittat effectum. » Notre possesseur serait en effet dépouillé de l'avantage de sa possession, si par la nullité de sa citation en complainte son adversaire pouvait achever en paix l'année de possession conférant la saisine.

Bien que les actions possessoires soient essentiellement de la compétence du juge de paix, la Cour Cass. a jugé par arrêt, Ch. req. 27 février 1878[1], que le défendeur qui refuserait d'exécuter un jugement possessoire rendu sur appel, et continuerait à troubler le demandeur, pourrait être traduit immédiatement devant le tribunal d'arrondissement : c'est qu'il s'agit plutôt ici d'une action en exécution du jugement, que d'une nouvelle action possessoire.

La citation en complainte adressée à l'acheteur d'un bien peut-elle l'autoriser à appeler son vendeur en garantie ? Il faut distinguer. Oui, si l'on se trouve encore dans l'année de la vente, car alors cet acheteur doit joindre à sa possession celle de son vendeur pour triompher dans l'action et dès lors le vendeur est responsable de ne lui avoir fourni qu'une possession vicieuse et inefficace ; mais après une année, date de la vente, il n'a plus besoin d'invoquer que sa propre possession, et, s'il n'a point la saisine, il ne doit s'en prendre qu'à lui-même, non à son vendeur[2].

On s'est demandé si l'on pourrait citer valablement en com-

---

1. S. 1878, I, 467.
2. Comp. Belime, p. 454.

plainte un fermier. L'affirmative ne saurait faire l'objet d'un doute sérieux : si le fermier a la faculté de se faire mettre hors de cause en appelant son bailleur en garantie, article 1727, C. C., ce n'est pour lui qu'une faculté, non une obligation, et cela ne saurait empêcher la citation de procéder contre lui.

167. Le demandeur doit faire la preuve de sa saisine et du trouble, la saisine étant un fait, le trouble, un acte délictueux, on ne peut appliquer l'art 1341 C. C. et la preuve se fera par tous les moyens, quoique la valeur litigieuse soit supérieure à 150 fr., on pourra donc invoquer, soit des titres de possession, soit la preuve testimoniale, soit même les simples présomptions de l'homme, art. 1353 C. C.

Le défendeur peut contester la possession, ou dénier le trouble. L'ordonnance de 1667, t. 18, art. 3 disait : « Si le défendeur en complainte dénie la possession du demandeur, ou de l'avoir troublé, ou qu'il articule possession contraire, le juge appointera les parties à informer. » — Il peut contester la possession, ou absolument, en déclarant que la chose n'est pas susceptible de possession ou que le demandeur n'est pas possesseur, ou simplement en alléguant qu'elle ne réunit pas les conditions nécessaires pour réaliser la saisine, base de l'action possessoire. Il peut donc invoquer les vices de la possession de son adversaire : il y a là quelque chose d'analogue à l'exception *vitiosæ possessionis* du droit romain; les vices allégués doivent exister à l'égard de celui qui les allègue; la possession doit être exempte de clandestinité, violence ou tolérance à son égard. Cependant la discontinuité, l'interruption sont des défauts réels et absolus, et même pour les trois autres vices, je crois qu'il ne faut pas les envisager comme le faisaient autrefois les Romains; il ne s'agit plus ici d'absoudre le défendeur par une sorte de compensation délictueuse et immorale, mais plutôt de constater qu'une possession ne réunit pas certaines qualités exigées d'une manière générale par notre loi pour avoir droit à une protection : si je puis m'exprimer ainsi, l'exception *vitiosæ possessionis*, de subjective qu'elle était, est devenue objective, ce qui me paraît un point de vue bien préférable [1].

Le défendeur peut ainsi dénier le trouble, ou opposer la déchéance de l'annalité ; mais il ne peut se retrancher derrière des moyens de fond et soutenir que le trouble n'a été que l'exercice d'un droit lui appartenant. — D'ailleurs les exceptions pétitoires sont d'une manière générale exclues du débat possessoire. Cela est naturel : l'action possessoire est fondée sur la possession et non sur un droit à la possession, et, comme le dit très bien M. Randa, « das Besitzrecht hat immer nur der Besitzer; das Recht zum Besitze kann ein Anderer haben [2]. » — Cette exclusion, qui résultait déjà de la nature des choses, a été renforcée dans notre droit par l'interdiction du cumul du pétitoire et du possessoire écrite dans l'article 25 C. pr.

Enfin le défendeur peut exciper de l'incompétence du juge de paix.

La preuve du défendeur se fera également, soit par titres, soit par enquêtes, soit même à l'aide de présomptions de l'homme.

Les titres de possession peuvent être invoqués, et j'ai déjà signalé que les titres établissant le fond du droit pouvaient être consultés afin de qualifier et caractériser la possession. Les titres nouveaux l'emportent sur les anciens, puisque la possession doit porter sur la dernière année écoulée. C'est le dernier possesseur annal qui triomphe : Loysel constatait déjà ce

---

1. Comp. Bruns (Besitz im Mit.), p. 500 ; Randa, p. 246 et n. 31, le droit comparé : l'Italie suit le système français ; au contraire, les Codes prussien, saxon et autrichien semblent se rapprocher de l'exception personnelle et subjective du droit romain.

2. Randa, p. 10. Comp. Bruns (Besitz im Mit.), p. 499 ; Randa, p. 246 et n. 30, droit comparé.

résultat dans notre ancien droit en ces termes : « En simple saisine les vieux exploits valent mieux ; en cas de nouvelleté, les nouveaux ou modernes[1]. »

L'enquête est prévue dans l'article 24 C. pr., ainsi conçu : « Si la possession ou le trouble sont déniés, l'enquête qui sera ordonnée ne pourra porter sur le fond du droit. » L'en-quête « qui sera ordonnée » c'est-à-dire l'enquête « au cas où elle serait ordonnée : « elle est facultative pour le juge de paix, et s'il l'estimait frustratoire, il ne serait aucunement obligé d'y procéder.

D'ailleurs l'enquête n'est pas le seul moyen de preuve mis à la disposition du juge de paix ; et l'on a remarqué que les descentes sur lieux pouvaient être ici d'une grande utilité, article 38 C. pr., il en serait de même des expertises, arti-cle 42 C. pr.

Si les moyens de preuve se contrebalançaient, quel serait l'office du juge ? pourrait-il consulter les titres, ou renvoyer au pétitoire, ou ordonner le séquestre, ou la récréance de la chose litigieuse ? Je rattacherai cette question à celle du cumul, où se trouve, à mon avis, la raison de décider.

168. Le jugement constate la possession annale. Pour la condamnation aux dépens, on appliquera les articles 130, 131 C. pr. De même on appliquera l'article 150 C. Pr. au cas où le défendeur ferait défaut : le profit du défaut ne sera adjugé au demandeur que si ses conclusions se trouvent « justes et bien vérifiées. »

Le jugement est exécutoire par provision nonobstant appel, et sans qu'il soit besoin de fournir caution jusqu'à 300 fr. et au delà, à la discrétion du juge, et soumis à la nécessité d'une caution, art. 17 C. pr. L'article 7, t. 18 de l'ordonnance de 1667 disait : « Les jugements rendus par nos juges sur les demandes

---

1. Loysel V, t. IV, r. 26. Nous avons eu l'occasion de voir que dans le *reme-dium spolii*, par suite de la présomption de spoliation, les anciens exploits va-laient mieux que les nouveaux.

en complainte et réintégrande seront exécutés par provision et en baillant caution. »

Le jugement est toujours susceptible d'appel, article 6, loi 25 mai 1838.

Un adage dit « complainte sur complainte ne vaut. » Cela signifie que si deux personnes contestent ensemble sur la possession de votre héritage, vous devez intervenir à l'instance engagée, et non pas former une autre complainte à votre tour. Vous pouvez aussi attendre le jugement et opposer l'exception de chose jugée ou agir par la voie de la tierce opposition. De toute façon, cela ne veut point dire qu'une partie condamnée dans une instance possessoire, et qui a néanmoins conservé ou repris la possession, ne puisse plus tard s'y faire maintenir au moyen d'une nouvelle complainte fondée cette fois sur une saisine valable[1].

1. Comp. Belime, p. 233, 234.

CHAPITRE V

EFFETS DE L'ACTION POSSESSOIRE

169. Les effets de l'action possessoire étant restreints par une règle, d'ailleurs conforme à la nature des choses, qui prohibe le cumul du possessoire et du pétitoire, je commencerai par étudier cette règle.

SECTION PREMIÈRE

DE L'INTERDICTION DU CUMUL DU POSSESSOIRE ET DU PETITOIRE

170. Cette règle, ai-je dit, résulte de la nature des choses. Il n'y a d'action réellement possessoire que là où le demandeur et le défendeur s'abstiennent d'invoquer aucun moyen de fond. Cette règle, reconnue dans tout le droit romain, ressort de la distinction si nettement établie entre la propriété et la possession « Nihil commune habet proprietas cum possessione, » nous dit la l. 12.1. D. 41.2 *de acq, vel amit. poss ;* et la l. un. C. 7.69 *si de momentaria poss.* : « Ita tamen possessionis reformationem fieri oportet, ut integra omnis proprietatis causa servatur. » Cependant, nous avons avons vu qu'une action ne cesserait pas absolument d'être possessoire, tout en admettant, de la part du défendeur, une exception tirée du fond, pourvu que le demandeur se fût borné à invoquer sa possession. C'est ainsi que la l. 3.7. D. 43.17 *Uti poss.* nous dit que l'*Uti possidetis* sera accordé au propriétaire du sol même contre le superficiaire ; mais que ce dernier sera protégé par le préteur « secundum legem locationis, » ce qui me paraît signifier que, dans l'interdit, le préteur accordera au superficiaire une exception fondée sur son contrat, en d'autres termes, une exception pétitoire. Seulement, il faut reconnaître que l'admission de l'exception de fond rapproche bien l'action d'une action pétitoire : il n'y a qu'un pas à franchir ; nous savons que le droit germanique l'avait franchi. Le droit canonique est très incertain : l'exception *dominii* semble avoir été reçue, au moins lorsqu'elle paraissait évidente, et M. Meischeider cite des décrétales de 1195 et 1202 qui reconnaissent même le cumul du pétitoire et du possessoire[1]. Ce cumul anéantissait en réalité la distinction entre le pétitoire et le possessoire. Il paraît qu'il était aussi pratiqué dans notre ancien droit français, car l'ordonnance de Montil les Tours, en 1446 (art. 72, t IV), dut le proscrire formellement : « Avons ordonné et ordonnons que dorénavant ne soient baillées lettres en nos chancelleries pour conduire le pétitoire et le possessoire en matière de nouvelleté ensemble. » L'article 5, t. 18 de l'ordonnance de 1667 contenait la même prohibition : « Les demandes en complainte ou réintégrande ne pourront être jointes au pétitoire, ni le pétitoire poursuivi que la demande en complainte ou en réinté-

---

1. Ce sont le C. 2. Décrétales, *de causa poss.* II, 12, et le C. 5 *ibid.* Mais ce dernier passage ne fait que reproduire la décision de la l. 12.1. D. 41.2. de *acq. vel amitt. poss.* et l. 18.1. D. 43.16 de *vi* et *vi armata* : il est donc, à mon avis, invoqué à tort dans cette question. Au contraire, le *cap.* 6. *ibid.*, suppose le cumul. — Comp. Meischeider, p. 170 s.; Bruns (Besitzklagen), p. 259, 260; Randa, p. 145.

grande n'ait été terminée et la condamnation parfournie et exécutée. Défendons d'obtenir lettres pour cumuler le pétitoire
avec le possessoire. » Et aujourd'hui l'article 25 C. pr. « Le possessoire et le pétitoire ne seront jamais cumulés. »

171. Cette règle ne doit pas être confondue avec celle de l'incompétence du juge de paix pour la plupart des matières pétitoires. Sans doute, s'il s'agit d'une matière qui ne rentre pas dans
la compétence du juge de paix, il ne pourra la trancher ; ce sera
l'effet de l'incompétence *ratione materiœ*, et non de l'interdiction du cumul. Mais en supposant une matière pétitoire de la
compétence du juge de paix, s'il y a deux questions soulevées,
l'une possessoire et l'autre pétitoire, elles ne sauraient être jugées ensemble[1]. Ainsi l'article 5, 1er de la loi du 25 mai 1838
reconnaît la compétence du juge de paix pour les dommages
faits aux champs ; il y a là une matière pétitoire ; mais elle peut
soulever en même temps une question possessoire : les deux
questions ne doivent pas être cumulées.

172. L'interdiction du cumul s'adresse à la fois aux parties
et au juge. Il signifie quant aux parties que ni le demandeur,
ni le défendeur ne pourront invoquer des moyens de fond.
Cette séparation est renforcée par les règles énoncées aux articles 26 et 27 C. pr.

173. L'article 26 C. pr. dit : « Le demandeur au pétitoire ne
sera plus recevable à agir au possessoire. » En agissant au
pétitoire il est censé avoir renoncé à la possession, à l'action
possessoire. C'est là une innovation sur les anciens principes. La
l. 12.1. D. 41.2. *De acq. vel amitt. poss.*, disait : « Nihil commune habet proprietas cum possessione; et ideo non denegatur
ei interdictum Uti possidetis qui cœpit rem vindicare ; non
enim videtur possessioni renuntiasse qui rem vindicavit[2]. Et
la l. 18.1. D. 43.16. *De vi et vi armata.* « Eum qui fundum vin-

---

1. Aubry et Rau, II, p. 137, 141, 146 n. 42.
2. Joignez la l. 24. D. R. V.

dicavit ab eo, cum quo interdicto Unde vi potuit experiri, pendente judicio nihilominus interdicto recte agere placuit. » Et Pothier[1] : « Tant que le spolié est dans l'année, quand même il aurait débuté par donner une demande en revendication contre le spoliateur, il n'en résulte aucune fin de non-recevoir qui l'empêche, en laissant sa demande en revendication, de former l'action de réintégrande. C'est ce qu'enseigne Papinien, l. 18.1. ff. *De vi et vi armata.* »

Mais à l'inverse, l'article 26 C. pr. n'empêche pas le demandeur en complainte ou réintégrande de laisser là son action pour intenter l'action pétitoire : ce serait un abandon virtuel de la possession, que rien ne défend. Seulement si le défendeur s'était porté demandeur reconventionnel à l'action possessoire, le demandeur primitif tomberait sous le coup de l'article 27 C. pr., comme défendeur à l'action reconventionnelle, et ne pourrait plus, dès lors, aborder le pétitoire avant le règlement complet et définitif du possessoire.

174. Cet article 27 C. pr. est ainsi conçu : « Le *défendeur* au possessoire ne pourra se pourvoir au pétitoire qu'après que l'instance sur le possessoire aura été terminée ; il ne pourra, s'il a succombé, se pourvoir qu'après qu'il aura pleinement satisfait aux condamnations prononcées contre lui. Si néanmoins la partie qui les a obtenues était en retard de les faire liquider, le juge du pétitoire pourra fixer, pour cette liquidation, un délai après lequel l'action au pétitoire sera reçue[1]. » L'ordonnance de 1535 d'Ys-sur-Tille disait : « La *partie* qui sera déchue au possessoire ne sera reçue à intenter le pétitoire que préalablement elle n'ait payé et satisfait les fruits et dépens auxquels elle aura été condamnée, à cause dudit posses-

---

1. Poss, n° 125.

2. Le cap. un. Clémentines, *de causa poss.* II, 3, disait déjà : Causa beneficiali per appellationem ad sedem apostolicam legitime devoluta, tam appellanti quam appellato licere decernimus, nedum petitorium sed et possessorium intentare, et in spoliantis odium ante causæ conclusionem suspendere petitorium, a se et ab adversario intentatum, in solo possessorio procedendo. »

soire. » Et l'article 4 t. 18 de l'ordonnance de 1667 : « *Celui contre lequel* la complainte ou réintégrande sera jugée, ne pourra former la demande au pétitoire, sinon après que le trouble sera cessé, et celui qui aura été dépossédé, rétabli en la possession avec restitution de fruits et revenus, et payé des dépens, dommages et intérêts, si aucuns ont été adjugés ; et néanmoins s'il est en demeure de faire taxer ses dépens et liquider les fruits, revenus, dommages et intérêts, dans le temps qui lui aura été ordonné, l'autre partie pourra poursuivre le pétitoire en donnant caution de payer le tout après la taxe et liquidation qui en sera faite. » Notre article 27 C. pr. est moins rigoureux que l'ordonnance. D'abord il restreint au défendeur l'obligation d'attendre l'exécution complète de l'action possessoire avant d'engager la revendication ; le demandeur n'en est donc pas tenu, comme nous l'avons déjà dit, à moins qu'il ne soit en même temps défendeur reconventionnel. De plus, l'article 27 C. pr., dans l'hypothèse où le gagnant laisserait traîner en longueur la liquidation des dépens, pour reculer le pétitoire, reconnaît au juge le pouvoir discrétionnaire de fixer un délai après lequel le pétitoire sera reçu, et n'exige point, comme l'ordonnance, que le gagnant soit en demeure, ni que le perdant offre caution de restituer.

On est même allé plus loin, et comme le gagnant dans l'action possessoire pouvait, par des longueurs calculées, arriver à la prescription de la chose, des auteurs admettent, je crois avec raison, que la citation pétitoire intempestive et prématurée du défendeur à l'action possessoire aurait cependant cet effet d'interrompre la prescription à l'égard du demandeur. Seulement les juges refuseraient l'audience, tant que le débat possessoire n'aurait pas été entièrement terminé[1].

175. L'espèce suivante a soulevé quelques difficultés. Primus intente la revendication contre Secundus, et par là reconnaît

____

1. Belime, p. 512.

la possession de Secundus, ou plutôt se ferme à lui-même la voie possessoire; puis, non content, il trouble la possession de Secundus. Celui-ci n'est pas empêché par l'art. 26 C. pr. d'intenter l'action possessoire contre Primus, car l'art. 26 C. pr. ne s'applique qu'au demandeur au pétitoire, et non au défendeur. Voilà le demandeur au pétitoire devenu défendeur à une action possessoire : on s'est demandé s'il pourrait néanmoins continuer son action en revendication, ou s'il n'était pas plutôt obligé de la suspendre jusqu'à ce que l'action possessoire ait été vidée? On a essayé de soutenir qu'il pouvait continuer l'action pétitoire : l'art. 27 C. pr., a-t-on dit, ne vise que le cas d'une introduction d'instance et non pas d'une instance déjà engagée : il est défendu de *se pourvoir* au pétitoire, tant que l'action possessoire n'est pas vidée; mais il n'est pas interdit de *continuer* son action engagée. L'opinion contraire me paraît préférable et j'aime mieux m'en référer à l'esprit de la loi qu'à sa lettre judaïquement interprétée. L'art. 27 C. pr. n'est qu'une disposition destinée à renforcer et à assurer dans la pratique l'interdiction du cumul. On doit décider en conséquence que ce demandeur en revendication sera obligé d'attendre la fin de l'action possessoire dirigée contre lui, pour continuer son instance engagée.

176. L'interdiction du cumul s'applique au juge, et pour lui elle signifie qu'il doit exclure avec soin, je ne dis pas de son examen, mais de sa décision tout ce qui dépasserait la limite du possessoire et empiéterait sur le pétitoire.

177. Malheureusement ce grand principe de l'interdiction du cumul, qui paraît à distance si naturel et si simple, est d'une application extrêmement délicate. Le pétitoire et le possessoire sont comme deux arbres différents dont les racines s'emmêlent et s'entrelacent en terre; et dans la pratique, lorsqu'on veut juger une question possessoire, il est presque impossible de ne pas toucher au pétitoire. Comment savoir si la chose peut former valablement l'objet d'une possession utile, si la posses-

sion réunit toutes les qualités requises par l'art. 2229 C. C., etc.? Ce sont des questions qui ne peuvent se trancher qu'en faisant intervenir le pétitoire ; et ôter cette ressource au juge c'est lui dénier tout moyen de former sa conviction : c'est supprimer l'action possessoire elle-même. Ainsi, en voulant trop bien séparer le possessoire du pétitoire, on le réduit à néant. Je crois donc, et la jurisprudence est constante sur ce point, qu'il faut reconnaître au juge de paix le droit d'examiner les moyens de fond pour éclairer sa décision et en restant dans la limite rigoureuse du possessoire : le pétitoire a voix consultative, jamais voix délibérative. Le juge de paix ne peut trancher aucune question pétitoire, cela va sans dire, et lorsqu'il se borne à trancher la question possessoire, il ne peut s'appuyer sur des motifs exclusivement tirés du fond ; mais il peut consulter la loi, les titres et autres moyens de fond, pour caractériser et qualifier la possession.

Le principe est écrit dans de si nombreuses décisions de jurisprudence qu'on est véritablement embarrassé de choisir. Je cite les derniers arrêts à ma connaissance. La Cour cass. par arrêt de la Ch. req. du 26 janvier 1876 [1] a déclaré que le « juge de paix a pleins pouvoirs pour rechercher dans les faits et documents de la cause les éléments d'appréciation propres à caractériser la possession invoquée par le demandeur, à quelque titre qu'il l'invoque ou qu'elle lui soit contestée. » Même décision dans des arrêts Ch. req. 22 mars 1876, 22 mai 1876 [2]; de la Cour de cass. 18 juillet 1877 [3]. Mais « le juge du possessoire ne peut baser sa décision sur des motifs exclusivement tirés du fond du droit, alors même qu'il se borne à statuer sur le possessoire, » Ch. Req. 25 avril 1877 (rejetant le pourvoi d'un jugement du Trib. de Melun 15 mai 1876) [4]; « le juge

1. S. 1876. I, 147.
2. S. 1876, I, 270, 455.
3. S. 1879, I, 14.
4. S. 1878, I, 416.

qui reconnaît la possession, ne peut pas rejeter la complainte en se fondant exclusivement sur une interprétation du titre et sur le fond du droit, » Cass. 28 mai 1878[1] ; le « juge peut consulter les titres, non pas pour établir la possession, mais pour en fixer la nature et le véritable caractère, jugement du Trib. de Lons le Saulnier du 5 mars 1877[2].

178. Le principe posé, je vais parcourir quelques exemples, toujours puisés dans la jurisprudence[3]. « Le juge de paix peut parfaitement, sans cumuler le possessoire et le pétitoire, décider si les choses sur la possession desquelles il se borne à statuer sont, ou non, des dépendances du domaine public, » arrêt de la Cour cass. de Belgique 11 janvier 1877[4]. Cette décision est forcée, car le domaine public n'est pas susceptible, à l'égard des particuliers, d'une possession véritable, et pour savoir si la complainte est, ou non, fondée, le juge de paix doit pouvoir examiner cette question préliminaire.

179. Une décision tout analogue se présente pour la jouissance des cours d'eau non navigables ni flottables, que l'art. 644 C. C. reconnaît au profit des riverains. Nous avons vu que la jouissance de ces cours d'eau ne peut servir de fondement à l'action possessoire que si elle se renferme dans les limites de l'art. 644 C. C.; qu'au delà elle serait regardée comme une simple tolérance et ne pourrait dépouiller ce caractère vicieux que si elle reposait, non seulement sur l'abstention des coriverains, mais sur des actes destructifs ou restrictifs de leur droit et constituant à leur égard une contradiction; enfin que ce vice de précarité pouvait aussi disparaître en présence d'un titre ou d'un règlement administratif. Il s'ensuit nécessairement que le juge de paix a qualité pour examiner tous ces

1. *France judiciaire*, t. 1877-78, p. 552.
2. *France judiciaire*, t. 1876-77, p. 379.
3. Si l'on veut avoir une idée un peu complète des détails, voir Sirey, Codes annotés, sur l'art. 25 C. Pr.
4. *France judiciaire*, t. 1876-77, p. 406. Rej. Ch. civ., 29 janv. 1878. S. 1878, 1, 249.

points, et c'est ce qu'a parfaitement jugé l'arrêt Ch. req. 17 février 1858[1], que j'ai déjà rapporté. « Attendu que, tout en consultant, comme il en avait le droit, les titres des parties pour éclairer la possession, le jugement attaqué s'est borné à statuer sur la possession annale, qu'il n'a rien décidé sur le fond du droit ; qu'ainsi le reproche qui lui est adressé d'avoir statué en même temps sur le possessoire et le pétitoire manque de base... »

Mais l'examen du fond ne peut servir qu'à caractériser la possession, et les titres ne peuvent, ni la remplacer, ni la contredire, lorsqu'elle est bien établie. Ainsi, dans notre hypothèse, le juge peut s'en référer aux titres[2] pour voir si la possession existe ; mais si cette possession est reconnue, il ne peut rejeter la complainte en se fondant sur ce que l'innovation du coriverain ou riverain supérieur est conforme à des usages, à un droit spécial, ou simplement se renferme dans les limites du droit accordé par l'art. 644 C. C.[3]. Ce sont là des éléments de décision qui dépassent la mesure du possessoire et excèdent les pouvoirs du juge.

180. Les servitudes offrent à notre matière un vaste champ d'application. Comme les seules servitudes susceptibles de possession utile pour l'action possessoire, sont les servitudes à la fois continues et apparentes, et que néanmoins, dans l'opinion de la jurisprudence, la possession des servitudes discontinues ou non apparentes peut servir de base à la complainte, si elle s'appuie sur un titre, on doit nécessairement, si l'on ne veut pas soustraire absolument ces questions à la compétence du

---

1. D. 1858, 1, 297.

2. Le mot « titre » a un double sens : *stricto sensu*, il signifie les contrats d'acquisition ou de transmission et c'est dans ce sens que je l'emploierai en général dans la question de savoir si on peut, en principe, consulter les titres « instrumenta juris. » *Lato sensu*, il embrasse tous les moyens de fond, et c'est en ce sens que le mot sera le plus souvent employé, par exemple ici. Il y a là une confusion sans inconvénient. et que l'usage autorise.

3. Cass. 11 juillet 1877. S. 1878, 1, 20.

juge de paix, lui reconnaître le pouvoir, que dis-je, l'obligation de consulter les titres pour s'assurer que la possession d'une servitude mérite de servir de fondement à la complainte. Il a en effet mainte fois été jugé par la Cour cass. que le juge, appelé à statuer sur la possession d'une servitude discontinue, *devait* examiner les titres. Ainsi la Ch. req. a décidé par arrêt du 25 avril 1877[1], que le juge de paix ne cumulait pas le possessoire et le pétitoire en décidant qu'une servitude de passage n'avait pu faire l'objet d'une possession utile, à défaut d'un titre suffisant pour caractériser cette possession. Le jugement du tribunal de Melun, 19 mai 1876, dont le pourvoi fut rejeté par cet arrêt, disait : « Attendu que, la loi ayant placé les actions possessoires dans la juridiction des juges de paix, il y avait au contraire *obligation* pour le magistrat de juger la question qui lui était soumise... »

181. Voici une application très intéressante de ce principe. On sait que la destination du père de famille vaut titre à l'égard des servitudes qui sont à la fois continues et apparentes (art. 692 C. C.). Il n'en est pas de même à l'égard des autres servitudes, à moins, nous dit l'art. 694 C. C., qu'il n'y ait un signe apparent de la servitude, et que « le contrat ne contienne aucune convention relative à la servitude, » disposition qu'une opinion très considérable et que je crois dans le vrai, traduit ainsi : la destination du père de famille vaut titre pour les servitudes simplement discontinues, quand le contrat ne renferme rien de contraire à cette servitude ; en sorte que la différence entre les servitudes à la fois continues et apparentes et les servitudes discontinues apparentes est celle-ci : pour les premières, il n'est pas nécessaire de montrer le contrat ; pour les deuxièmes, il est nécessaire de l'apporter pour faire voir qu'il ne contient aucune convention contraire à la servitude[2].

---

1. S. 1878, I, 416.
2. Demol. t. XII, n° 821 ; Aubry et Rau, t. III, p. 85, n. 9.

Si la destination du père de famille vaut dans ce cas titre à l'égard des servitudes discontinues, comme la jurisprudence admet, en dépit de l'art. 691 C. C., que la possession de ces servitudes peut servir de base à la complainte, lorsqu'elle s'appuie sur un titre, il s'ensuit que le juge de paix, saisi d'une telle action possessoire, dans laquelle on invoque la destination du père de famille pour colorer la possession, a le droit et le devoir de se faire représenter le contrat, pour s'assurer qu'il ne renferme aucune convention relative à la servitude : ce n'est pas là cumuler le pétitoire et le possessoire, puisque le pétitoire n'intervient que dans la mesure du possessoire. La Cour de cass. par arrêt, Ch. req. 2 mai 1876 [1] a jugé en effet que « le signe apparent valant titre pour les servitudes simplement discontinues, à condition toutefois que le contrat ne contienne aucune convention relative à la servitude, le juge de paix avait le droit de se faire représenter ce contrat et d'en apprécier la portée au point de vue de la possession, pour rechercher s'il n'en résultait pas que la possession attaquée était de pure tolérance. »

Toujours dans le même ordre d'idées, que le juge a le droit, même l'obligation de consulter les titres pour qualifier la possession des servitudes qui ne sont pas à la fois continues et apparentes, et qu'en agissant ainsi il échappe à l'accusation de cumul, je citerai un arrêt de la Ch. req., 15 janvier 1877 [2] d'après lequel « l'action possessoire, fondée sur la possession annale d'un passage, que l'on soutient avoir été exercé à titre d'enclave, peut être repoussée, sans cumul du pétitoire et du possessoire, sur le motif que la propriété au profit de laquelle a lieu le passage, n'est pas réellement enclavée. »

Au contraire le juge de paix encourrait le reproche de cumul si, la possession utile d'une servitude étant bien établie, il

1. S. 1876, I, 359.
2. S. 1877, I, 98.

déboutait le demandeur par un motif tiré du fond du droit.
La Cour suprême a fait une application de ce principe dans un
arrêt de cassation, 15 mai 1878 [1] : « Le juge, saisi d'une action en maintenue possessoire d'un droit de passage, formée à
raison du trouble résultant d'une construction élevée sur le
terrain servant, excède ses pouvoirs, lorsque, *sans tenir compte
du fait de la possession*, il déboute le demandeur de son action
en complainte par ce motif que le terrain resté libre en dehors
de la nouvelle construction est d'une largeur suffisante pour
permettre l'exercice de la servitude de passage, telle qu'elle
est établie par le titre constitutif. »

Il va sans dire que toutes ces décisions ne se conçoivent que
dans l'opinion qui admet une possession utile des servitudes
qui ne sont pas à la fois continues et apparentes, lorsque cette
possession s'appuie sur un titre ; elles ne peuvent se présenter
dans l'opinion que j'ai jugée plus sûre, et d'après laquelle on
s'en tient rigoureusement à la lettre de l'art. 691 C. C. C'est là,
je le reconnais, une infériorité pratique de mon interprétation ;
mais je ne saurais la changer, sans modifier la loi.

182. On doit appliquer au trouble ce que nous avons dit de
la possession. Le juge de paix peut s'en référer à des considérations de fond pour qualifier l'acte que l'on présente comme
un trouble à la possession, et, par exemple, il pourrait décider
qu'une atteinte à la possession ne constitue pas un trouble possessoire, parce qu'elle résulte de l'exécution de travaux publics, et n'a occasionné aucune expropriation. A l'inverse, il a
été jugé par arrêt, rej. Ch. civ., 12 août 1874 [2] que des travaux faits par une commune, sans avoir le caractère de travaux
publics, peuvent constituer un trouble à la possession.

1. S. 1879, I, 116.
2. S. 1875, I, 82, Seulement l'arrêt fait dépendre le caractère de travaux
publics de l'autorisation administrative, ce qui n'est pas exact : le caractère de
travaux publics dépend de l'objet et de la destination même des travaux, non
pas de l'approbation supérieure : Ch. req., 6 janv. 1873. S. 1873, I, 212. Rej.
Ch. civ. 2 juillet 1877. S. 1878, I, 37.

Au contraire, il y aurait cumul du possessoire et du pétitoire de la part du juge de paix qui, pour repousser une action possessoire, se fonderait sur ce que le trouble allégué n'aurait été de la part du défendeur que l'exercice d'un droit. Ainsi lorsqu'il s'agit de la jouissance des cours d'eau non navigables ni flottables, le juge peut bien consulter les moyens de fond pour voir si cette jouissance présente toutes les qualités requises par la loi pour servir de base à la complainte ; mais une fois la saisine caractérisée, le juge de paix ne saurait la méconnaître et débouter le demandeur sous prétexte que l'innovation du défendeur aurait été conforme à des usages ou à un droit spécial, ou se serait renfermée dans les limites de l'article 644 C. C., et, à ce titre, ne constituerait pas un trouble [1].

183. Ces questions m'amènent au principe général, le juge du possessoire peut-il examiner les titres ? L'affirmative ne fait aucune difficulté pour la jurisprudence et les exemples que j'en ai rapportés en ont déjà montré l'étendue d'application et la mesure. Le principe est visé dans presque tous ces arrêts, tantôt accessoirement, tantôt d'une manière principale. Un arrêt de la C. cass., 19 juillet 1875 [2] a déclaré que le juge de paix pouvait consulter les titres pour déterminer le caractère et la nature de la possession, et généralement tous les documents ou éléments propres à l'éclairer ; seulement il ne peut se fonder sur des motifs exclusivement tirés du fond du droit. Et un arrêt de la Ch. req., 28 janvier 1879 [3] : « Le juge du possessoire peut, sans cumuler, consulter les titres de propriété invoqués, quand il le fait uniquement pour déterminer le caractère de la possession. » Enfin un arrêt, Ch. req., 14 mai 1877 [4] : « Le juge de paix peut consulter l'usage des lieux, le cadastre

1. Cass. 11 juillet 1877. S. 1878, I, 20.
2. S. 1877, I, 70.
3. S. 1880, I, 25.
4. S. 1878, I, 322.

ou tous autres documents pour se fixer sur la nature et le caractère de la possession : il suffit qu'il n'ait statué ni directement ni indirectement sur la propriété. »

D'autres arrêts ont fait des applications du principe. Je citerai l'arrêt de la Chambre des requêtes, 21 mars 1876[1] disant : « Le juge peut, sans cumuler, consulter un jugement précédent sur une action possessoire ou un titre, s'il n'apprécie ces jugement et titre que pour déterminer le caractère de la possession ; » et un arrêt Rej. Ch. civile, 28 août 1878[2] : « Ce n'est pas cumuler que d'invoquer un jugement rendu antérieurement pour caractériser la possession des parties ; » enfin Rej. Ch. civile, 29 janvier 1878[3] : « On peut si bien consulter les titres, qu'on peut, par exemple, appliquer à une commune la loi des 22 novembre, 1er décembre 1790, qui maintient les communes en possession des murs et fossés des anciennes places de guerre, quand elles avaient été en jouissance depuis plus de dix ans. »

Ce principe a été cependant contesté, comme produisant un cumul du possessoire et du pétitoire. Il était difficile d'aller jusqu'à interdire absolument au juge de paix de prendre connaissance des titres ; à défaut de titres, il ne pourra le plus souvent même pas savoir si la chose litigieuse a pu faire l'objet d'une action possessoire ; si on voulait lui retirer le droit d'examiner les titres, autant vaudrait lui retirer le jugement des actions possessoires, et il serait plus simple de les rayer de notre droit. Mais on a soutenu que le juge de paix ne pouvait tirer parti des titres que lorsqu'ils étaient clairs et évidents, et qu'ils ne lui appartenait pas de les apprécier, aussitôt qu'ils présenteraient une difficulté sérieuse[4]. Ce système me paraît inacceptable, et d'ailleurs sans fondement. Qui nous

1. S. 1876, 1, 359.
2. *France judic.*, t. 1878-79, p. 197.
3. S. 1878, 1, 249.
4. Belime, p. 485 s., p. 492.

assurera que le juge de paix a excédé, ou non, ses pouvoirs, en consultant tel ou tel titre qui nous semble obscur et lui a paru évident? Quelle sera la ligne de démarcation entre le titre incontestable et celui qui peut être contesté? Ce système verse dans l'arbitraire, et ne donne aucune règle fixe, aucune garantie pour personne. Il faut, je le répète, ou rayer les actions possessoires de notre droit, ou donner au juge de paix le pouvoir d'apprécier les titres pour caractériser la possession. Dans cette mesure, on ne peut pas dire qu'il y ait cumul du pétitoire et du possessoire ; le pétitoire, ainsi que je le disais, n'a que voix consultative ; et les moyens de fond, dans l'espèce, les titres, ne peuvent ni contredire la possession reconnue, ni la remplacer.

Il y a des hypothèses où la distinction est facile à faire : j'ai cité des exemples où l'on pouvait décider sans hésitation qu'il n'y avait pas eu cumul ; à l'inverse j'en vais citer d'autres, où le cumul est certain. Un arrêt de Cassation du 28 mai 1878[1] a déclaré que le juge, qui reconnaissait la possession, ne pouvait rejeter la complainte en se fondant exclusivement sur une interprétation du titre et sur le fond du droit. L'arrêt Ch. req., 25 avril 1877[2], que j'ai déjà mentionné plusieurs fois, s'exprimait ainsi : « Le juge du possessoire ne peut baser sa décision sur des motifs exclusivement tirés du fond du droit, alors même qu'il se borne à statuer sur la possession. » Et un arrêt Ch. req., 29 mai 1876[3] disait, non sans quelque naïveté : « Le juge de paix, pour qui la possession du demandeur est prouvée, *n'est pas tenu* (je le crois bien) d'examiner les titres que son adversaire offre de produire pour justifier son droit de propriété. »

184. Il y aurait cumul, dans tous les cas où la possession

1. *France judic.*, t. 1877-78, p. 552.
2. S. 1878, I, 416.
3. S. 1877, 1, 74. Joignez Cass. 11 juillet 1877. S. 1878, 1, 20 ; Cass. 15 mai 1878. S. 1879, I, 116.

utile du demandeur étant certaine, le défendeur serait reçu à alléguer que cette possession lui est parvenue par un moyen que la loi frappe de nullité ; par exemple en vertu d'un titre résolu ou nul, et peu importe que la résolution ou révocation doive être prononcée en justice, ou qu'il s'agisse, par exemple, d'une révocation de plein droit, comme dans l'art. 960 C. C. La possession est un fait distinct de la propriété. Ainsi le vendeur, qui aurait fait prononcer la résolution de la vente pour défaut de payement du prix, art. 1654 C. C., ne serait cependant pas admis à troubler sous ce prétexte la possession de son acheteur. Il y a plus, et en admettant que le vendeur n'eût pas encore livré la chose, il se verrait exposé à la complainte de la part de son acheteur, qui pourrait regarder comme un trouble ou une dépossession le refus de livrer. Cet acheteur est en effet possesseur, et peut invoquer la possession de son auteur ; cette possession ou plutôt les avantages de la possession, comme les avantages de la propriété elle-même, lui ont passé par l'effet de la convention, art. 711, 1138, 1583 C. C.[1], et le vendeur qui n'a pas fait la délivrance est devenu simple détenteur ; en un mot il y a eu ce que les romanistes appellent un constitut possessoire. Le vendeur est donc exposé à la complainte de la part de son acheteur, et il ne pourrait pas exciper de ce que le titre est vicié, par exemple résolu par suite de non-payement du prix : c'est là une pure question d'interprétation de titre, qui ne peut intervenir ici.

Mais, me dira-t-on, le vendeur n'a-t-il pas le droit de rétention, art. 1612, 1613 C. C. ? — Cette objection peut avoir un double sens : elle peut signifier que le droit de rétention rend le vendeur possesseur et neutralise la possession de l'acheteur ; elle peut signifier aussi que le droit de rétention peut être proposé valablement, comme exception à la complainte, sans encourir le reproche de cumul.

----

1. Aubry et Rau, t. II, p. 98, n. 2.

J'ai déjà dit[1] que le droit de rétention ne conférait pas la qualité de possesseur. S'il nous en fallait une raison décisive, l'hypothèse présente pourrait nous la fournir; il me semble bien difficile de nier que la possession, ou si l'on veut, les avantages juridiques attachés à la possession n'aient passé à l'acheteur, de sorte qu'en attribuant encore la possession au vendeur sur le fondement de son droit de rétention, nous aboutirions à avoir *possessio duorum in solidum*, ce qui n'est pas plus possible aujourd'hui qu'en droit romain. Le droit de rétention ne confère que la seule détention, et nous verrons que cela suffit. Le vendeur, qui n'a point livré, n'a donc pas, comme tel, l'action possessoire; seulement, s'il est troublé par un tiers, j'ai observé qu'on pouvait la lui donner comme administrateur pour compte de l'acheteur.

Mais s'il est troublé par son acheteur? Le droit de rétention ne lui donne pas la possession, soit; ne lui donne-t-il pas au moins une exception à la complainte de son acheteur? Ici encore la négative me paraît s'imposer : le droit de rétention est basé sur une obligation corrélative à la chose dont il s'agit; il invoque une obligation, donc un moyen de fond, qui ne peut intervenir dans l'instance possessoire; le droit de rétention n'est que l'exception *doli mali*, laquelle est assurément un moyen de fond. Quoi donc? Ce vendeur qui jouit en vertu de la loi, du droit de rétention certainement justifié, va se voir enlever la chose par l'action possessoire, qui fournirait ainsi un moyen de tourner et d'anéantir le bénéfice du droit de rétention? Non, le juge n'est pas obligé de consacrer un pareil résultat et il peut satisfaire l'équité sans méconnaître la loi. Je l'ai dit, le droit de rétention est attaché à la simple détention; eh bien, le juge de paix constatera la possession au bénéfice de l'acheteur, mais laissera la détention aux mains

---

1. Voir p. 239 et 240. Il ne confère pas non plus la *possessio juris*, car il n'est pas véritablement un droit réel : cependant ce point est plus délicat.

du vendeur, qui gardera ainsi le bouclier que lui donne la loi.

J'estime que, même en dehors des cas où il est expressément stipulé par la loi, le droit de rétention doit être étendu à toutes les hypothèses où il y a *debitum cum re junctum;* et, pour greffer controverse sur controverse, je crois notamment que l'usufruitier a le droit de rétention pour les impenses qu'il aurait faites sur le fonds. A l'extinction de l'usufruit, le propriétaire aura la complainte pour reprendre le fonds, au cas où la délivrance n'aurait pas lieu volontairement ; mais cette complainte ne saurait priver l'ex-usufruitier ou ses héritiers de leur droit de rétention, et le juge de paix, statuant comme pour le vendeur et l'acheteur, constatera la possession du nu propriétaire et laissera provisoirement la détention aux mains de l'ancien usufruitier ou de ses héritiers.

La même décision serait donnée dans le cas de l'art 548 C. C. pour les frais de labour et de semence. Je cite cette espèce parce qu'il a semblé à certains auteurs, sans doute à cause de la médiocrité de la réclamation, que l'exception tirée de ces impenses pouvait être opposée dans l'action possessoire. Je ne le crois pas : c'est toujours l'exception *doli mali*, c'est toujours un moyen de fond.

185. Le juge, ai je dit, peut consulter les titres pour caractériser la possession ; mais il ne peut le faire que dans la mesure du possessoire, et une fois la possession établie, reconnue, les titres deviennent insignifiants au possessoire, quelle que soit d'ailleurs leur importance au fond. C'est là, je crois, le résultat nécessaire et le résumé de l'interdiction du cumul du possessoire et du pétitoire.

Ce principe va me servir dans une question assez délicate. Je suppose que les moyens de preuve mis à la disposition du juge du possessoire se contrebalancent : la possession des deux parties est également imparfaite ou, ce qui est plus topique, elle est également établie, des deux parts. Comment le juge de paix peut-il sortir d'embarras ? On va me répondre :

en consultant les titres, puisqu'il peut consulter les titres pour colorer la possession. C'est l'opinion à laquelle me semblent se ranger MM. Aubry et Rau[1] : « Que si les faits possessoires respectivement prouvés, étaient de même nature, et qu'il ne fût pas possible de déterminer *d'après l'examen des titres* et l'appréciation des circonstances de la cause quelle est celle des deux possessions qui se trouve *la mieux* caractérisée ou colorée... » Je ne saurais admettre cette opinion. Ici, il ne s'agit plus de savoir si telle possession imparfaite peut devenir efficace en la corroborant d'un titre, dans les cas où l'intervention de ce titre est admise par la loi pour effacer le vice qui entache cette possession ; il s'agit de savoir si une possession utile, nettement établie, peut succomber parce qu'elle est en présence d'une autre possession également utile et mieux fondée en droit, en d'autres termes, si l'action possessoire doit céder devant la Publicienne ; eh bien, je crois que faire intervenir cette considération est violer directement l'article 25 C. pr.; notre loi connaît une possession vicieuse, qui peut devenir efficace grâce à un titre ; mais une fois la possession caractérisée et colorée, elle ne reconnaît pas, du moins au possessoire, de « possession *mieux caractérisée ou colorée :* » la possession se suffit à elle même, le titre disparaît.

Que faire alors ? La question n'est pas nouvelle ; il paraît qu'elle avait embarrassé les anciens auteurs, et l'un d'eux donne au juge ce conseil empreint d'une naïve indignation[2] :

« De possessione non pronuntio, quia nullam partem invenio potiorem, sed rogo Deum, ut vos maledicat, et det vobis malam fortunam, et eatis in nomine diaboli, quia estis falsatores, nam hoc esse non potest, quod ambo possidetis, quia duo in solidum possidere non possunt, ut l. 3 de poss. »

1. II, p. 160.
2. Bruns (Besitz im Mitt.), p. 261.

En pareille conjoncture, Pothier enseignait un procédé moins expéditif et plus juridique [1].

« Lorsque les enquêtes sont contraires, de manière que le juge ne puisse connaître laquelle des parties qui se disputent la possession de l'héritage, a cette possession, le juge, en ce cas, sans rien statuer sur la possession, ordonne que les parties instruiront au pétitoire... Quelquefois le juge ordonne que la possession sera séquestrée pendant le procès au pétitoire. Quelquefois le juge accorde la récréance à l'une des parties, c'est-à-dire une possession provisionnelle pendant le procès pétitoire. » La récréance était normalement la jouissance provisionnelle accordée pendant le procès au possessoire ; mais nous avons eu occasion de voir que son usage s'était généralisé, et qu'elle avait été étendue aux instances pétitoires.

Doit on suivre aujourd'hui la décision de Pothier, permettre au juge de renvoyer les parties au pétitoire, de prononcer le séquestre ou la récréance ? Il me paraît difficile de faire autrement, du moment que nous sommes obligés de lui refuser le droit de trancher la question par un examen des titres. On oppose qu'il y aurait là un déni de justice, article 4 C., et que notre magistrat français n'a pas droit de dire comme le juge romain « non liquet. » — Je n'essaierai pas d'éluder l'objection, de répondre comme le fait un auteur, qu'en prononçant le séquestre ou la récréance, le magistrat tranche le débat autant qu'il est utile de le faire, puisque le séquestre et la récréance suffisent à mettre la chose à l'abri des atteintes arbitraires ; non, je crois qu'il y a là un véritable déni de justice. Mais je crois aussi que l'article 4 C. C. ne peut pas s'appliquer ici. Quoi ! vous défendez au juge de tirer profit de moyens excellents et sûrs qui sont à sa portée, et vous lui feriez un crime de n'avoir pu se tirer d'embarras ! Le bon sens, la raison indiquent que le juge ne peut être coupable que s'il a négligé les éléments

____
1. Poss, n° 105.

que lui offraient les circonstances de la cause pour former sa
conviction ; mais si vous lui retirez les éléments de décision,
vous ne pouvez pas vous en prendre à lui de ne pas trancher
le débat, et pour reprendre la formule romaine, quand vous
lui mettez un bandeau sur les yeux, il a le droit de répondre
« non liquet, » je n'y vois plus clair. L'article 4 C. C. se heurte
contre l'article 25 C. pr. Notamment pour le séquestre, l'article 1961 C. C. dit expressément que la justice a un pouvoir
discrétionnaire pour l'ordonner dans notre hypothèse : « La
justice peut ordonner le séquestre 2ᵉ d'un immeuble... dont la
propriété ou *la possession* est litigieuse entre deux ou plusieurs
personnes. » Si la justice peut ordonner le séquestre, ce moyen
terme qui ne contente personne, à plus forte raison peut-elle
ordonner la récréance en faveur de la partie qui paraît la
plus favorable ; et comme la récréance ne constitue pas une instance séparée, mais un simple incident de procédure, nous
revenons logiquement à la conclusion que le juge du possessoire peut se refuser à juger[1].

186. — Pour voir s'il y a cumul du possessoire et du pétitoire, — et cette observation est générale, — il faut s'attacher au
dispositif du jugement, plutôt qu'à ses motifs. La Cour cass.,
par arrêt Ch. req. 15 décembre 1879[2], décide que « lorsque le
dispositif d'une sentence du juge de paix se justifie par la possession annale, peu importe que le juge de paix ait mêlé ou
ajouté des motifs tirés du fond du droit, ces derniers motifs
n'empêchent pas qu'il n'ait statué effectivement que dans les
limites du possessoire... » C'est le cas d'appliquer la maxime
« quod abundat, non vitiat. »

Quelques auteurs, et même des décisions judiciaires, con-
fondant l'interdiction du cumul de l'article 25 C. pr. avec l'incompétence *ratione materiæ* du juge de paix, ont cru pouvoir

1. Aubry et Rau, II, p. 160, 161. — *Contra* Belime, p. 430 s.; Lemarignier
(Thèse), p. 110 s.
2. *France judiciaire*, t. 1879-80, p. 129.

faire cesser cette interdiction dans les cas où le juge de paix était compétent au pétitoire. Ainsi le défendeur pourrait former reconventionnellement une action pétitoire tendant par exemple à faire arracher des arbres plantés à une distance moindre que celle qui est déterminée par la loi ; car le juge de paix est compétent, article 6, 2ᵉ, loi du 25 mai 1838. L'admission de cette exception constituerait, à mon avis, *cumul* du possessoire et du pétitoire, et c'est l'intérêt qu'il y a à distinguer cette interdiction de l'incompétence *ratione materiæ*[1].

187. Enfin l'article 25 C. pr. me paraît fournir la solution de la question de savoir si la Publicienne existe encore dans notre droit. En droit romain, elle supposait, comme l'usucapion, une possession accompagnée de *bona fides et justa causa*, et avait deux cas d'application, le premier, quand on tenait la chose *a non domino*, le second, quand on la tenait du vrai propriétaire, mais que, par une raison tirée du formalisme romain on n'en eût que le domaine bonitaire. Aujourd'hui que la propriété passe par le simple effet des conventions, articles 711, 1138, 938, 1583 C. C., il ne peut plus être question de cette deuxième application. Mais on pourrait se demander si une personne ayant juste titre et bonne foi ne devrait pas l'emporter, non pas dans un débat pétitoire contre la preuve de la propriété, mais dans une instance possessoire, contre un adversaire qui n'a que la simple possession. Il faut répondre négativement : ces considérations de juste titre et bonne foi sont des considérations de fond et ne peuvent intervenir ; ce serait cumuler le possessoire et le pétitoire et, ainsi que je l'ai dit, la possession reconnue, le surplus devient indifférent au juge du possessoire et il ne peut le faire entrer en ligne de compte[2]. La Publicienne n'existe donc pas dans notre droit.

---

1. Voir p. 324 et n. 1.
2. Voir p. 340. L'action de l'ancien droit germanique et du droit allemand moderne est une véritable Publicienne.

SECTION II

EFFETS DU JUGEMENT

188. Les commentaires que nous venons de donner au sujet de la séparation du possessoire et du pétitoire simplifient considérablement la tâche d'indiquer les effets de l'action possessoire. Le jugement rendu ne peut avoir d'effet qu'au possessoire : il ne saurait toucher à une question de fond, et, sous ce rapport, il est exact de dire, comme un arrêt de la Ch. req. du 17 juillet 1876[1] que « les décisions au possessoire ne forment ni titre ni chose jugée au pétitoire. » Cependant elles statuent tout au moins sur la possession, et le juge du pétitoire devra se conformer dans cette mesure à la décision possessoire.

189. Mais il faut bien prendre garde que l'action étant basée sur la possession pure et simple, la question de juste titre ou de bonne foi n'est point engagée. Il en résulte que celui qui aura triomphé au possessoire pourra se voir néanmoins condamné à restituer les fruits dans l'instance sur le fond, car le possesseur ne gagne les fruits que s'il est de bonne foi, art. 549 C. C., et cette question est restée étrangère au débat possessoire. On a cependant élevé des doutes à propos des fruits perçus depuis l'instance, et on a rappelé l'adage « juste possidet qui prætore auctore ou jussu judicis possidet[2]. » Mais, outre que nos jugements ne sont que déclaratifs et ne peuvent pas constituer un titre, le juge du possessoire, je le répète, n'a pas touché à cette question de bonne foi, de sorte qu'elle est demeurée entière.

190. Dans le cas où l'immeuble serait aux mains de plusieurs

---

1. S. 1877, I, 71.
2. Comp. la l. 13, 9, 13. D. 41. 2, de *acq.* vel *amitt. poss.*

possesseurs par indivis et que la complainte n'ait été exercée que contre l'un d'entre eux, on retrouve la question qui s'élève également en matière pétitoire, de savoir si le jugement rendu contre l'un est opposable aux autres. Je crois qu'il ne leur est pas opposable [1], et comme la maintenue ou non maintenue en possession est quelque chose d'indivisible en soi, il s'ensuit que la condamnation, ne pouvant pas s'exécuter contre les copossesseurs, sera non avenue même à l'égard de celui contre qui elle a été prononcée ; en sorte que, dans ce cas, on doit assigner tous les copossesseurs.

191. La condamnation comprend le rétablissement des choses en l'ancien état, la restitution de l'immeuble dont on a été dépouillé, et s'il y a lieu, des dommages et intérêts. Le juge de paix a le droit et le devoir d'ordonner la destruction des travaux qui constituaient un trouble à la possession, et cela lors même qu'il pourrait prévoir une sentence contraire sur le fond du droit; il ne peut s'arrêter devant [cette considération ; ce serait encore cumuler le possessoire et le pétitoire. Seulement les circonstances de la cause, et j'en ai donné un exemple à propos du droit de rétention, lui permettront parfois, grâce à une heureuse combinaison des principes, d'éviter un résultat irréparable. Enfin le juge de paix pourrait ordonner la destruction de travaux même autorisés par l'administration, pourvu qu'ils n'eussent point le caractère de travaux publics; quant à ces derniers, le juge de paix « serait incompétent pour en ordonner la suppression ou la modification, et devrait se borner à constater le cas échéant, la possession annale du demandeur [2]. »

Nos jugements ne statuent que pour le passé, et à la différence de ce qui avait lieu dans l'interdit prohibitoire du droit romain, le juge de paix ne pourrait insérer dans la sentence une disposition engageant l'avenir. Il paraît qu'il n'en est pas

---

1. Aubry et Rau, VIII, p. 382 et n. 53, 54 ; Demol., t. 26, n° 628 s.
2. Aubry et Rau, II, p. 168 ; Ch. req. 23 juillet 1879. S. 1880, I, 172.

de même dans certaines législations étrangères, et M. Bruns [1] cite notamment un article 205 du Code saxon, qui déclare que l'action possessoire a trois chefs, protection de la possession actuelle, menace d'une peine *si l'on vient à être l'objet d'une atteinte ultérieure*, et réparation du préjudice éprouvé : Wer im Besitze gestört wird kann auf Schutz im Besitze, auf *Androhung* einer Strafe für *weitere* Störungen, und auf Ersatz der entstandenen Schäden klagen. »

192. Bien que le jugement possessoire n'ait force de chose jugée au pétitoire que pour la simple possession, il exerce en fait, et même en droit, une influence considérable sur le fond.

D'abord il rejette le fardeau de la preuve sur l'adversaire. Le possesseur n'a qu'à attendre de pied ferme les attaques pétitoires dont il peut être l'objet ; il n'a pas besoin d'attaquer, il tient la chose en son pouvoir, et ce serait même une grande témérité de sa part que d'abandonner la situation défensive que sa possession lui assure. Loysel dit (L. V, t. IV, r. 1 et 2) Possession vault moult en France. En toutes saisines le posseur est de meilleure condition, et pour ce :

« Qui possidet et contendit,
Deum tentat et offendit. »

Mais si la possession décharge du fardeau de la preuve, ce n'est qu'une suite du principe d'après lequel celui qui réclame un état contraire à la situation normale et présente, doit faire la preuve de sa prétention, article 1315 C. C. ; ce n'est donc pas que la possession engendre une présomption légale de propriété [2]. Une telle présomption n'est écrite nulle part, et elle ne se justifierait en aucune manière, puisque notre droit français, à l'imitation du droit romain, a distingué nettement la

---

1. Besitzklagen, p. 59. — Comp. ce que j'ai dit du droit autrichien, p. 260,
2. Comp. Belime, p. 518. — Il va sans dire que ce que j'établis pour la possession est vrai du jugement au possessoire.

possession de la propriété, et va même jusqu'à défendre expressément au juge de l'action possessoire de faire entrer dans sa décision aucun élément touchant au fond du droit.

193. Cependant la possession ou le jugement au possessoire constitue une présomption de fait d'une réelle importance, et dont l'étendue d'application n'est même pas bornée par l'article 1341 C. C. qui ne s'applique qu'aux droits, tandis que la possession est un fait. On peut donc prouver par témoins une possession, quelle que soit sa valeur, et par suite l'établir elle-même par les présomptions de fait ou de l'homme, article 1353 C. C. A l'inverse, cette présomption peut être détruite par une présomption de fait contraire, et à plus forte raison par une présomption légale. Ainsi, après une séparation de biens judiciaire, le conjoint qui s'est vu obligé de reconnaître à son conjoint la possession exclusive d'un immeuble, peut néanmoins, au pétitoire, renverser la présomption de fait que le jugement possessoire créait au profit de son conjoint, par la présomption légale *juris tantum* tirée de l'article 1402 C. C. et d'après laquelle tout immeuble est réputé acquet de communauté. Il en serait de même de la présomption de mitoyenneté. Ainsi nous avons vu que, pour les haies, la loi reconnaissait que la possession exclusive de la haie pouvait servir de fondement à l'action possessoire article 670 C. C. [1] Le voisin, obligé par le jugement de complainte de reconnaître la possession exclusive de son adversaire, peut cependant au pétitoire méconnaître la présomption de fait qui résulte de ce jugement, grâce à la présomption de mitoyenneté écrites dans l'article 670 C. C. Il est vrai que l'article 670 C. C. fait céder la présomption de mitoyenneté devant la possession contraire, mais seulement devant la « possession suffisante, » c'est-à-dire opérant prescription. La simple possession annale n'est pas suffi-

---

1. Il n'en serait pas de même pour le mur et le fossé mitoyens, art. 653, 666. C. qui n'admettent pas la possession, mais seulement le « titre ou marque » du contraire.

sante pour tenir devant la présomption légale de mitoyenneté.

On peut se demander quel est alors l'avantage de la possession, du jugement possessoire, puisque, dès qu'on arrivera au pétitoire, sa présomption s'évanouira devant la présomption légale contraire, et que le gagnant sur la complainte n'en sera pas moins obligé au pétitoire de « *suscipere partes petitoris ?* » L'avantage du jugement possessoire est précisément de réduire l'autre partie à aller au pétitoire, au lieu qu'elle n'y aurait pas été obligée, si elle avait triomphé au possessoire : elle reculera peut être devant les frais, l'incertitude du succès définitif. Le jugement possessoire aura donc eu un effet réel et pratique.

194. Que dire du jugement qui a constaté la possession d'une servitude ? Au pétitoire, le propriétaire du fonds prétendu servant pourra-t-il se borner, pour renverser la présomption de servitude, à prouver sa propriété ou devra-t-il, en présence de la possession constatée de son adversaire, faire de plus la preuve de la franchise de sa propriété ? La question n'est pas neuve et les romanistes la discutent pour le droit romain, notamment sur la l. 15 D. 39.1 de N. O. N., dont je ne veux pas aborder l'explication, qui me paraît fort délicate, mais d'où il résulte d'une manière bien évidente que, dans ce cas comme partout ailleurs, la question de preuve dépend, non pas de la possession, mais du payement ou du refus de la *cautio judicatum solvi.* Africain le dit en propres termes *in fine.* « *Eaque ratione hactenus is, qui rem non defenderet, punietur, ut jure suo probare necesse haberet; id enim esse, petitoris partes suscipere.* » Ce n'est donc que par une confusion regrettable entre la possession et la situation de défendeur, que cette loi a pu intervenir dans la question de savoir si la *possessio juris* dispensait de la preuve dans l'action négatoire; et de toute façon, comme les principes ont changé, on ne saurait l'invoquer aujourd'hui.

Aujourd'hui on est divisé, et une première opinion déclare que le jugement qui reconnaît la possession d'une servitude

au profit d'une personne, rejette dans l'action négatoire le fardeau de la preuve à son adversaire, qui devra prouver non seulement sa propriété, mais la franchise de cette propriété. Autrement, dit-on, le jugement possessoire n'aurait aucun résultat.
Je crois préférable de m'en tenir à l'opinion qui se contente
d'exiger la preuve de la propriété. Je n'objecterai pas à la
première opinion qu'elle impose au propriétaire une preuve
négative et par suite impossible ; ce ne sont pas les preuves
négatives qui sont impossibles, mais les preuves indéfinies. Mais la propriété, une fois prouvée, est présumée
franche, et cette présomption de franchise, si elle n'est pas
une présomption légale constitue tout au moins une présomption de fait suffisante pour neutraliser la présomption résultant de la possession de la servitude. Dès lors, on est ramené
à l'application du droit commun, et c'est à celui qui invoque
un droit de servitude à prouver l'existence de sa prétention.
Quant à l'utilité du jugement possessoire, elle consiste, comme
dans les exemples précités (art. 1402, 670 C. C.), à réduire
l'adversaire à aller au pétitoire, et, dans notre espèce, à le contraindre à faire la preuve de sa propriété, à laquelle il n'aurait point été obligé, s'il avait triomphé dans la complainte[1].

1. Laurent, VIII, n. 288.

OMISSION

PAGE 93, 1ʳᵉ LIGNE, AJOUTEZ :

C'est précisément le résultat qu'indique la l. 1, 1. D. 43. 19, *de itinere actuve privato* ; mais ce texte, pris à la lettre, conduirait à refuser toute protection à la quasi-possession d'une servitude urbaine ; aussi ne doit-on le regarder que comme l'expression d'un état primitif où les seules servitudes reconnues étaient les quatre servitudes *rustiques, iter, via, actus, aquæductus.* Comp. Ulp. XIX, 1.

ERRATA

Page 38, ligne 19, *lisez* : Gaïus, *au lieu de* : Ga,us.

Lisez page 289 *au lieu de* 290.

Page 293, ligne 25, *lisez* : art. 457 C. P. *au lieu de* : 457 C. pr.

TABLE DES MATIÈRES

SECTION II. — *De la procédure.*

SECTION III. — *Fonctionnement de l'interdit.*

SECTION IV. — *Protection de la « possessio juris » des servitudes.*

CHAPITRE III. — L'interdit Utrubi.

CHAPITRE IV. — **Actions complétant le système protecteur de la possession.**

DEUXIÈME PARTIE

ANCIEN DROIT

CHAPITRE PREMIER. — **Droit canonique.**

CHAPITRE II. — **Droit germanique.**

CHAPITRE III. — **Les actions possessoires en Italie et en Espagne.**

SECTION I. — *Droit italien.*

SECTION II.

CHAPITRE IV. — Ancien droit français.

TROISIÈME PARTIE

DROIT ACTUEL

CHAPITRE PREMIER. — Personnes qui peuvent intenter l'action.

Section I. — *Capacité réelle.*

Article premier. — De la complainte.

Article II. — De la réintégrande.

CHAPITRE IV. — **Procédure.**

CHAPITRE V. — **Effets de l'action possessoire.**

SECTION I. — *Interdiction du cumul.*

SECTION II. — *Effets du jugement.*

FIN DE LA TABLE DES MATIÈRES.

Paris. — Imp. E. CAPIOMONT et V. RENAULT, rue des Poitevins, 6.

A LA MÊME LIBRAIRIE

APPLETON (Ch.), professeur. — **De la Possession et des actions possessoires**, en droit romain et en droit français. 1871, in-8 .... 6 »

DUPONT (P.). — **Traité théorique et pratique des actions possessoires.** 1869, in-8 .... 3 »

Traité théorique et pratique des actions possessoires et des actions en bornage, publié par la direction du Recueil général des justices de paix, précédé d'une introduction, par M. HECTOR LECONTE, ancien bâtonnier, juge de paix du 1ᵉʳ arrondissement d'Arras, et suivi de formules rédigées par M. CRANNEY, juge de paix du canton de Sèvres. 2ᵉ édition, 1875, in-8 .... 6 »

BONJEAN (Georges), juge suppléant au tribunal de la Seine. — **L'Étude du droit romain simplifiée.** Tableaux synoptiques du droit romain. Préparation facile et rapide des matières exigées pour la partie romaine du premier examen du baccalauréat et pour le premier examen de licence. Explication complète des Instituts de Justinien, conforme à l'enseignement de la Faculté de droit de Paris. 1876, in-folio, cartonné. .... 15 »

— **Explication méthodique des Instituts de Justinien**, contenant : une introduction historique à l'étude du droit romain ; la traduction et l'explication des Instituts de Justinien ; la traduction et l'explication des textes les plus importants des Instituts de Gaïus, du Digeste, du Code, des Novelles ; des résumés synoptiques des principales matières ; une table méthodique, à la fin de chaque volume ; un répertoire général alphabétique, à la fin de l'ouvrage. 1878-1880, 2 volumes in-8 .... 18 »

DAFFRY DE LA MONNOYE, ancien greffier de la chambre civile de la Cour de cassation, juge de paix du 4ᵉ arrondissement de Paris. — **Théorie et pratique de l'expropriation pour cause d'utilité publique** : les lois expliquées par la jurisprudence. 2ᵉ édition, 1879, 2 forts volumes in-8 .... 16 »

FIORE (Pasquale), professeur de droit des gens à l'Université de Turin. — **Droit international privé** ou Principes pour résoudre les conflits entre les législations diverses en matière de droit civil et commercial, traduit de l'italien, annoté et suivi d'un appendice de l'auteur, comprenant le dernier état de la législation et de la jurisprudence, par PRADIER-FODÉRÉ, doyen honoraire de l'Ecole des sciences politiques et administratives de Lima (Pérou). 1875, in-8 .... 10 »

— **Traité de droit pénal international et de l'extradition**, traduit, annoté et mis au courant du Droit français, notamment par l'insertion des traités d'extradition conclus par la France avec les États étrangers, par CHARLES ANTOINE, docteur en droit, substitut du procureur de la République à Vouziers. 1880, 2 volumes in-8 .... 16 »

GLASSON (Ernest, professeur à la Faculté de droit de Paris, professeur à l'Ecole des sciences politiques. — **Le mariage civil et le divorce dans l'antiquité** et dans les principales législations modernes de l'Europe. Etude précédée d'un aperçu sur les origines du droit civil moderne. 2ᵉ édition. 1880, in-8 .... 8 »

METZ-NOBLAT. — **Lois économiques.** Résumé d'un cours d'économie politique fait à la Faculté de droit de Nancy. 2ᵉ édition. 1880, 1 volume in-12 .... 5 »

La France judiciaire, revue bi-mensuelle de législation, de jurisprudence et d'éloquence judiciaire, plus spécialement consacrée à recueillir les travaux juridiques, historiques et littéraires de la magistrature et du barreau, fondée et publiée sous le patronage de MM. G. BÉDARRIDES, président à la Cour de cassation ; — A. POUYER, président du tribunal de Rouen ; — E. ROUSSE, ancien bâtonnier de l'ordre des avocats de Paris, par CHARLES CONSTANT, avocat à la Cour d'appel de Paris, officier d'Académie. Prix de l'abonnement par an .... 18 »